全国导游人员资格考试统编教材

地方导游基础知识

全国导游人员资格考试教材编写组 编

山东科学技术出版社

图书在版编目（CIP）数据

地方导游基础知识 / 全国导游人员资格考试教材编写组编. —济南：山东科学技术出版社，2018.8
ISBN 978-7-5331-9080-4

Ⅰ. ①地… Ⅱ. ①全… Ⅲ. ①导游—资格考试—教材 Ⅳ. ①F590.63

中国版本图书馆CIP数据核字（2017）第221396号

主　　编 石媚山　刘晓蕾
副 主 编 付寅琦　孙淑荣　徐　琳
参编人员 （以姓氏笔画为序）
丁　雁　孙俊红　孙　倩　安　娜　李承琳
张　辉　张　震　陈万本　孟香香　赵田田
郭丽丽　常红旭　满孝平

责任编辑：王培强

主管单位：山东出版传媒股份有限公司
出 版 者：山东科学技术出版社
地址：济南市市中区英雄山路189号
邮编：250002　电话：（0531）82098088
网址：www. lkj. com. cn
电子邮件：sdkj@sdpress.com.cn
发 行 者：山东科学技术出版社
地址：济南市市中区英雄山路189号
邮编：250002　电话：（0531）82098071
印 刷 者：济南万方盛景印刷有限公司
地址：山东省济南市历下区文化东路59号B座1-201
邮编：250014　电话：（0531）88985701

开本：787mm × 1092mm　1/16
印张：15.5
版次：2018年8月第1版　2018年8月第1次印刷
定价：35.00元

前　言
Preface

新时代下，旅游正日益成为人民群众对美好生活的向往，成为促进人的全面发展和全体人民共同富裕的重要渠道，成为美丽经济、健康产业、幸福产业之首。党的十八大以来，我国旅游业呈现排浪式、井喷般发展势头，旅游经济如火如荼，稳步增长，旅游供给更加丰富，市场规模、品质同步提升，产业格局日趋完善，扶贫富民功能日益凸显，红色旅游蓬勃发展，文明旅游理念渐入人心，国民旅游休闲生活更加精彩。当前旅游业作为国民经济的主导产业和现代服务业的龙头，国家高度重视旅游业的发展，把旅游业纳入经济文化强国战略和全局的高度，大力推动旅游业的发展。

目前，旅游业面临“新旧动能转换”的机遇，即培育发展新动能、改造提升传统动能，它是社会生产力发展到一定阶段的必然产物。

国务院办公厅印发的《关于促进全域旅游发展的指导意见》提出，统筹协调，融合发展，大力推进“旅游+”，促进产业融合、产能融合，全面增强旅游发展新功能。通过新动能的增量来对冲传统动能的减弱，鼓励、引导旅游企业发展新业态、开发新产品，以差异化和精细化的服务争取游客的青睐，找到新的经济增长点，通过新动能创造的“旅游战略纵深”为传统的旅游升级赢得空间，从而让旅游回归到靠产品和服务品质获取竞争优势的正常轨道。

我国旅游业正从小众旅游向大众旅游转变，从景点旅游向全域旅游转变，从观光旅游向休闲旅游转变，从物质追求向幸福生活转变，从边缘产业向支柱产业转变，从接受跟从国际规则向积极主动旅游外交转变，从旅游大国向旅游强国转变，这一系列的转变对我国导游人员提出了更高的要求。导游是旅游业的灵魂，是承载文化、传播文化、倡导文明、传播文明的使者，是旅游形象的展示者，对旅游业的发展起着决定性的作用。

作为一名优秀的导游员应当具备高尚的职业素养、规范的职业行为、娴熟的职业技能，具备超强的学习能力、创新力和执行力。为此，根据《全国导游人员资格考试管理办法》统一规定的导游人员资格考试内容，我们在2018年组织了一批有多年编写国家导游人员资格考试教材经验的主编、面试考官和命题专家编写了“全国导游人员资格考试统编教材”，包括《旅游政策法规》《导游实务》《全国导游基础知识》《地方导游基础知识》《现场考试》共5册。

本套教材免费提供配套教学使用的PPT。此外，我们还根据考试的要求编写了与教材配套的考试辅导书《旅游政策法规考点精讲与全练》《导游实务考点精讲与全练》《全国导游基础知识考点精讲与全练》《地方导游基础知识考点精讲与全练》，一方面根据考纲横向、纵向梳理考试重点及难点，另一方面配套题型完备的章节练习题，帮助学生有针对性地练习与知识巩固，达到学练结合的目的，有效帮助记忆。

本教材还可以作为旅行社培训新导游的参考教材、学校的专业教材等使用，对广大旅游爱好者了解导游工作也具有参考作用。

本套教材的编写得到了各级旅游部门、旅游院校、旅行社相关人员的帮助，充分体现了集体的辛勤劳动和智慧，在此一并表示衷心的感谢。编写过程中存在的不足之处敬请广大读者和同行及时向我们反馈，以便今后修订时及时改进。

全国导游人员资格考试教材编写组

2018年6月

目　录

Contents

第一章　华北地区

学习目标：1. 熟悉华北地区各省市自治区的基本概况。
2. 了解华北地区各省市自治区的旅游资源。
3. 了解华北地区各省市自治区的历史文化和民俗风情。
4. 了解华北地区各省市自治区的饮食特点、主要美食和风物特产。

第一节　北京市基本概况

一、行政区划与人口

（一）行政区划

北京市，简称“京”，是中华人民共和国的首都。拥有着悠久的历史，曾经比较有名的称谓有燕京、京师、大都、北平、顺天府等。

北京市现辖东城区、西城区、海淀区、朝阳区、丰台区、门头沟区、石景山区、房山区、通州区、顺义区、昌平区、大兴区、怀柔区、平谷区、延庆区、密云区16个区。

（二）人口

截止到2017年末，北京市常住人口约2 170.7万人。

二、地理条件与气候特征

（一）地理条件

1. 地理位置

北京市位于华北平原北端，处于中国三级地势阶梯的交接处，南接华北平原、西临黄土高原、北邻内蒙古高原。土地面积16 410.54平方千米。

2. 地势地貌

北京地势西北高、东南低，西部、北部和东北部群山环绕，东南部是向渤海缓缓倾斜的平原，形成一个半圆形的弯，俗称“北京弯”。最高峰灵山海拔2 303米，位于北京西北部边境。平原主要是由永定河、潮白河等冲积而成，大部分海拔在20～60

米，最低处海拔仅8米。

3. 水系

流经北京市境内的主要河流有永定河、潮白河、北运河、拒马河等，多发源于西北部的山地，向东南蜿蜒，最后汇入渤海。北京地下水资源较为丰富，主要来源于山区河谷的潜流补给，同时还接受了大气降水及河水入渗，因此，北京市一直将地下水作为饮用水源。

北京市五大水系：永定河——北京最大的过境河流，流经门头沟区、石景山区、丰台区、房山区、大兴区五个区；潮白河——北京的第二条大河，由上游的潮河、白河两支流在密云区河槽村附近汇合而成；北运河——北京最主要的排水河道，上游是温榆河，于通州处与通惠河汇合，始称北运河；拒马河——流经房山区境内；泃河水系——又称蓟运河水系，是本市流域面积最小的水系。

北京市五大水库：密云水库、官厅水库、海子水库、十三陵水库、怀柔水库。

（二）气候特征

1. 特点

北京市属于典型的暖温带半湿润半干旱季风气候，夏季高温多雨，冬季寒冷干燥，春、秋季节短促。

2. 气温

北京市平原地区年平均气温为11 ~ 13℃，海拔800米以下的山区平均气温为9 ~ 11℃，高寒山区平均气温在3 ~ 5℃。年极端最高气温一般为35 ~ 40℃；年极端最低气温一般为−14 ~ −20℃。7月最热，平原地区月平均气温为26℃左右，海拔800米以下的山区月平均气温为21 ~ 25℃。1月最冷，平原地区月平均气温为−4 ~ −5℃，海拔800米以下山区月平均气温为−6 ~ −10℃。

3. 降水

北京市年降水量空间分布不均。东北部和西南部的山前迎风坡地区，降水量为600 ~ 700毫米；西北部和北部的深山区，降水量少于500毫米；平原地区及部分山区，降水量为500 ~ 600毫米。夏季降水量约占年降水量的3/4。

三、交通与自然资源

（一）交通

北京是中国铁路网的中心之一，主要有京九铁路、京沪铁路、京广铁路、京哈铁路以及到包头的京包铁路、到原平的京原铁路、到桂林的高铁、到通辽的京通铁路、到承德的京承铁路等。在国际铁路运输方面，有去往俄罗斯各城市、蒙古首都乌兰巴托、朝鲜首都平壤、越南首都河内的列车。

2014年末，北京市公路里程已达21 892千米，其中，高速公路里程有981千米，城市道路里程有6 435千米。北京拥有国家级高速公路8条，分别为京哈（G1）、京沪（G2）、京台（G3）、京港澳（G4）、京昆（G5）、京藏（G6）、京新（G7）、京开（G45）。

北京拥有两座民用机场，分别是首都国际机场、北京南苑机场。其中，首都国际机场是全球规模最大的机场，旅客吞吐量仅次于美国亚特兰大机场，位居全球第二。

（二）自然资源

1. 矿产资源

北京市矿产资源虽然比较齐全，但矿产资源总量相对不足，人均占有量低，可供规模开采的矿产地有限。矿产资源分布不均衡，有分布广泛、矿种相对集中、以远郊区为主的特点。

分布比较集中且分区明显是北京市矿产资源的一个重要特征，如铁矿主要分布在东北部山区、煤矿大部分产于西山地区、有色金属矿则主要分布在北山一带。固体矿产规模小，以中小型为主，大型及重要矿产地较少，贫矿较多且综合矿多，这又是另一重要特征。

2. 植物资源

北京市植被类型主要是暖温带落叶阔叶林，并间有温性针叶林分布。在河岸两旁局部洼地发育着洼生植被，多数的洼地则已被开辟为鱼塘。海拔800米以下的低山，代表性植被类型是栓皮栎林、栎林、油松林、侧柏林。海拔800米以上的中山，森林覆盖率增大，下部主要是辽东栎林。海拔1 000～2 000米，桦树增多，森林群落破坏严重的地段主要有二色胡枝子、榛属、绣线菊属占优势的灌丛。

3. 动物资源

北京地区的动物区系有蒙新区东部草原、长白山地、松辽平原的区系成分，也有东洋界季风区、长江南北的区系成分。因此，北京的动物区系特征是由古北界向东洋界过渡。在此动物区系中，兽类约有40种，鸟类约有220种，爬行动物有16种，两栖动物有7种，鱼类有60种。

4. 其他资源

北京市地下水、地热、矿泉水分布较广，大部分区均有不同程度的分布，主要分布于平原区。

四、旅游资源

北京市是一座中国历史文化名城，具有丰富的旅游资源。北京市具有7处景观被列入《世界遗产名录》，分别是周口店遗址、故宫、长城、颐和园、天坛、明十三陵、大运河；有7处国家级风景名胜区：八达岭—慕田峪长城旅游区、明十三陵风景名胜区、石花洞风景名胜区、十渡国家地质公园、平谷黄松峪国家地质公园、密云云蒙山国家地质公园、恭王府景区和北京奥林匹克公园。故宫位于北京市中心，是中国明、清两个朝代的皇宫，旧称紫禁城，住过24位皇帝；始建于明永乐四年（1406年）；是世界现存规模最大、保存最完整的木质结构古建筑群。天坛地处北京市南部，始建于明永乐十八年（1420年），为明、清历代帝王祭祀皇天、祈求五谷丰登之地。

北京市现存的著名庙宇众多，有佛教的法源寺、潭柘寺、云居寺、八大处、戒台寺等，道教的白云观等，藏传佛教的雍和宫等，天主教的西什库天主堂、王府井天主堂等，基督教的崇文门教堂、缸瓦市教堂等。

“北京独有的壮美秩序就由这条中轴线的建立而产生”是著名建筑大师梁思成对其评价。北京中轴线指的是元、明、清时期北京城的中轴线。北京的城市规划特点是以宫城为中心，左右对称。北京的中轴线长约7.8千米，南起永定门，北至钟鼓楼。中轴线两侧，从南向北依次分布着天坛、先农坛、太庙、社稷坛、东华门、西华门、安定门等建筑。

北京城池是明清时期都城城防建筑的总称，由宫城、皇城、内城、外城组成。北京城门是明清时期北京城各城门的总称，分为宫城城门、皇城城门、内城城门、外城城门。

五、历史沿革

距今50万年以前，有“北京人”在现今的北京地区生活，他们是地球上最早的人类祖先之一，周口店遗址被认定为人类发祥地之一。历史传说，颛顼时代，北京被称为幽陵，尧时被称为幽都，舜时被称为幽州。北京有文字可考的历史是秦置蓟县。战国时，燕国以蓟作为都城。唐朝时期，属范阳郡，“安史之乱”时，安禄山在此称燕帝，以蓟作为燕京。辽、金时期为南京、中都。元、明、清三朝作为首都。民国时称北平市。中华人民共和国成立后，改北平为北京，并定为首都，至今。

最早的蓟城位于今北京市西城区广安门内大街牛街北口一带，之后范围不断扩大，到唐代时的幽州城已具有相当规模。辽代，利用唐代幽州城旧址，建立南京城。有八个城门，城内主干道形成“井”字形，划分坊、里，坊间小道称之为巷。金时，把燕京升为国都。元大都时，街巷改称“胡同”。明朝军队攻克元大都，为剪除元帝国“王气”，朱元璋下令将大都城垣和大部分的元宫拆除、毁坏。明王朝迁都到北京时，重建北京城，并分内（北）外（南）城。清都北京，保持了内外城格局，取消“坊”；晚清时期，用“区”指称相当于“坊”的区域。

六、文化艺术

（一）文学与影视

北京最具特色的文化现象是“京味文学”，它的代表人物有老舍、刘绍棠、汪曾祺等。其中老舍的作品主要有《骆驼祥子》《茶馆》《龙须沟》《四世同堂》等；刘绍棠主要代表作有《中秋》《蒲柳人家》《春草》《峨眉》等；汪曾祺的代表作有《大淖事》《羊舍的夜晚》等。

北京是中国影院数、银幕数最多的城市，同时也是最大票仓城市，被称为“中国影都”。怀柔区拥有目前全球最大面积的影视摄影棚，自1997年正式投用以来，已累计拍摄600多部影视作品，代表作品有《大宅门》《大染坊》《铁齿铜牙纪晓岚》《还珠格格》等。

（二）民间乐舞曲艺

1. 京剧

京剧，采用胡琴、锣鼓等伴奏，腔调以西皮、二黄为主，被誉为中国国粹，是中国五大戏曲剧种之一，是中国戏曲三鼎甲之“榜首”。

京剧的前身是徽剧。清乾隆五十五年（1790年），原本在南方演出的四大徽班（三庆、和春、四喜、春台）相继进入北京。他们与来自湖北的汉调艺人合作，接受了昆曲、秦腔的部分剧目、曲调以及表演方法，结合民间曲调，经过长时间地交流、融合，最终形成京剧。

京剧有唱、念、做、打四种艺术手法，也是京剧表演的四项基本功。京剧班社旧时有“七行七科”之说，七行是指生行、旦行（亦称占行）、净行、丑行、杂行、武行、流行。京剧舞台上的角色分为生、旦、净、丑四种“行当”。

2010年11月16日，京剧被列入人类非物质文化遗产代表作名录。

2. 北京曲艺

曲艺是由民间的口头文学和歌唱艺术经过长期发展演变而成的一种艺术形式。北京曲艺主要有北京琴书、单弦、京剧、评剧（“蹦蹦戏”或“落子戏”）、岔曲、太平鼓、快板书、京韵大鼓、梅花大鼓、花钹大鼓、北京皮影等。

北京琴书是北京地区鼓曲艺术中具有代表性的曲种，伴奏乐器是三弦、四胡、扬琴等，主要流行于北京、天津以及位于京津之间的河北省三角地区。20世纪40年代，关学曾在北京改用北京语音演唱，并采用一人站唱，以左手敲击铁片，右手执鼓槌击扁鼓的演唱形式，伴奏乐器是扬琴、四胡。1951年，由关学曾将其定名为北京琴书。

单弦又称单弦牌子曲，主要演出方式有两种：一是自弹自唱；二是一人站唱，并用八角鼓敲击节拍，另一人以三弦伴奏。除此之外，还有单弦对唱、牌子曲群唱、单弦联唱等形式。单弦代表曲目有《胭脂》《挑帘裁衣》《金山寺》等。

七、民族与宗教

北京市少数民族人口分布呈现“大分散、小聚居”的特点。由于拆迁改造，原有的城市聚居点逐渐分散，农村拆迁后又形成了一些新的民族聚居区，散杂居特征日益明显。

北京地区居民信仰宗教者有50多万，信仰的宗教主要有佛教、道教、伊斯兰教、天主教、基督教等，其中对北京的历史、文化、艺术产生过较大影响的有佛教、道教和伊斯兰教。北京现有宗教活动场所100多处。

八、美食与风物特产

（一）美食

1. 京菜

京菜，又叫京帮菜，以北方菜为基础，兼收各地风味而形成。

京菜中以肉菜居多，烹调方法有炸、溜、爆、烤、烧等，菜肴口味有咸、淡、脆、香、酥、嫩、鲜，长期以来形成了擅长烹制各式猪、羊肉菜肴的特色。因为明清两代宫廷厨师多为山东人，京菜中又融进许多鲁菜的特点。京菜中最具特色的要数烤鸭和涮羊肉：烤鸭是北京的名菜；涮羊肉味道鲜美，制法几乎家喻户晓。除此之外，还有糟溜鱼片、醋椒鱼、扒熊掌、白煮肉等特色菜。

2. 北京小吃

据统计，旧时的北京小吃多达200余种，且价格便宜，有着世界第八大“美食之城”的美誉，在国内占据首位。旧北京的小吃还有个特点，就是随着时令、季节的不同而更换品种。

北京小吃的代表有北京烤鸭、涮羊肉、小窝头、茯苓夹饼、果脯蜜饯、驴打滚、豌豆黄、冰糖葫芦、豆面酥糖等。

（二）风物特产

1. 京绣

京绣，又称宫绣，是以北京为中心的刺绣产品的总称，属手工刺绣，为区别于机绣而得名“手绣”。它兴盛于明清时期。京绣作为“燕京八绝”之一，曾与“苏、湘、顾”并称“四大绣”。2014年11月11日，经国务院批准，京绣被列入第四批国家级非物质文化遗产名录。

2. 北京景泰蓝

景泰蓝，又称“铜胎掐丝珐琅”“嵌珐琅”等，距今已有600多年的历史，是北京著名的汉族传统手工艺品，是一种在铜质胎型上，用柔软的扁铜丝掐成各种花纹焊上，再把珐琅质的色釉填充在花纹内烧制而成的器物。因在明朝景泰年间盛行，且使用的珐琅釉以蓝色为主，故得名“景泰蓝”。明清时期的景泰蓝制品，多是供皇宫御用；直到清后期，才作为商品出现。

九、民俗风情

北京是一座驰名中外的文化古城，其中四合院、胡同、庙会等最具特色。

1. 北京四合院

北京四合院平面布局是以正房、倒座房、东西厢房围绕中间庭院形成，源于元代院落式民居，是老北京最主要的民居建筑。

2. 北京胡同

老北京胡同众多，有“著名的胡同三千六，没名的胡同赛牛毛”之说。北京的胡同独具特色，名称、形态各异，且每一个名称背后都有一段来历。最窄的胡同是钱市胡同，最窄处只有40厘米。最宽的胡同是灵境胡同，最宽处有32.18米。拐弯最多的胡同是九湾胡同。最古老的胡同是元朝就有的砖塔胡同。

3. 北京庙会

庙会作为我国古老的传统民俗文化活动，是中国特色的宗教文化，曾活跃于中国的广大地区，是真正活着的民俗，被称为“中国人自己的狂欢节”。庙会是一种民间性娱乐活动，多在春节期间举办。在庙会上，有多彩的民间艺术表演、丰富的京味小吃、独具特色的民间手工艺品等，表演项目有秧歌、旱船、舞狮、踩高跷、打锣鼓等。

第二节　天津市基本概况

一、行政区划与人口

（一）行政区划

天津市，简称“津”，是全国四大直辖市之一。

天津现辖16个区，包括滨海新区、和平区、河北区、河东区、河西区、南开区、红桥区、东丽区、西青区、津南区、北辰区、武清区、宝坻区、静海区、宁河区、蓟州区。滨海新区是天津市下辖的副省级区、国家级新区和国家综合配套改革试验区，是北方对外开放的门户、高水平的现代制造业和研发转化基地、北方国际航运中心和物流中心。

（二）人口

截至2017年末，天津市常住人口约1556.87万人。

二、地理条件与气候特征

（一）地理条件

1. 地理位置

天津市土地总面积为1.2万平方千米，约占全国土地总面积的1.25‰，居全国各省、市、自治区的第三十一位。天津地处华北平原的东北部、海河流域下游，东临渤海，北依燕山，西靠首都北京，是海河五大支流——南运河、子牙河、大清河、永定河、北运河的汇合处和入海口，素有“九河下梢”“河海要冲”之称。

地理区位优势明显。天津地处太平洋西岸环渤海经济圈的中心，背靠华北、西北、东北地区，面向东北亚，是中国北方十几个省市区对外交往的重要通道，也是中国北方最大的港口城市和沿海开放城市，被人们称为“渤海明珠”。天津距北京120千米，是拱卫京畿的要地和门户。

2. 地势地貌

天津有平原、丘陵、洼地、山地、海岸带、滩涂等地形，平原面积占95.5%，分布在燕山至渤海之间，少量山地和丘陵只集中在最北部。平均海拔在2～5米，从蓟州区北山区向南部平原逐级下降，形成北高南低、东高西低的地貌特征。

3. 水系

天津地跨华北地区最大的河流——海河两岸，北运河、永定河、大清河、子牙河和南运河在天津金钢桥附近的三岔口汇合成海河干流，由大沽口入海。干流全长72千米。流经天津的一级河道有19条，子牙新河、独流减河、马厂减河、永定新河、潮白新河、还乡新河6条人工河道。引滦入津输水工程是天津20世纪80年代兴修的大型水利工程。天津市有大型水库3座，总库容量3.4亿。

（二）气候特征

1. 特点

天津属暖温带半湿润季风气候，主要特征是季节明显、雨热同期。全年光照时间较长，可达到2 500～2 900小时。

2. 降水

天津市年均降水量550～680毫米，夏季占全年降水量的80%，北部山地迎风坡为华北多雨区，降水可达900毫米。

3. 气温

天津市年平均气温为11.1～12.0℃。最冷在1月，平均气温在-4℃以下；最热在7月，平均气温在26℃左右。

三、交通与自然资源

（一）交通

天津是衔接东北、华北至华东、华南的铁路交通枢纽，是亚欧大陆桥中国境内距离最短的起点，处于京沪铁路、津山铁路传统铁路干线和京沪高速铁路、京津城际铁路、津秦客运专线、津保客运专线等高速铁路的交汇处。铁路营运里程达970.93千米。

天津公路网以国道和部分市级干线为骨架，以放射状公路为主的网络系统，以外环线沟通各条放射公路。京秦高速公路天津段建成，京津冀公交“一卡通”投入试运营。高速公路通车里程1 350千米。

天津港是我国最大的人工港，是我国北方最大的国际贸易港和重要的集装箱运输枢纽港。天津滨海国际机场，是华北地区最大的货运港口。

（二）自然资源

1. 海洋资源

天津海岸线位于渤海西部海域，南起歧口，北至涧河口，长达153千米，突出表现为滩涂资源、海洋生物资源、海水资源、海洋油气资源丰富。海盐资源丰富，有中国最著名的海盐产区——长芦盐场。

2. 生物资源

滨海地带多耐盐碱植物。树木有白蜡、槐、椿、柳、杨、泡桐等。近年发展梨、枣、杏、桃、葡萄、苹果等林果。积水洼地生长有芦苇、菖蒲及人工栽培的菱、藕。北部山地盛产油松、侧柏、核桃、板栗、红果、柿子。有一定数量野生动物，多属平原草原型，如野山羊、獐子、刺猬、松鼠和鸟类。陆上的坑塘、水库有淡水鱼类约计30种，产量较多的有鲤、青、草、鲢等。

3. 其他资源

（1）油气资源

天津具备充足的油气资源，有渤海和大港两大油田，是国家重点开发的油气田。

（2）矿产资源

金属矿产主要有锰硼石、锰、金、钨、钼、铜、锌、铁等10多种，其中锰、硼不仅为国内首次发现，也是世界罕见。非金属矿产主要有水泥石灰岩、重晶石、叠层石、大理石等。

（3）地热资源

天津蕴藏较为丰富的地下热水资源，水温多为30～90℃，埋藏浅、水质好。已发现的10个具有勘探和开发利用价值的地热异常区，是中国迄今为止最大的中低温地热田。

四、旅游资源

以天子渡口之意而得名的天津，历史悠久，物阜民丰。

天津旅游资源丰富，景观种类齐全，拥有山、河、湖、海、泉等丰富的自然资源；在近代百年历史上有突出的地位和影响，中西文化交融形成了丰富的人文资源，堪称近代历史的“缩影”。黄崖关古长城是世界文化遗产；南开区天津古文化街旅游区（津门故里）、蓟州区盘山风景名胜区是国家5A级景区；全国重点文物保护单位15处，包括独乐寺、大沽口炮台、义和团吕祖堂坛口遗址等；还有爱国主义教育基地和青少年科技教育场所。

天津市的旅游资源主要分布在市区、蓟州区、滨海地区以及其他地区。

1. 市区

天后宫始建于元代，是中国最北妈祖庙和世界三大妈祖庙之一；有大悲禅院、天津文庙、西开天主教堂、天津清真大寺、基督教诸圣堂、天津犹太会堂；意式风情区内有曹锟故居、曹禺故居以及梁启超故居饮冰室等；还有和平路金街、天津津湾广场、天津之眼摩天轮、天津奥林匹克体育中心、天津水上公园、天津博物馆、天塔湖风景区等。

2. 蓟州区

蓟州区有盘山风景区、黄崖关长城风景区、九龙山国家森林公园、九山顶自然风景区、八仙山国家级自然保护区等。独乐寺是国务院1961年第一批公布的全国重点文物保护单位、国家4A级旅游景区，现已列入申报世界历史文化遗产预备清单名录。蓟州区中上元古界地质剖面层序齐全，叠层石和微体化石丰富，被联合国地质科学联合会确认为世界标准地层剖面，是我国第一个国家级自然保护区。

3. 滨海新区

天津滨海新区包括海滨旅游度假区、海河外滩公园、天津古海岸与湿地自然保护区、宁河七里海等。渤海湾西岸的贝壳堤是国内外罕见的、保存完整的古海岸遗迹。

4. 其他地区

另外，还有天津中华医圣文华苑、杨柳青博物馆、华蕴博物馆、杨村小世界游乐园、龙泉山游乐园、安家大院等。小站练兵场是袁世凯练兵之地。

伴随着天津城市景观化建设全面推进和经济建设的飞速发展，天津旅游业已形成了以海河为轴线、以市区为主体、以蓟县和滨海为两翼的旅游景观开发格局，推出了一系列旅游精品线路，有水路风光游、名人故居游、名街休闲游、渔阳山野游、西青民俗游、滨海风情游等。

五、历史沿革

天津，别名津沽、津门等。天津始于隋朝大运河的开通。南运河和北运河的交汇处、现在的金钢桥三岔河口，史称“三会海口”，是天津最早的发祥地。唐朝中叶以后，天津成为南方粮、绸北运的水陆码头。元朝设“海津镇”，是军事重镇和漕粮转运中心。

1. 天津建城

天津作为军事重地，明朝永乐二年（1404年）正式设卫，翌年设天津左卫，转年又增设天津右卫。清顺治九年，三卫合一，归并于天津卫。从明朝永乐二年正式建卫到公元2017年，天津建城已有613周年。

2. 近代史上的天津

1860年天津被辟为通商口岸后，西方列强纷纷在天津设立租界，天津成为中国北方开放的前沿和近代中国"洋务"运动的基地。军事近代化，以及铁路、电报、电话、邮政、采矿、近代教育、司法等方面建设，均开全国之先河，天津成为当时中国第二大工商业城市和北方最大的金融商贸中心。

3. 新中国成立后

1949年新中国成立后，天津作为直辖市，经济建设和社会事业全面发展，进一步巩固了中国重要的综合性工业基地和商贸中心的地位。1978年改革开放以来，天津作为沿海港口城市的优势不断增强，对外交流日益广泛，各项事业蓬勃发展。"十一五"期间是天津历史上经济发展和综合实力提升最快的时期，全市生产总值年平均增长16.1%。经济建设跨越式发展带来了城市地位的显著提升。随着滨海新区被列入国家总体发展战略布局，天津又迎来了重大的历史性发展机遇，这颗"渤海明珠"必将更加璀璨。

六、文化艺术

（一）文学与书画艺术

天津文化繁荣，历代名人辈出。代表人物有清代诗人查为仁、梅成栋、江杭、杭世骏等，作家、画家冯骥才，画家张兆祥，民间艺术家张明山，书法家华世奎等。查为仁的代表作有《绝妙好词笺》（与厉鹗合著）并收入《四库全书》当中，《外集》8卷、《蔗糖未定稿》9卷等。梅成栋代表作有《欲起竹间楼存稿》《四书讲义》《吟斋笔存》等。冯骥才是新时期"伤痕文学"的代表人物，他的主要著作有《雕花烟斗》《逆光的风景》《摸书》《挑山工》《泥人张》等。张兆祥擅画花鸟，代表作《石榴花》藏于天津市艺术博物馆。华世奎因其书法走笔取颜字之骨，气魄雄伟，骨力开展，功力甚厚，被誉为近代天津四大书法家之首，代表作是"天津劝业场"五字巨匾，字高1米，甚为壮观。

（二）民间乐舞曲艺

1. 曲艺

天津是诸多曲艺形式发源、发展和兴盛的地方，天津时调、京东大鼓、铁片大鼓、天津快板、京韵大鼓、快板书等曲艺形式在天津形成。相声和话剧是天津曲艺的重要代表。

（1）相声

相声兴始于清末民初。那时在天津老城城根开始有了专供艺人演出的两块“明地”。天津著名的相声演员有马三立、侯宝林、常宝堃、马季、冯巩、牛群等，马三立被誉为“中国相声泰斗”，代表作品有《老头醉酒》《马虎人》《说瞎话》《吃饺子》等。

（2）话剧

话剧是中西文化在天津碰撞交融最为突出的代表。张彭春是第一个到外国学习现代戏剧艺术，并把西方写实剧首先介绍到中国的早期话剧活动家及导演。1906年，李叔同与曾孝谷在天津创办业余话剧团体“春柳社”，第一次演出《茶花女》，开中国话剧之先河。著名剧作家曹禺创作的话剧《雷雨》，以民国时期的天津为背景。

（3）京剧

天津京剧演员孙菊仙，师承程长庚，唱腔老练，声音洪亮，独具的艺术风格，被人称为“孙派”。与王桂芬、谭鑫培齐名，其代表作品有《骂杨广》《逍遥津》《完璧归赵》等。

2. 音乐

20世纪30年代，小提琴家雅沙·海飞兹、弗里茨·克莱斯勒、钢琴家拉赫玛尼诺夫等世界级的古典音乐家先后来到天津演出。李叔同是向中国传播西方音乐的先驱者，其作词的《送别歌》是中国音乐史上的经典名篇。

七、民族与宗教

天津市拥有53个少数民族（无德昂族和珞巴族）。少数民族人口总数33.13万人。人口最多的少数民族是回族，人口数量17.77万人。人口排名前十位的少数民族除回族外，其他为满族、蒙古族、朝鲜族、土家族、壮族、苗族、维吾尔族、彝族、藏族。现有1个民族乡（蓟州区孙各庄满族乡）和53个民族村。

天津主要有佛教、道教、伊斯兰教、天主教和基督新教五种宗教。全市信奉宗教人数约26.7万人，宗教职业人员近200人。天主教的望海楼天主堂被列为中国重点文物保护单位，佛教的大悲院是汉族地区佛教全国重点寺院，伊斯兰教的清真大寺、天主教天津教区的主教座堂西开教堂、基督教安里甘教堂以及道教的天津天后宫和玉皇阁被列为天津市文物保护单位。

天津市目前共有8个宗教团体，分别是：天津市基督教三自爱国运动委员会、天津市基督教教务委员会、天津市伊斯兰教协会、天津市天主教爱国会、天主教天津教区教务委员会、天津中华基督教青年会和天津市基督教女青年会，1956年，成立中国道教协会天津分会。

八、美食与风物特产

（一）美食

1. 天津菜

天津菜，简称“津菜”，是具有天津风味的地方菜系，有“吃鱼吃虾，天津为家”的说法。天津菜技法全面且独特，擅长勺扒；用料广泛，擅烹河海两鲜及野禽；口味多变，以咸鲜清淡为主；精于调味，清浓兼备；视制汤为首位，因菜施用；注重配色，以和谐悦目见长；发展成为以咸鲜为主、酸甜为辅、小辣微麻、复合烹调、风格独特的地方菜系。

特色名菜有“八大碗”酒席、“四大扒”“冬令四珍”（铁雀、银鱼、紫蟹、韭黄）、蟹黄鱼翅、芙蓉鲜贝、鸡丝银针、溜南北笋、鸡茸燕菜等。

2. 津门四绝

津门四绝是指天津小吃十八街麻花、狗不理包子、耳朵眼炸糕和猫不闻饺子。

3. 特色小吃

糖墩、面茶、大饼鸡蛋、果仁张、茶汤儿、崩豆张、杨村高干、曹记驴肉、冠生园八珍羊腿、陆记烫面炸糕、白记水饺、芝兰斋糕干等。

（二）风物特产

天津有全国著名的泥人张、杨柳青年画、“魏记”风筝等。“魏记”风筝是中国汉族传统的民间手工艺品之一，享有“风筝魏”的美誉。1914年，“魏记”风筝在巴拿马国际博览会上一举夺得金奖，从此成为受国内外众多博物馆青睐的珍贵藏品。兰梓大蒜蒜头通常是六瓣，蒜皮呈紫红色，有“六瓣红”之称。蓟州河鲤产自于蓟州区于桥水库，有独特的外形，肉质紧实、味道鲜美。

九、民俗风情

天津古文化街是天津最具民俗风情的地方，古文化街整体建筑为仿清民间式。天后宫位于街区中心。农历三月二十三日是天后诞辰纪念日，为纪念天后娘娘诞辰而举行天后宫皇会。后因清康熙帝亲临天津欣赏天后宫花会，并钦赐了会旗，于是改名为“皇会”。人们为了安全航行，获得生存，只得祈求神灵的保佑。每年天后宫皇会都要举行盛大的表演，有狮子会、龙灯会、踩高跷、少林会、法鼓、旱船等节目。

泥人张彩塑是天津市的一种民间文化，著名的汉族传统手工艺品之一。作为北方流传的一派民间彩塑，创始于清代道光年间，是天津艺人张明山于19世纪中叶创造的彩绘泥塑艺术品，现为天津市首批国家级非物质文化遗产。泥人张彩塑被公认为是天津一绝，早在清代乾隆、嘉庆年间就已经享有很大声誉。泥人张把传统的捏泥人提高到圆塑艺术的水平，又装饰以色彩、道具，形成了独特的风格。

杨柳青年画全称“杨柳青木版年画”，属于木版印绘制品，是著名的中国民间木版年画之一，与苏州桃花坞年画并称“南桃北柳”。杨柳青年画产生于中国明代崇祯年间，采用木版套印和手工彩绘相结合的方法，创立了鲜明活泼、喜气吉祥、富有感人题材的独特风格。2006年5月20日，该遗产经国务院批准列入第一批国家级非物质文化遗产名录。

刻砖刘是指天津民间艺术家刘凤鸣，15岁开始随著名刻砖艺人马顺清学习刻砖技艺。清道光年间，天津刻砖发展为独立于建筑之外的民间艺术，并开创了堆贴法，扩大立体空间，使作品层次分明。刘凤鸣继承和发扬了马顺清的贴砖法，创造了天津刻砖的独特风格，被誉为“刻砖刘”，以立体和半立体透雕见长，在方砖上所刻山水、花卉、人物、鸟兽形象生动逼真，构思精巧，极具艺术欣赏价值。

天津人的服饰民俗在长期发展中形成了不同阶层的服饰特征，构成了天津老城服饰民俗的主要特征。一是受商人风气的影响，人们追求奢华、高档；二是天津老城历来是文人墨客聚集的地方，他们在服饰的样式与色调上都追求清新高雅、整洁大方；三是天津的地理位置（水路码头）促成劳动者们夏季一般是“短打儿”，冬季是“二大棉袄”。

第三节　河北省基本概况

一、行政区划与人口

（一）行政区划

河北省，简称“冀”，历史悠久，自古便有“燕赵多有慷慨悲壮之士”之称，其省会是石家庄市。

现辖11个地级市：石家庄、唐山、邯郸、秦皇岛、保定、张家口、承德、廊坊、沧州、衡水、邢台；47个市辖区、20个县级市、95个县、6个自治县。

（二）人口

截至2017年末，河北省常住人口7 519.52万人。

二、地理条件与气候特征

（一）地理条件

1. 地理位置

河北省地处华北平原，兼跨内蒙古高原。全省中环首都北京和北方重要商埠天津，北与辽宁、内蒙古为邻，西靠山西，南与河南、山东接壤，东临渤海。全省面积

18.88万平方千米。

2. 地势地貌

河北省地势西北高、东南低，由西北向东南倾斜。地貌复杂多样，是中国唯一兼有高原、山地、丘陵、盆地、平原、海滨和湖泊的省份，有坝上高原、燕山和太行山山地、河北平原三大地貌单元。坝上高原属蒙古高原一部分，地形南高北低，平均海拔1 200～1 500米，面积15 954平方千米，占全省总面积的8.5%。燕山和太行山山地，包括中山山地区、低山山地区、丘陵地区和山间盆地4种地貌类型，海拔多在2 000米以下，高于2 000米的孤峰类有10余座，其中小五台山高达2 882米，为全省最高峰。山地面积90 280平方千米，占全省总面积的48.1%。河北平原区是华北大平原的一部分，按其成因可分为山前冲洪积平原、中部中湖积平原区和滨海平原区3种地貌类型，全区面积81 459平方千米，占全省总面积的43.4%。

3. 水系

河北省的河流发源于太行山和燕山山脉，均注入渤海，主要分为海河、东北部的滦河、内陆河和辽河四大水系。隶属海河流域的河流有潮白河（北运河）、永定河、大清河、子牙河、滹沱河、桑干河、滏阳河等，汇入天津形成海河。滦河的支流有伊逊河、武烈河、瀑河、小滦河和老牛河等。京杭大运河流经东部的廊坊、沧州、衡水和邢台，为南运河的一部分。河北省面积较大的湖泊有白洋淀、衡水湖、燕塞湖、蟠龙湖、秦王湖等。

（二）气候特征

河北省属温带半湿润半干旱大陆性季风气候，寒暑悬殊，雨量集中，干湿期明显，具有冬季寒冷干旱、雨雪稀少，春季冷暖多变、干旱多风，夏季炎热潮湿、雨量集中，秋季温度适宜、清凉少雨的特点。年日照时数2 303.1小时，年无霜期81～204天。省内总体气候条件良好，温度适宜，热量丰富，雨热同季。月平均气温在3℃以下，7月平均气温18～27℃。年均降水量484.5毫米。

三、交通与自然资源

（一）交通

河北省是首都北京联系全国各省市的必经之地。有主要干线铁路25条和国家干线公路27条，有秦皇岛港、黄骅港、京唐港等重要港口。石家庄、秦皇岛、邯郸、唐山等有民航机场，共开通国际国内航班100多条。形成了以铁路、公路、水路、航空运输为主体的交通网。

（二）自然资源

1. 矿产资源

河北省矿产资源丰富，目前已发现各类矿产156种。其中，探明储量的矿产125

种，储量居全国大陆省份前5位的有39种。油气资源集中分布于渤海沿岸和海域的冀中、大港、冀东油田。截至2008年，石油累计探明储量27亿吨，天然气累计探明储量1 800亿立方米。

2. 植物资源

河北省现有植物3 000多种，其中纤维植物140多种、药用植物1 000多种、木材植物100多种、牧草300多种、油脂植物140多种、栽培植物450多种，棉花产量占全国的1/7，玉米和水果各占1/10，可列为名、优、特、稀的农产品有12大类215种。出口的药用植物品种有20多种。

3. 动物资源

河北省的动物资源比较丰富。现知陆栖脊椎动物530余种，约占全国同类动物种类的29.0%，其中兽类80余种，约占全国的 20.3%；鸟类420余种，约占全国的36.1%；爬行类、两栖类分别有19种和10种。全省拥有国家和省重点保护动物137种。在野生动物资源中，有不少全国珍贵、稀有种类，如鸟类中褐马鸡是河北特有、世界珍禽、国家一类保护动物，其他珍稀动物还有白冠长尾雉、天鹅、猕猴、金钱豹、青羊、黄羊、白鼬等。

4. 其他资源

（1）地热

河北省地热资源分布广泛，主要集中于中南部地区。据河北省地热资源开发研究所统计数据显示，河北省地热资源总量相当于标准煤418.91亿吨，地热资源可采量相当于标准煤93.83亿吨。全省有开发价值的热水点241处，山区92处，平原149处。全省累计开发地热能井点139处。山区热水点平均水温40～70℃，平原热水点水温最高可达95～118℃。

（2）风能

河北省陆上风能资源总储量7 400万千瓦，近海风电场技术可开发量超过200万千瓦。其中，坝上地区风能资源储量高达1 700万千瓦，建有国家第一个风电示范基地——坝上地区百万千瓦级风电基地。2008年，全省新增装机容量50万千瓦，总装机达到110万千瓦，居全国第三位。

（3）光能

河北省太阳年辐射量为4 981～5 966兆焦每平方米，年日照时数张家口、承德及沧州东部为2 800～3 000小时，为全省最大区；邢台、邯郸西部及中部为2 500～2 600小时，是全省最少的地区；其他大部分地区2 600～2 750小时，日照率为50%～70%。

四、旅游资源

河北省是中华民族的发祥地之一。璀璨的历史文化与秀美的湖光山色交相辉映，构成了独具特色的燕赵旅游百花园。这里文物古迹众多，自然风光秀美，民俗风情独特，特殊资源荟萃。众多的文物古迹形成了河北深厚的文化底蕴和独具魅力的文物旅游资源。

清代的清西陵是清代帝王陵寝之一，共有陵寝14座。这里规模宏大，体系完整，是一处典型的清代古建筑群。清东陵位于河北省唐山市，是中国现存规模最宏大、体系最完整、布局最得体的帝王陵墓建筑群，占地80平方千米的15座陵寝中，共建有顺治帝的孝陵、康熙帝的景陵、乾隆帝的裕陵、咸丰帝的定陵、同治帝的惠陵皇陵5座。承德避暑山庄是我国现存最大的园林，也是清代皇帝夏日避暑和处理政务的场所，为我国著名的古代帝王宫苑。明代金山岭长城地势险要，设防严谨，建筑雄伟，是我国万里长城的精华地段，曾被国务院公布为第三批全国重点文物保护单位，被国家定为一级旅游景点、国家级风景区。野三坡地处北京西部、河北省西北部、保定市涞水县境内，以“雄、险、奇、幽”的自然景观和古老的历史文物，享有“世外桃源”之美誉。苍岩山景观丰富多彩，千年古刹福庆寺以悠久的历史和卓越的建筑艺术构成奇异壮观的人文之美，使之享有“五岳奇秀揽一山，太行群峰唯苍岩”之美誉。北戴河景区地处秦皇岛市北戴河区东部沿海，被誉为“观鸟的麦加”。太行大峡谷景区位于河南省和山西省交界区域的林州市，是最易于到达的国家级峡谷景观，群峰峥嵘，峰、峦、台、壁、峡、瀑、嶂、泉姿态万千，是“北雄风光”的典型代表。

据统计，河北省现有各级各类景区景点400多个，其中包括世界文化遗产4处，分别是承德避暑山庄及周围寺庙、长城河北段、大运河河北段；国家5A级旅游景区8个，承德避暑山庄及周围寺庙、野三坡、西柏坡、白洋淀、广府古城、白石山、清东陵、娲皇宫；国家级历史文化名城5座；国家级风景名胜区10处；国家级森林公园26个；国家级自然保护区13处；中国优秀旅游城市10座。优秀旅游城市无论是数量规模，还是价值品位，河北都堪称是全国的旅游资源大省。

五、历史沿革

河北地区历史悠久，在河北省各地，遍布着早期人类的遗址。河北保定、张家口一带是中华民族的发祥地之一；张家口涿鹿的黄帝城是历史上的涿鹿故城；保定市高阳县是人文始祖初国之地；伊祁山是尧的诞生地，也是华夏民族的史封之国——唐侯国的所在地；秦始皇时期这里属于巨鹿郡、邯郸郡、恒山郡、齐郡、济北郡、上谷郡、代郡、渔阳郡、右北平郡的地域；“河北”一词出现于2 000多年前的西汉；从隋朝开始，冀州、幽州作为一级政区之名消失于史籍；宋初，全国被划分为15路，今河北主要属于河北路，后又分为河北东路和河北西路两个行政区；元朝实行行省制度，改北京为京师，今河北大部分地区归京师管辖；清代属直隶省；中华民国成立后，于1928年改为河北省；1968年，河北省的省会定为石家庄；1973年，将河北省的蓟县、宝坻、武清、静海、宁河等五县划归天津市，形成河北省的辖区规模。

六、文化艺术

（一）民俗文化与艺术

河北民俗文化与民间艺术历史悠久，北方陶瓷艺术的典型代表有定窑、邢窑、磁州窑和唐山陶瓷。蔚县剪纸、廊坊景泰蓝、曲阳石雕、衡水内画鼻烟壶、易水古砚、丰宁布糊画、白洋淀苇编等蜚声中外；沧州武术、吴桥杂技、永年太极等独具风格。

（二）民间乐舞曲艺

1. 戏曲

河北流行30多个剧种，本土的有26个。较有名的有河北梆子、河北乱弹、老调梆子。河北梆子，也叫京梆子、秦腔和山陕梆子，由清乾隆年间先后传入河北的秦腔和山西梆子衍变而成。音调高昂激越，并表现慷慨悲壮情绪，属板腔体，主奏乐器为板胡及笛子，传统剧目有《金水桥》《杜十娘》等500余出。

2. 曲艺

河北民间曲艺历史悠久，曲种繁多，节目丰富，在各地流传的主要有西河大鼓书、乐亭大鼓书、沧州木板大鼓、木板书、十不闲以及单弦、评书、相声、数来宝、快板书、三句半等30余种。

3. 民间音乐和舞蹈

河北民歌表现了河北省各民族劳动人民朴实、淳厚的性情，多以描绘现实生活，也有一部分是歌颂历史人物的。河北民歌的代表有《小放牛》《回娘家》《小白菜》等。

河北有“北方汉族民间歌舞之乡”的美誉。全省民间歌舞达146种，河北民间舞蹈较有名的有唐山的地秧歌、昌黎的跑驴、石家庄的井陉拉花、沧州的落子舞、盐山的武术扇、高阳的竹马洛子、张家口的插花洛子等。

七、民族与宗教

（一）民族

河北省除汉族外，还有满、回、蒙、壮、朝鲜、苗、土家等55个少数民族，少数民族总人口3 384 224人，占全省总人口的4.58%。全省共有6个自治县、3个民族县。

（二）宗教

河北省有佛教、道教、伊斯兰教、天主教、基督教五种宗教。省内有5个宗教团体，即河北省佛教协会、河北省道教协会、河北省伊斯兰教协会、河北省天主教协会、河北省基督教协会；有5所宗教院校归以上团体管理，即河北省佛学院、河北省道学院、河北省伊斯兰教经学院、河北省天主教神哲学院、河北省基督教培训中心。

八、美食与风物特产

（一）美食

1. 冀菜

河北菜即冀菜，包括三大流派：以保定为代表的冀中南菜、以承德为代表的宫廷塞外菜和以唐山为代表的冀东沿海菜。冀中南菜以保定为代表，特点是选料广泛，以山货和白洋淀鱼、虾蟹为主。保定著名的驴肉火烧蜚声食坛。在石家庄周边，历史上正定等地也有著名的“十大名菜”“三八席”（八凉、八热、八蒸碗）等，在技法上也有“甩刀法”等令人叫绝的独特技巧。冀东沿海菜以唐山为代表，由于唐山濒临渤海，盛产海鲜，所以以烹饪鲜活水产见长。原料丰富，并且擅长刀花和柔丝连片，讲究明油亮芡。宫廷塞外菜以承德为代表，虽与北京的宫廷菜有相同之处，但也有口味香酥鲜咸、讲究造型和器皿的独到特点。

2. 日常饮食

河北主食以面粉、杂粮为主，其中以饺子为最。副食以猪、牛、羊肉，以及蛋、禽、菜、鱼为佳品菜肴。口味偏咸，重油重色。“杂”是河北饮食习俗的显著特点，具有五花八门的饮食习惯。俗话说：“上马饺子下马面”，取“长久相聚，不要分离”之意。

3. 特色小吃

河北地处华北平原北部，优越的地理位置和人文风俗孕育了璀璨的饮食文化。河北十大特色名吃有道口烧鸡、鞋底儿烧饼、邯郸拽面、苏桥熏鱼、永年驴肉灌肠、绿豆咯扎、南宫熏菜、胜芳松花蛋、正定马家鸡、三河豆片儿。

（二）风物特产

河北省物华天宝，许多土特产品和风味小吃享誉中华。京东板栗、赵州雪梨、沧州金丝小枣、宣化龙眼葡萄、深州蜜桃、沧州小枣等，不仅营养价值极高，而且产量居全国第一。核桃、柿子和花椒被誉为“太行三珍”。口蘑盛产于坝上高原，是一种名贵真菌。蕨菜号称“山菜之王”，国内外市场供不应求。秦皇岛的八仙宴、唐山的蜂蜜麻糖、石家庄的空心宫面，以及白洋淀的全鱼席，无不以其独特的风味令中外游客赞不绝口。

1. 京东板栗

京东板栗以色泽鲜艳、含糖量高、甘甜芳香和营养丰富闻名，在国内外市场久负盛名。它主要分布在北京以东广大的燕山山区，以迁西、遵化、昌黎、兴隆最多。栗树是我国培育最早的果树之一，栗与桃、杏、李、枣并称“五果”。

2. 赵县雪花梨

雪花梨是河北省赵县特产，又名“象牙梨”。早在秦汉时代始就被历朝历代选作贡品进贡朝廷。“赵县雪梨”因其成熟后肉质洁白无瑕，似霜如雪，故被称为赵州雪花梨，有“大如拳，甜如蜜，脆如菱”之说。

九、民俗风情

（一）传统庙会

1. 鄚州古庙会

鄚州古庙会指古鄚州药王庙，俗称鄚州大庙，位于今任丘市鄚州镇古州村北1 000米处，为中国先秦时期有史可考的最著名医药学家扁鹊的祀庙。主体建筑有正殿和东西两配殿。正殿供奉扁鹊，两配殿是历代十大名医塑像。东配殿有王叔和、张仲景、雷太乙、淳于意、华佗，西配殿是孙思邈、皇甫谧、韩普济、葛稚川、刘守真。有“天下大庙数鄚州”之谚称。

2. 雪花山庙会

雪花山庙会起源于祭神，为祭祀碧霞元君遂起庙会，时间为农历四月十六至十八，共三天，由井陉旧城所在各村组织，周围四五十个村庄参加。其庙会有很严格的仪式，从准备起会，到正式过会，都有一套程序。庙会又是井陉最大的物资交流大会。

（二）酒席宴请

河北待客有以左为上、以里为上之说。客人落座后，主人主动给客人递茶点烟，且双手捧送。茶不斟满，茶壶嘴冲向自己，不对着客人，否则被视为不礼貌。待客吃饭，男客先酒后饭。

（三）婚俗

河北人结婚，除亲戚朋友要送喜钱、礼物外，还时兴“凑份子”贺喜的风俗。每逢婚嫁、生育、生日、建房、乔迁之际，城乡均有庆贺道喜之俗。

第四节　山西省基本概况

一、行政区划与人口

（一）行政区划

山西省，简称“晋”，省会是太原市。

山西省有11个地级市，分别是太原、大同、朔州、阳泉、长治、晋城、忻州、吕梁、晋中、临汾、运城；全省有119个县、市、区，其中有23个市辖区、11个县级市、85个县。

（二）人口

截至2017年末，山西省常住人口约3 702.35万人。

二、地理条件与气候特征

（一）地理条件

1. 地理位置

山西省地处黄河流域中部，东有巍巍太行山作天然屏障，与河北省为邻；西、南部以黄河为堑，与陕西省、河南省相望；北跨绵绵长城，与内蒙古自治区毗连。因地属太行山以西，故名山西。全境总面积为15.67万平方千米，占全国总面积的1.6%。

2. 地势地貌

山西疆域轮廓呈东北斜向西南的平行四边形，是典型的为黄土广泛覆盖的山地高原，地势东北高西南低。山西总的地势是“两山夹一川”，东西两侧为山地和丘陵，中部为一列串珠式盆地，平原分布其间。全省主体轮廓很像一个“凹”字。高原内部起伏不平，河谷纵横，地貌类型复杂多样，有山地、丘陵、台地、平原，山多川少，山地、丘陵面积占全省总面积的80.1%，平川、河谷面积占总面积的19.9%。全省大部分地区海拔在1 500米以上，最高点为五台山主峰叶斗峰，海拔3 061.1米，为华北最高峰。

3. 水系

山西拥有众多河流，承东启西的地理位置使其成为黄河与海河两大流域的分水岭。除了流经省界西、南两面长达965千米的黄河干流以外，全省流域面积大于10 000平方千米的较大河流有5条，分别是黄河流域的汾河、沁河以及海河流域的桑干河、漳河、滹沱河；流域面积小于10 000平方千米、大于1 000平方千米的中等河流有48条；流域面积小于1 000平方千米、大于100平方千米的小河流有397条。山西省河流属于自产外流型水系，河流水源来自大气降水，绝大部分河流发源于境内，向省外发散流出。山西是海河主要支流永定河、大清河、子牙河、漳卫河的发源地，因此也被誉为“华北水塔”。

（二）气候特征

1. 特点

山西地处中纬度地带的内陆，在气候类型上属于温带大陆性季风气候。由于太阳辐射、季风环流和地理因素影响，山西气候具有四季分明、雨热同步、光照充足、南北气候差异显著、冬夏气温悬殊、昼夜温差大的特点。

2. 气温

山西省各地年平均气温为4.2 ~ 14.2℃，总体分布趋势为由北向南升高、由盆地向高山降低。

3. 降水

山西全省各地年降水量为358～621毫米，季节分布不均，夏季6～8月降水相对集中，约占全年降水量的60%，且省内降水分布受地形影响较大。

三、交通与自然资源

（一）交通

2015年末，山西全省公路线路里程14.1万千米，其中高速公路5 028千米，有21个高速路出省口及由10万多千米普通公路组成的公路交通网络，居全国首列。铁路方面，从大同到风陵渡的同蒲线纵贯南北，石太线、京包线、太焦线、大秦线等铁路线也从省内通过，可联通国内大部分城市。民航方面，省内有太原、大同、长治、吕梁、五台山等机场。

（二）自然资源

1. 矿产资源

山西分布有丰富的矿产资源。截至2015年底，已发现的矿种达120种，其中探明资源储量的矿产63种。与全国同类矿产相比，资源储量居全国第一位的矿产有煤层气、铝土矿、耐火黏土、镁矿、冶金用白云岩等5种。保有资源储量居全国前10位的主要矿产为煤、煤层气、铝土矿、铁矿、金红石等32种。煤层气剩余经济可采储量为2 304.09亿立方米，全国首屈一指，具有良好的发展前景；铝土矿资源保有储量15.27亿吨（矿石量），居全国第一，占全国保有资源储量的32.44%；铁矿类型多，资源储量丰富，分布广泛，保有资源储量39.37亿吨，居全国第八位；铜矿集中分布于山西省中条山区，保有资源储量229.94万吨（金属量）；金红石保有资源储量426.38万吨，居全国第二位。

2. 植物资源

山西植物资源丰富，已知的维管植物有2 700多种，其中，木本植物有463种，野生药用植物有1 000多种。

3. 动物资源

山西野生动物以陆栖类为主，已知的有439种。属于国家重点保护的珍稀动物有71种，二级保护动物有54种，包括鸟类42种，两栖类1种，兽类11种。属于省级重点保护的有苍鹭、星头啄木鸟等27种。属于有益的、有重要经济和科学研究价值的野生动物315种。

四、旅游资源

山西是中华文明发祥地之一，是我国旅游资源最为富集的省份。“华夏古文明，山西好风光”是对山西旅游的高度概括。山西省现存国家级重点文物保护单位452

处，占全国的23.3%，位居第一，其中，大同云冈石窟、平遥古城、五台山为世界文化遗产。全国保存完好的宋、金以前的地面古建筑物70%以上在山西境内，享有“中国古代建筑艺术博物馆”的美誉。平遥双林寺被誉为“东方彩塑艺术宝库”。四大佛教圣地之一的五台山，寺庙群集千年之萃。建于北魏的恒山悬空寺悬于悬崖峭壁之上，以惊险奇特著称。太原的晋祠是形式多样的古建筑荟萃的游览胜地。平遥古城是全国现存三座古城之一，被列入世界文化遗产名录。芮城永乐宫是典型的元代道观建筑群，宫内壁画是我国绘画艺术的珍品。解州关帝庙是全国规模最大的武庙。云冈石窟是全国三大佛教石窟之一，气势雄伟。因拍摄《大红灯笼高高挂》而闻名的祁县乔家大院，与祁县渠家大院、灵石王家大院、太谷三多堂等，共同组成山西晋中的大院民俗文化。

山西名山大川遍布，自然风光资源丰富优美。北岳恒山是五岳之一，国家级风景名胜区，绵山气候宜人，自古就是避暑胜地。黄河壶口瀑布是仅次于黄果树瀑布的全国第二大瀑布，国家级风景名胜区。庞泉沟、芦芽山、历山、莽河等自然保护区，风景秀丽，景致各异。

山西是老革命根据地，革命活动遗址和革命文物遍布全省，著名的有八路军总部旧址、黎城黄崖洞八路军兵工厂、文水刘胡兰纪念馆等。

（一）特色文化资源

1. 云冈石窟

云冈石窟是我国最大的石窟之一，与敦煌莫高窟、洛阳龙门石窟和麦积山石窟并称为中国四大石窟艺术宝库。位于山西省大同市以西16千米处的武周山南麓，现存主要洞窟51个，造像5 100余尊，最高的17米，最小的仅有几厘米，各类造像形象生动活泼，姿态飘逸隽秀。其中的昙曜五窟，布局设计严谨统一，是中国佛教艺术第一个巅峰时期的经典杰作。五华洞雕饰绮丽、丰富多彩，是研究北魏历史、艺术、音乐、舞蹈、书法和建筑的珍贵资料。

2. 平遥古城

平遥古城有“龟城”之称，街道格局为“土”字形，整体布局遵从八卦方位，城内外有各类遗址、古建筑300多处，有保存完整的明清民宅近4 000座，街道商铺都体现历史原貌，被称作“研究中国古代城市的活样本”。城墙历经600余年的风雨沧桑，至今雄风犹存，是中国现存规模较大、历史较早、保存较完整的古城墙之一，亦是世界遗产平遥古城的核心组成部分。

3. 乔家大院

乔家大院全称山西祁县乔家大院民俗博物馆，地处美丽富饶的晋中盆地，是一座汇集晋商历史风貌、反映明清时代特色的民居精品。景区在发展、恢复的过程中，形成新的旅游格局——“四堂一园”，总占地面积为24 000余平方米，即在中堂、德兴堂、宁守堂、保元堂及花园，全面展现乔家大院悠久的历史风貌、典雅的建筑风格、精湛的雕刻艺术、纯朴的民俗民风。

五、历史沿革

山西是人类和华夏文明的发祥地和中心区域之一。考古表明，远古时代，山西南部是人类初曙的起源地。尧、舜、禹都曾在山西境内建立功业。晋南是夏朝建立地。商朝时，山西南部在其“邦畿千里”之内，其余地方则散布着十几个方国部落。西周初期大规模分封诸侯，山西中南部为十余个诸侯的领地，其中主要诸侯国是晋国。春秋时期，晋国发展强大，逐步兼并了周边小国，成为春秋五霸之一。

秦统一六国后，在山西境内置70余县。汉代基本沿袭秦代郡县制，在山西境内设置90余县。魏晋时期，山西在政治、军事、经济、文化等各个方面，都起着重要的作用。山西在唐代被认为是“龙兴”之地，太原为唐王朝的“北都”。宋代，山西是中国北方主要发达地区。元代，山西与山东、河北，并称为元朝“腹地”。明朝初期置山西行中书省，后改为山西等处为承宣布政使司。清设置山西省。

进入半殖民地半封建社会以后，山西的经济、文化发展受到严重破坏。1949年4月，山西全省解放，并成立山西省人民政府。

六、文化艺术

（一）文学与绘画

山西文化繁荣，名人辈出。著名的有唐代诗人王勃、王之涣、王维、王昌龄、白居易、温庭筠、柳宗元等，北宋著有《资治通鉴》的司马光，金元词冠元好问，现代文学作家赵树理及诗人艾青。绘画方面有卫夫人、柳公权、荆浩、马远、米芾、傅山等名人。

（二）民间乐舞曲艺

1. 戏曲

山西省的地方戏曲艺术历史悠久，在中国戏曲舞台上占有重要地位，最有名的是山西地方戏曲的四大梆子——蒲剧、晋剧、北路梆子和上党梆子。“山乡庙会流水板整日不息，村镇戏场梆子腔至晚犹敲”。这副晋西的旧戏台楹联，反映了山西人民对戏剧的强烈爱好。

2. 曲艺

山西曲艺，起源较早，形式多样，说唱拉弹，各具风采。当时主要流行的有唱莲花落、说快板书、唱大鼓词、唱小曲、说评书。

3. 民间音乐和舞蹈

山西民歌是一种古老的传统民间艺术，以歌唱历史人物或历史传说故事为主。现在已经收集起来的民歌达两万余首。山西各地民歌品种繁多，大致可归纳为四大类：山歌、号子、小调、套曲。

山西民间舞蹈种类繁多，包括鼓类舞、秧歌舞、狮子舞、龙舞、高跷、旱船、背棍、铁棍、抬阁等。二人台反映了社会生活，蕴含深厚，戏剧性较强且戏、歌、舞杂糅，是山西民间艺术的精髓所在。

七、民族与宗教

（一）民族

山西很久以来就是一个多民族分散杂居的省份。2010年第六次人口普查显示，全省除汉族外，有回族、满族、蒙古族、土族、彝族等53个少数民族。在少数民族中，回族居多，其次是满族与蒙古族。居住特点呈现为大分散、小聚居的特色。

（二）宗教

山西省境内有佛教、道教、伊斯兰教、天主教、基督教5个宗教团体，信教群众约185万人。全省经认定备案宗教教职人员6 386人，全省宗教活动场所2 844处，各级宗教团体共221个。

八、美食与风物特产

（一）美食

山西菜又被称为晋菜，口味以咸香为主，辅以酸味。选料讲究朴实，烹饪时注重火候，菜品讲究原汁原味，主要的烹饪方式有炒、爆、熘、煨、烧、蒸、烩、扒等。由于地域不同，菜品风格也各有特色，菜品可以分为南、北、中三派。代表菜品有刀削面、猫耳朵、拨鱼、熏猪肉、酿粉肠等。

1. 刀削面

山西小吃历史悠久、口味独特、品种繁多、用料讲究、制作精细。山西是面食之乡，面食种类繁多，其中以刀削面最为有名，它与北京的炸酱面、山东的伊府面、武汉的热干面、四川的担担面一起被誉为“中国著名的五大面食”。

2. 特色小吃

山西省十大特色小吃有山西面食、长治羊汤、定襄蒸肉、大同兔头、平遥牛肉、忻州瓦酥、山西黄米油糕、山西不烂子、山西碗托、山西花馍。

（二）风物特产

山西是中华民族的发祥地之一，历史悠久，人文荟萃，被誉为“华夏文明摇篮”。迄今为止有文字记载的历史达三千年之久，素有“中国古代文化博物馆”之美称。在山西，名产以汾酒、竹叶青最为有名，太原老陈醋（素有“天下第一醋”的盛誉）、清徐葡萄也毫不逊色，知名度颇高，晋祠大米、玻璃圪嘣也独树一帜，盛名中外。

1. 山西汾酒

山西汾酒是中国传统名酒，属于清香型白酒的典型代表，因产于山西省汾阳市杏花村，又称“杏花村酒”汾牌二锅头。汾酒以工艺精湛，源远流长，素以入口绵、落口甜、饮后余香、回味悠长特色而著称，在国内外消费者中享有较高的知名度、美誉度和忠诚度，被誉为“最早国酒”“国之瑰宝”，是凝聚着古代中国劳动人民的智慧的结晶和劳动成果。

2. 太谷饼

太谷饼是山西省传统名吃，因产于太谷县得名，始于清代。太谷饼具有甜而不腻、酥而不碎、味美鲜香等特点，以其香、酥、绵、软而闻名全国，享有“糕点之王”的美称。太谷饼为“晋商饮食文化”的典型代表。

九、民俗风情

1. 居住

山西民居建筑非常复杂，由最简单的穴居到村里深邃富丽的财主住宅院落，到城市中紧凑细致的讲究房子，颇有许多特殊之点。平原地区的村落多在本村土地中心营建，一般以砖瓦或土坯砌成，是典型的北方平原村落。山区村庄则依山势而错落，房屋多为石砌或窑洞。

2. 饮食

山西人喜好面食，有无面不足、无馍不饱之说。山西妇女心灵手巧，面食种类多样，还制作面塑。面塑注重色彩绚丽，当地人称为“花馍”，造型比较夸张，以“走兽花馍”最为出色。山西民间百姓日常饭菜用盐量也非常之大。过去，许多农家调和饭菜都习惯用小盐，并有“露咸”的讲究。除了盐醋之外，各地居民对辛辣食物的需求量也是相当可观的。在山西的辛辣食物中，品质最佳者有晋城巴公大葱，应县小石口大蒜，代县辣椒，河津、临汾韭菜，平顺、盂县花椒等。

3. 丧葬

在山西习俗中，筑墓“富者用砖圈，贫者则土穴耳”，旧时还有掘土为窑的“窑葬”。在太行山区，也有将棺木置于山崖半空之天然石缝、石洞者，叫作“崖葬”或“悬葬”。

4. 表演

威风锣鼓是流行在霍州、洪洞、汾西、临汾一带的民间广场艺术，是一种民间打击乐器的合奏形式，由于它击奏多姿，威武雄壮，所以俗称为“威风锣鼓”。每逢过年过节，喜庆丰收，集会游行，便会出现在民间。威风锣鼓是古老的民间艺术形式。

5. 炕画

山西人有用画作来装饰房间和保护墙壁的习俗，当地人把炕周围的画称为炕画。

第五节　内蒙古自治区基本概况

一、行政区划与人口

（一）行政区划

内蒙古自治区，简称“内蒙古”，首府是呼和浩特市。

内蒙古自治区现设呼和浩特、包头、乌海、赤峰、通辽、鄂尔多斯、呼伦贝尔、乌兰察布、巴彦淖尔9个市；兴安、阿拉善、锡林郭勒3个盟；另外有满洲里、二连浩特2个计划单列市；52个旗（其中包括鄂伦春、鄂温克、莫力达瓦达斡尔 3 个少数民族自治旗），17个县，11个盟（市）辖县级市，23个区。

（二）人口

截止到2017年末，内蒙古自治区常住人口为2 528.6万人；

二、地理条件与气候特征

（一）地理条件

1. 地理位置

内蒙古自治区位于中国北部边疆，由东北向西南斜伸，呈狭长形，东西直线距离2 400千米，南北跨度1 700千米，横跨东北、华北、西北三大区。土地总面积118.3万平方千米，占全国总面积的12.3%，在全国各省市自治区中名列第三位。东南西与8省区毗邻，北与蒙古国、俄罗斯接壤，国境线长4 200千米。

2. 地势地貌

内蒙古自治区基本上是一个高原型的地貌区，大部分地区海拔1 000米以上。内蒙古高原是中国四大高原中的第二大高原。东部是大兴安岭，南部是嫩江两岸平原、土默川平原、西辽河平原和河套平原，西部是腾格里、巴丹吉林、乌兰布和沙漠，北部是呼伦贝尔、锡林郭勒草原。

3. 水系

内蒙古大小河流千余条，其中流域面积在1 000平方千米以上的有107条，有黄河、额尔古纳河、嫩江和西辽河四大水系。

湖泊星罗棋布，较大的湖泊有295个，面积在200平方千米以上的湖泊有达赉湖、达里诺尔和乌梁素海。

水资源总量为545.95亿立方米，其中地表水406.6亿立方米，占总量的74.5%；地下水139.35亿立方米，占总量的25.5%。

（二）气候特征

1. 特点

由于地理位置和地形的影响，内蒙古自治区形成以温带大陆性季风气候为主的复杂多样的气候。春季气温骤升，多大风天气；夏季短促温热，降水集中；秋季气温剧降，秋霜冻往往过早来临；冬季漫长严寒，多寒潮天气。

2. 降水

大兴安岭和阴山山脉是全区气候差异的重要自然分界线，全年降水量在50~450毫米之间，大兴安岭以东和阴山以北地区的气温和降雨量明显低于大兴安岭以西和阴山以南地区。

3. 气温

夏季气温在25℃左右，冬季中西部最低气温-20℃，东部林区最低气温可达-40℃。

三、交通与自然资源

（一）交通

内蒙古自治区交通以铁路为骨干，主要的铁路有京包线、包兰线、集通线、京通线等。两个大型的陆运口岸，分别是满洲里和二连浩特。截至2016年底，内蒙古辖区正式运营的机场有21个，通勤通用机场6个，基地运输航空公司1家，实现主要城市的机场全覆盖。

（二）自然资源

1. 矿产资源

内蒙古自治区是我国发现新矿物最多的省区。1958年以来，中国获得国际上承认的新矿物有钡铁钛石、包头矿、黄河矿、索伦石、汞铅矿、兴安石、大青山矿、锡林郭勒矿、二连石、白云鄂博矿10种发现于内蒙古。包头白云鄂博矿山是世界上最大的稀土矿山。稀土查明资源储量居世界首位；煤炭保有资源储量居全国第一位。

2. 湿地资源

8公顷以上湖泊、沼泽、人工湿地以及宽度10米以上、长度5千米以上河流总面积601万公顷，面积居全国第三位。初步建立了以湿地自然保护区和湿地公园为主的湿地保护体系。纳入保护体系的湿地面积147.6万公顷，占全区湿地总面积的24.6%。内蒙古鄂尔多斯遗鸥和达赉湖国家级自然保护区列入《国际重要湿地名录》。

3. 生物资源

内蒙古自治区分布有各类野生高等植物2 781种，植被组成主要有乔木、灌木、半灌木植物、草本植物等基本类群，其中草本植物分布面积最广。

全区野生脊椎动物众多，总计712种。其中，列入国家重点保护动物116种，一级保护动物26种，二级保护动物90种。

全区有中国和日本两国政府保护候鸟及栖息环境协定中规定的保护候鸟128种，有中国和澳大利亚两国政府保护候鸟及栖息环境协定中规定的保护候鸟45种，有《濒危野生动植物种国际贸易公约》附录物种脊椎动物99种。

四、旅游资源

截止到2015年底，内蒙古自治区共有一定规模的旅游景区（点）900多处，以重点旅游区（点）和旅游城市为支点，形成了四条精品旅游线路。全区共有注册旅行社936家、星级饭店335家、A级旅游景区318家、全国工农（牧）旅游示范点18家、星级家庭旅游接待户462家。此外，旅游那达慕、蒙古族服装服饰艺术节、额济纳金秋胡杨节、满洲里中俄蒙三国旅游节等一批高品位的旅游节庆活动已经成为内蒙古旅游品牌产品。

国家5A级景区4家：鄂尔多斯市达拉特旗响沙湾旅游景区、鄂尔多斯市伊金霍洛旗成吉思汗陵旅游区、呼伦贝尔市满洲里市中俄边境旅游区、兴安盟阿尔山·柴河旅游景区；国家风景名胜区1个：扎兰屯风景名胜区；国家历史文化名城1个：呼和浩特；国家地质公园6个：鄂尔多斯地质公园、阿拉善沙漠国家地质公园、四子王地质公园、二连浩特国家地质公园、阿尔山国家地质公园、克什克腾国家地质公园。

三级品牌旅游线路：一级品牌旅游线路是国家统筹推介的丝绸之路、万里茶道、黄河、长城等旅游线路，二级品牌旅游线路是基本贯穿全区全境的万里北疆风景线、黄河“几”字湾大漠风情县等旅游线路，三级品牌旅游线路是从万里草原天路各节点引出的阿海满“金三角”四季游、科尔沁文化游、“三都”草原图腾狼道、匈奴探秘等。四大品牌旅游区域：大兴安岭全生态旅游区、阿拉善秘境探险旅游区、环京津冀草原风情旅游区、敕勒川现代草原文明核心区。

呼伦贝尔草原位于大兴安岭以西，由呼伦湖、贝尔湖而得名，是中国保存完好的草原，水草丰美，有“牧草王国”之称，是中外闻名的旅游胜地。哈素海是黄河变迁遗留的牛轭湖，属大黑河水系的外流淡水湖泊。哈素海是天然湖泊，有“塞外西湖”之称。

五、历史沿革

战国时期，内蒙古分属于中原赵国和燕国以及东胡和匈奴等地区；秦汉时期，内蒙古分别属于鲜卑、匈奴、乌桓等少数民族地区以及五原、云中、辽西、张掖等中原诸郡；进入唐代，唐朝政府设置丰、夏、凉、云、甘、肃等州；宋朝时期，内蒙古分属于辽国、西夏国；元代内蒙古分属于上都、应昌、全宁等地区；清代内蒙古分属于内蒙古、山西、察哈尔等省；1947年，内蒙古自治区成立。

六、文化艺术

（一）文学

蒙古的文学艺术在中华文学史上占有极其重要的地位，因其鲜明的特色和独特的区域个性、多样化的创作手法和表现形式而具有庞大的作品数量以及丰富多彩的主题内容。蒙古族文学名著较多，代表作有《蒙古秘籍》（已失传）《化铁熔山》《江格尔》《乌巴什洪台吉》《黄金史》《格斯尔传》《嘎达梅林》《格瓦桑布》《科尔沁草原的人们》《草原之子》《红路》《茫茫草原》《金鹰》等。

（二）民间乐舞曲艺

1. 舞蹈

（1）安代舞

安代舞于明末清初发祥于科尔沁草原南端的库伦旗，由用来医病、祈求神灵庇护、祛魔消灾的萨满教舞蹈逐渐演变成表达欢乐情绪的民族民间舞蹈。传统的安代舞有准备、发起、高潮、收场几个程序，由“博”来主持。

（2）盅碗舞

盅碗舞亦称打盅子，是蒙古族“打盅舞”和“顶碗舞”结合的舞蹈艺术。传说起源于古代打仗时获胜利的人们在庆典宴会，拍掌击节，击酒盅助兴。演变至今，发展成为手持酒盅、头顶彩碗的舞蹈。

（3）筷子舞

筷子舞因用筷子伴舞而得名，常在喜庆宴会上由单人表演。表演形式活泼生动、欢快，趣味横生。

内蒙古自治区民族众多，此外还有俄罗斯民族舞、哲仁嘿、双强秧歌等民间舞蹈。

2. 曲艺

（1）乌力格尔

乌力格尔蒙语意为“说书”，俗称“蒙古书”，是集蒙古说唱艺术发展之大成的一种曲艺形式。2006年5月20日，“蒙古族乌力格尔”被列入第一批国家级非物质文化遗产名录。

（2）好来宝

好来宝在蒙古语中意为“联韵”，是用蒙古语演唱的曲艺曲种，即各句唱词的头一个音节谐韵，故又称联头韵。2008年6月7日，好来宝被列入第二批国家级非物质文化遗产名录。

3. 音乐

（1）呼麦

呼麦又称浩林潮尔或潮尔，是蒙古族特有的单人多声表演艺术，即一人利用嗓音的低音持续声部产生的泛音，与低音持续声部形成两个以上声部的和声。呼麦既可一人演唱，也可多人演唱，主要流传于中国北方的内蒙古和新疆。代表作《挣扎》《假如我没有你》《魔鬼的初吻》《灵魂献给我的礼物》。

（2）长调

长调是蒙古语“乌日汀哆”的意译，是蒙古民歌主要艺术形式之一，主要流行于牧区，内部结构较自由，题材集中表现在思乡、思亲、赞马、酒歌等方面。长调是蒙古音乐草原风格的标志，包括草原牧歌、赞歌、思乡曲、婚礼歌、情歌等不同歌种。代表作有《富饶辽阔的阿拉善》《轮番酒之歌》《辽阔的草原》《小黄马》《威风矫健的马》等乐段体的长调民歌。

（3）草原歌曲

草原歌曲以声音宏大雄厉，曲调高亢悠扬而闻名。其内容涉及爱情、娶亲嫁女，赞颂马、草原、山川、河流，歌颂草原英雄人物等，反映蒙古社会的风土人情。代表作有《天堂》《蒙古人》《美丽的草原我的家》《鸿雁》《草原上升起不落的太阳》《敖包相会》《草原晨曲》等。

（4）漫瀚调

漫瀚调是民歌的一种形式。1996年，准格尔旗被文化部命名为“中国民间艺术之乡（漫瀚调）”。2007年6月，准格尔旗漫瀚调被自治区人民政府确定为第一批区级非物质文化遗产。2008年，漫瀚调成为第二批国家级非物质文化遗产。

（5）马头琴音乐

马头琴音色的显著特点：富有人声美，表现力很强，惟妙惟肖。代表作有《朱色烈》《凉爽的杭盖》《四季》《蒙古小调》《鄂尔多斯的春天》《初升的太阳》《敖特尔青年》等。

（6）四胡音乐

蒙古族四胡音乐是中国非物质文化遗产之一。四胡是最具蒙古族特色的乐器之一，擦奏弦鸣乐器。代表曲目有《蒙古八音十二调》《阿斯尔十二调》《东蒙民歌联奏》《欢乐的草原》《白骏马》《牧马青年》《驯马手》等。

七、民族与宗教

内蒙古自治区目前居住着49个民族，人口在百万以上的有汉族和蒙古族。

全区现有7种宗教：藏传佛教、道教、汉传佛教、天主教、伊斯兰教、基督教、东正教，信教群众约80万。

八、美食与风物特产

（一）美食

1. 日常饮食

在牧区，以蒙古族为主，主要以牛羊肉、乳酪为主食；在农业区，不管是汉族还是其他少数民族，饮食习惯大同小异，主食主要以玉米、小米、小麦等为主。

传统食品分为白食和红食两种。白食蒙古语叫“查干伊德”，是牛、马、羊、骆驼的奶制品。白食是蒙古族的敬客食品，按照蒙古族的习惯，白色表示纯洁、吉祥、崇高，因此白食是蒙古人待客的最高礼遇。红食蒙古语叫“乌兰伊德”，即牛、羊等牲畜的肉制品。

2. 名吃

内蒙古小吃种类繁多，主要体现了我国北方农牧区的饮食特色，其中比较有代表性的小吃有奶制品、牛肉干、蒙古糕、烤羊腿等。

（1）烤羊腿

烤羊腿是蒙古族的一道传统名菜。传说，烤羊腿曾是成吉思汗最喜爱的一道菜品，后来经过传承，逐渐演变为全中国人民喜爱的一道佳品。

（2）奶制品

蒙古族奶制品历史悠久，在蒙古族游牧中起了重要的作用，主要有奶豆腐、奶皮子、奶酒等传统奶食品。

（3）牛肉干

内蒙古大草原，水草丰美，牛羊肥硕。蒙古族牧民有晒牛肉干的传统。牛肉干本是蒙古铁骑的战粮，营养丰富，被誉为“成吉思汗的行军粮”。

（4）手扒羊肉

蒙古语称手扒羊肉为“布和力麻哈”，是草原上蒙古族简便实惠的待客食品。做法是刚屠宰后的羊，挑选好的部位（头蹄下水除外），白水下锅，原汁清煮。羊吃草原上的五香草，调味齐全，不加任何调味品，只要掌握清煮技术，就能做得美味可口。在食用时不用餐具，用手扒着吃。

3. 风味特产

内蒙古地处我国北方，风味特产种类繁多，比如扎兰屯沙果栽培历史悠久，是我国沙果主产地。另外，赤峰的玉米、绿豆，太和、敖汉的小米都是独具北方特色的特产。

（二）风物特产

1. 阿盟驼绒

特殊的生存环境造就阿拉善双峰驼绒毛的精良品质，具有吸湿防潮、阻燃、消音、抗静电、耐磨、保暖性能卓越、隔潮性极好等特点，被称为“安全纤维”、卓越的“温度调节器”。1988年，阿拉善驼绒在意大利荣获“国际阿米卡驼毛奖”。

2. 伊盟山羊绒

山羊绒是珍贵的纺织品原料，有“纤维宝石”“纤维之冠”的美誉。伊盟有丰富的山羊绒资源，毛纺工业是伊盟支柱工业，在国民经济中占有重要的地位。

3. 中草药

内蒙古是我国的中草药生产基地之一，目前发现的有500多种。其中甘草被誉为中国“国老”，黄芪被称为补气药材之最，肉苁蓉被称为中国地精。还有麻黄、柴胡、知母等药材几十种。

九、民俗风情

（一）居住

蒙古包是游牧生活的产物。一般高七八尺，宽丈余，先用木杆、牛皮钉成网状方架数片，然后连成圆仓式，再用圆木组成伞形圆顶，顶中央有一个圆形天窗，晴启阴合，用以流通空气，吸收阳光，是草原牧区传统居住用具，也是外地游人感兴趣的下榻场所。

（二）民族服饰

蒙古族传统服饰包括长袍、腰带、靴子、首饰等。蒙古族男装多为蓝、棕色，女装喜欢用红、粉、绿、天蓝色。男女老幼都喜爱穿长袍，腰带是蒙古族服饰的必备部分。蒙古族靴子做工精细，分皮靴和布靴两种。佩挂首饰、戴帽是蒙古族习惯。男子腰带多挂刀子、火镰、鼻烟盒等饰物，各地区的帽子也有地方特色。另外蒙古族摔跤服也比较独特。

（三）地方民俗

1. 那达慕大会

草原盛会——那达慕，即游艺、联欢的意思，多在8月份举行，源于七百年前。那达幕之日商贩云集，说书献艺应有尽有，主要传统运动项目有赛马、摔跤、射箭。

2. 蒙古族敬酒

蒙古族斟酒敬客考究，酒是最能表达朋友之忠诚的珍贵食品。主人将酒斟在银碗或金杯中，托在哈达上，唱起祝酒歌，表达自己的真诚与感情，此时客人应随即接过酒，能饮则饮，不能饮则品尝少许，然后将酒归还主人，万不可推推让让、拉拉扯扯，谢绝主人的敬酒，否则他会认为你对主人瞧不起，不愿交朋友，不能以诚相待。

3. 祭敖包

祭敖包是蒙古族传统宗教活动，敖包是在草原、山坡或沙丘高地上用石头、土块、柳条等垒筑而成的。“敖包”最早是在茫茫无边草原上建立起来的能识别方向、道路、边界的标志，后成为祭祀山神、路神的地方。祭敖包多在7～8月份举行。祭祀时敖包上插树条，上面挂有五颜六色的布条或纸旗。在蒙古族人民心中，敖包是神圣的净地。

第二章　东北地区

学习目标：1. 熟悉东北地区各省的基本概况。

2. 了解东北地区各省的旅游资源。

3. 了解东北地区各省的历史文化和民俗风情。

4. 了解东北地区各省的饮食特点、主要美食和风物特产。

第一节　辽宁省基本概况

一、行政区划与人口

（一）行政区划

辽宁省，简称“辽”，取辽河流域永远安宁之意。省会是沈阳市。

辽宁全省下设沈阳、大连、鞍山、抚顺、本溪、丹东、锦州、营口、阜新、辽阳、铁岭、朝阳、盘锦、葫芦岛14个省辖市、16个县级市、25个县（其中8个少数民族自治县）、59个市辖区。

（二）人口

截至2017年末，辽宁常住人口为4 368.9万人。

二、地理条件与气候特征

（一）地理条件

1. 地理位置

辽宁全省陆地总面积14.8万平方千米，位于我国东北地区南部，南临黄海、渤海。隔渤海海峡，与山东半岛遥相呼应；西南与河北省接壤；东南以鸭绿江为界与朝鲜隔江相望；与日本、韩国隔海相望，是东北地区唯一的既沿海又沿边的省份，也是东北地区及内蒙古自治区东部对外开放的门户。

2. 地势地貌

全省地形概貌大体是“六山一水三分田”。地势大致为自北向南、自东西两侧向中部倾斜，山地丘陵分列东西两厢，向中部平原下降，呈马蹄形向渤海倾斜。辽东、辽西两侧分别为平均海拔800米和500米的山地丘陵；中部为平均海拔200米的辽河平原；辽西渤海沿岸为狭长的海滨平原，称“辽西走廊”。

3. 水系

辽宁省境内有大小河流300余条，其中，流域面积在5 000平方千米以上的有17条，在1 000～5 000平方千米的有31条。主要有辽河、浑河、大凌河、太子河、绕阳河以及中朝两国共有的界河鸭绿江等，形成辽宁省的主要水系。辽河是省内第一大河流，全长1 390千米，境内河道长约480千米，流域面积6.92万平方千米。境内大部分河流自东、西、北三个方向往中南部汇集注入海洋。河流水文特点为河道平缓，含沙量高，流量年内分配不均，泄洪能力差，易发生洪涝。东部河流水清流急，河床狭窄，适于发展中小型水电站。

4. 山脉

境内山脉分别列东西两侧。东部山脉是长白山支脉哈达岭和龙岗山的延续部分，由南北两列平行山地组成，海拔在500～800米，最高山峰海拔1 300米以上，为省内最高点。主要山脉有清原摩离红山，本溪摩天岭、龙岗山，桓仁老秃子山、花脖子山，宽甸四方顶子山，凤城凤凰山，鞍山千朵莲花山和旅顺老铁山等。其中，老秃子山（1 325米）、花脖子山（1 336米）是两个最高峰。西部山脉是由内蒙古高原向辽河平原过渡而成的，海拔为300～1 000米，主要有努鲁儿虎山、松岭、黑山和医巫闾山等。

5. 海洋

全省海域广阔，辽东半岛的西侧为渤海，东侧临黄海。海域（大陆架）面积15万平方千米，其中近海水域面积6.4万平方千米。沿海滩涂面积2 070平方千米。陆地海岸线东起鸭绿江口，西至绥中县老龙头，全长2 292.4千米，居全国第五位。

6. 岛屿

全省有海洋岛屿266个，面积191.5平方千米。岛岸线全长627.6千米。主要岛屿有外长山列岛、里长山列岛、石城列岛、大鹿岛、菊花岛、长兴岛等。

（二）气候特征

1. 特点

辽宁地处中纬度的南半部，欧亚大陆东岸，属温带大陆性季风气候，雨热同季，日照丰富，四季分明。冬季以西北风为主，漫长寒冷，夏季多东南风，炎热多雨，春季少雨多风，秋季短暂晴朗。

2. 气温

全年平均气温为7~11℃，最高气温30℃左右，最低气温-30℃左右。

3. 降水

年平均降水量600~1 100毫米，平均无霜期130～200天，一般无霜期均在150天以上。

4. 光照

全省光照的主要特点是夏季前期日照不足，后期偏多，其中大部分地区日照不足；秋季大部分地区光照偏多，冬季光照表现出明显的不足。全年的阳光辐射总量为0.4~0.8千焦平方厘米，一年的日照总时数为2 100~2 600小时。

三、交通与自然资源

（一）交通

至2014年末，辽宁铁路运营里程达到3939千米，密度居中国第一。高速公路形成以沈阳为中心的四周辐射状运行方式。目前已通车的高速有：沈海高速、沈京高速、沈丹高速、沈吉高速、辽中环线高速等。水运形成以大连港为中心，以丹东、营口、锦州为两翼的运输格局。航空方面，通航100多个国内外大中型城市，通航机场主要有：大连周水子国际机场、沈阳桃仙国际机场、丹东浪头国际机场、朝阳机场、锦州小岭子国际机场、鞍山腾鳌国际机场等。

（二）自然资源

1. 矿产资源

辽宁处于环太平洋成矿北缘，地质成矿条件优越，矿产资源丰富，种类齐全配套，区位条件好。目前已发现各类矿产110种，其中已获得探明储量的有66种（不含石油、天然气、煤层气、放射性矿产、地下水和矿泉水），矿产地672处。辽宁的菱镁矿是世界上具有优势的矿种，质地优良、埋藏浅，保有资源量矿石量25.6亿吨，分别占全国和世界的85.6%和25%左右。对国民经济有重大影响的矿产有45种，其中辽宁省的矿产地有36种620处。在全国具有优势的矿产还有硼、铁、金刚石、滑石、玉石、石油6种，保有资源量分别占全国的56.4%（硼矿）、24.0%（铁矿）、51.4%（金刚石）、20.1%（滑石）、7.9%（石油），其中，硼矿、铁矿和金刚石居全国首位，滑石和玉石居全国第二位，石油居全国第四位。具有比较优势的矿产主要有煤、煤层气、天然气、锰、钼、金、银、熔剂灰岩、冶金用白云岩、冶金用石英岩、硅灰石、玻璃用石英石、珍珠岩、耐火黏土、水泥用灰岩、沸石16种。

2. 生物资源

辽宁近海生物资源丰富，品种繁多，有3大类520多种。第一类浮游生物107种；第二类底栖生物280多种，主要有蛤、蚶、鲍鱼、海胆、牡蛎、海参、扇贝等；第三类游泳生物137种，包括头足类和哺乳类动物。全省沿海捕捞业直接利用的底栖生物和游泳生物有鱼类117种，其中有经济价值的70多种，虾类20多种，主要是对虾、毛虾、青虾等；蟹类10多种，主要是梭子蟹和中华绒螯蟹等；贝类20多种，主要有蚶、蛤、蛏等。近海水域二级生产潜力达320万吨，其中滩涂养贝生产潜力100万吨，沿岸动物生产潜力近150万吨，深水动物生产潜力70万吨。目前只利用水域生产能力三分之一。全省内陆水域有淡水类资源119种，其中典型淡水鱼类97种，河口洄游鱼类15种，咸淡水鱼类7种。淡水鱼类经济价值较高的有鲤鱼、鲫鱼、罗非鱼、鲢鱼、鳙鱼、青鱼、虹鳟鱼、泥鳅和池沼公鱼等20多种；淡水虾蟹类有日本沼虾、中华绒螯蟹等5种；淡水贝类有无齿蚌和田园螺等7种。

3. 植物资源

全省有各种植物161科2 200余种，其中具有经济价值的1 300种以上。药用类830多种，如人参、细辛、五味子、党参、天麻、龙胆等；野果、淀粉酿造类70余种，如山葡萄、猕猴桃、山里红、山梨等；芳香油类89种，如月见草、薄荷、蔷薇等；油脂类149种，如松子、苍耳等；还有野菜类、杂料类、纤维类等。

四、旅游资源

辽宁省旅游资源丰富，由于其独特的地理位置，被誉为“中国最大最美的边境城市”。近年来，围绕“多彩辽宁，不虚此行”主题宣传口号，辽宁精心打造并整合推出了丰富多彩的旅游产品，设计了包括冰雪温泉游、海滨度假游、历史文化游、生态休闲游、边境风情游和欢乐体验游六大主题特色旅游产品，推出了哈大高铁体验游、辽东边境风情游、辽西历史文化游、辽宁沿海六市游、辽宁中部八市游等五条精品线路。东亚国际旅游博览会、沈阳国际旅游节、大连赏槐会、鞍山千山登山国际旅游节、抚顺满族风情国际旅游节、本溪国际枫叶旅游节、营口/辽阳温泉旅游节、阜新敖包节、盘锦国际湿地旅游节等旅游活动，备受国内外游客青睐。

全省有世界文化遗产6处：九门口长城、五女山山城、清永陵、清昭陵、沈阳故宫。国家5A级景区5家：沈阳市浑南区沈阳植物园、大连市中山区老虎滩海洋公园——老虎滩极地馆、大连市金州区金石滩景区、本溪市本溪满族自治县本溪水洞景区、鞍山市千山区千山景区。国家级风景名胜区包括：鸭绿江、千山、金石滩、大连海滨—旅顺口、兴城海滨、本溪水洞、凤凰山、青山沟、医巫闾山共9处，国家地质公园包括葫芦岛龙潭大峡谷、锦州古生物化石和花岗岩、大连海滨、大连冰峪沟、本溪、朝阳鸟化石、朝阳古生物化石共7处，国家级历史文化名城1座——沈阳。

五、历史沿革

辽宁历史源远流长。考古发现，早在28万年以前，辽宁已是古人类活动的场所，营口金牛山猿人遗址与北京周口店猿人遗址并驾齐名。新石器时代，在这里居住的除汉族的先人外，还有东胡、肃慎等民族的先人。

当我国中原地区进入奴隶社会后，辽宁逐渐与之建立了隶属关系。夏、商、周时，畜牧业和手工业已有雏形，开始使用青铜器。东汉末期，形成了分裂割据的局面。唐征服了高句丽族，“安史之乱”后，松花江流域渤海政权兴起，辽宁即为其势力范围。后来，契丹吞并了渤海，建立了辽政权。接着，女真族举兵抗辽，建立金朝。明接管元对辽宁的统治后，在发展农业的基础上，以冶铁、制盐为主的手工业迅速发展。明朝中叶，女真人首领努尔哈赤用武力、怀柔政策、联姻等手段征服了东北的各族部落，定都新宾，建立了后金政权，后改国号为大清，统一中原，建立了清王朝，国都由盛京（沈阳）迁至北京。辽宁因是大清的“发祥地”，划归盛京特别行政区管辖。

民国期间，辽宁沿袭清制，为奉系军阀张作霖所辖，而后张学良东北易帜。1931年9月18日，驻东北境内的日本关东军突然炮击沈阳北大营的东北军，发动“九・一八”事变，并策划建立了伪满洲国。抗战胜利后，辽宁经济被摧残殆尽。解放战争中，中国人民解放军在东北发动了著名的“辽沈战役”，历时52天，歼敌47万，取得东北全境解放的重大胜利，至此，辽宁冲出黑暗，走向光明。

六、文化艺术

（一）文学

辽宁文学影响较大的是抗战时期的“东北作家群”，代表人物为左翼作家萧军，1933年出版第一部小说、散文合集《跋涉》，后来又不断创作出《八月的乡村》《五月的矿山》《吴越春秋史话》等大量作品。

（二）民间乐舞曲艺

辽宁省的文化艺术主要有京剧、小品、二人转、秧歌、辽剧、评剧、海城高跷秧歌和辽南戏等。

1. 戏曲

辽宁的地方戏曲包括评剧、喇叭戏、复州皮影戏、辽南戏、凌源皮影戏和辽西木偶戏。

2. 曲艺

辽宁特色的曲艺是二人转，二人转史称双玩艺、小秧歌、蹦蹦；又称东北地方戏、过口、双条边曲、春歌、风柳、半班戏等。其主要来源是东北大秧歌和河北的莲花落，有“秧歌打底，莲花落镶边”的说法。名段有《大西厢》《祝九红吊孝》《回杯记》《马前泼水》《梁塞金擀面》《包公断太后》等。

3. 民间舞蹈

秧歌是辽宁的民间舞蹈形式，风格独特，集幽默、泼辣、文静和稳重风格于一体，将东北人民刚柔并济的性格发挥得淋漓尽致。海城高跷秧歌属于大鼓高跷，是辽南高跷的一支。“稳中浪、浪中梗、梗中翘”是东北秧歌的最大特点。

七、民族与宗教

辽宁省是全国少数民族人口较多的省份之一。全省除汉族以外，还有满族、蒙古族、回族、朝鲜族、锡伯族等51个少数民族成分。少数民族人口670万人，占全省总人口的16.02%。少数民族人口绝对数列全国第五位；少数民族占总人口的比例，排在西藏、新疆、广西、宁夏、云南、贵州、内蒙古等省区之后，居第十位。全省现有8个少数民族自治县，其中6个满族自治县（新宾、岫岩、清原、本溪、桓仁、宽甸）、2个蒙古族自治县（喀左、阜新）。还有2个在省内享受民族自治县待遇的市（凤城、北宁）。8个少数民族自治县土地面积为3.43万平方千米，占全省总面积的23.3%；少数民族人口174万人，占自治县总人口54.3%，占全省少数民族总人口的26%。全省有77个民族乡，主要分布在葫芦岛市绥中县、兴城市，铁岭市西丰县、开原市，锦州市义县等地。在全省的民族乡中有912个行政村，总面积为9 911平方千米，总人口为128万人，其中少数民族人口69.97万人，占总人口的54.65%。

辽宁是全国的宗教工作重点省区之一，有道教、佛教、基督教、天主教和伊斯兰教五个教派。全省信奉宗教人数约204万，依法登记的宗教活动场所近2 400个，有省道教协会、省佛教协会、省基督教协会、省天主教爱国会、省天主教教务委员会、省伊斯兰教协会和省基督教三自爱国运动委员会7个省级宗教团体，东北神学院、沈阳伊斯兰教经学院和沈阳天主教神学院是经国务院批准建立的三所宗教院校。

八、美食与风物特产

辽宁省的美食与特产主要有老边饺子、马家烧卖、秋白梨、驴肉荞麦冠顶饺、满汉全席、扒锅肘子、珊瑚海虎翅、南瓜鱼翅盏、三色珍珠圆等。

1. 老边饺子

闻名中外的沈阳汉族传统名吃，同时也是沈阳特产。制作精细、造型别致，其独到之处是调馅和制皮。

2. 马家烧卖

沈阳特殊的风味小吃，特点为筋道、馅心松散、醇香味好，外形犹如一朵朵含苞待放的牡丹。

3. 秋白梨

长圆或卵圆形的果实，肉质细嫩，味道甘美。可即食，亦可加工成果干、果脯、罐头、果酱或果酒等。

九、民俗风情

辽宁省的民俗风情的构成部分主要是由满族、汉族、满族、锡伯族和蒙古族的传统习俗构成。

1. 文化遗产

辽宁省的海城高跷秧歌、海城喇叭戏、医巫闾山满族剪纸、复州皮影戏、抚顺地秧歌、辽宁鼓乐、辽西木偶戏、朝鲜族农乐舞（乞粒舞）、东北大鼓和千山寺庙音乐为国家非物质文化遗产。

2. 民俗活动

辽宁民俗活动种类多样，包括建昌落子、本溪社火、金州龙舞和辽西高跷秧歌等。

3. 满族特色民俗风情

（1）居住

满族独特的建筑风格为“口袋房，曼子炕”，烟囱出在地面上。卧室筑有南、北、西三面构成的火炕，即“曼子炕”。以西炕为尊，供有祖宗神位，是满族卧室的最大特点。院内一般都有影壁和“索罗杆”。

（2）服饰

历史上，满族先民一年四季都穿袍服，因“八旗制度”而称之为“旗袍”。入关之后，直到辛亥革命，男子服装以长袍马褂为主，妇女衣装也以袍褂为主，是长褂。辛亥革命后，旗袍成为我国妇女喜爱的中式服装。荷包香囊是满族妇女喜爱的随身之物。

（3）饮食

以小米为主食，喜欢吃黏食。满族独有的风味食品是白片肉、血肠和猪肉酸菜炖粉条。最能代表满族饮食文化的是八大碗的“满洲席”。满族的点心种类繁多，为人们所喜食的是“萨其玛”。满族人嗜烟、酒；忌吃狗肉。

（4）丧葬

满族一般实行土葬。

（5）禁忌

以西为上。西墙作为供奉祖先的神圣部位，不准在此挂衣物、张贴年画；西炕忌讳人尤其是女人随便坐卧。满族爱犬、敬犬，忌打狗、杀狗；敬乌鸦、喜鹊；忌在索罗杆上拴牲口。

满族人敬祖。祭祖时大门口挂放的谷草是为祖先的马匹准备的。

（6）节日

传统节日有春节、元宵节、二月二、端午节、中秋节。节日期间的主要体育活动有跳马、滑冰、跳骆驼。

（7）三大怪

第一大怪——窗户纸糊在外，第二大怪——大姑娘叼烟袋，第三大怪——养活孩子吊起来。

第二节　吉林省基本概况

一、行政区划与人口

（一）行政区划

吉林省，简称“吉”，省会是长春市。

吉林省现辖长春、吉林、通化、四平、辽源、白山、白城、松原8个地级市和延边朝鲜族自治州，另有梅河口和公主岭2个县级市。全省有60个县（市、区）和长白山保护开发区管理委员会。

（二）人口

截至2017年末，吉林省常住人口约2 717.43万人。

二、地理条件与气候特征

（一）地理条件

1. 地理位置

吉林省面积18.74万平方千米，占全国的1.95%。吉林省地处中国东北地区腹地，位于东北亚地理几何中心。南邻辽宁省，西接内蒙古自治区，北与黑龙江省相连，东与俄罗斯接壤，东南部与朝鲜民主主义人民共和国隔江相望。边境线总长1 438.7千米。

2. 地形地貌

吉林省地貌形态差异明显。地势由东南向西北倾斜，呈现明显的东南高、西北低的特征。以中部大黑山为界，可分为东部山地和中西部平原两大地貌区。东部山地分为长白山中山低山区和低山丘陵区，中西部平原分为中部台地平原区和西部草甸、湖泊、湿地、沙地区。地貌地型主要有火山地貌、侵蚀剥蚀地貌、冲洪积地貌和冲积平原地貌。火山地貌占总面积的8.6%，流水地貌占83.5%，风沙地貌约占5.2%，湖城地貌占2.6%。主要山脉有大黑山、张广才岭、吉林哈达岭、老岭、牡丹岭等。主要平原有松嫩平原、辽河平原。在总面积中，山地占36%，平原占30%，台地及其他占28.2%，其余为丘陵。

3. 水系

吉林省是河源省份，位于东北地区主要江河的上中游地带。长白山天池周围火山锥体是松花江、鸭绿江、图们江三江的发源地，素有“三江源”的美誉。全省河流和湖泊水面26.55万公顷。省内流域面积在20平方千米以上的大小河流有1 648条，分别属于松花江、辽河、鸭绿江、图们江、绥芬河五大水系。全省水面在百亩（0.067平方千米）以上的湖泊共1 397处，主要有火口湖、河成湖和内陆湖三种。东部山区河网密度大、地表径流量大，地下水则东部山区少，西部平原区丰富。水能资源98%分布在东部山区。全省建成大型水库9座、中型水库94座、小型水库515座。引嫩入白、哈达山水利枢纽等重点水利工程投入使用。

（二）气候特征

1. 特点

吉林省位于中纬度欧亚大陆的东侧，属于温带大陆性季风气候，四季分明，雨热同季。春季干燥风大，夏季温暖多雨，秋季凉爽宜人，冬季寒冷漫长。从东南向西北由湿润气候过渡到半湿润气候再到半干旱气候，全省气温、降水、温度、风以及气象灾害等都有明显的季节变化和地域差异。

2. 气温

吉林省年均气温为2～6℃，呈山地偏低、平原较高的特征。冬季平均气温在-11℃以下。夏季平原平均气温在23℃以上。全省气温年较差在35～42℃，日较差一般为10～14℃。全年无霜期一般为100～160天。全省多年的平均日照时数为2 259～3 016小时。

3. 降水

吉林省年平均降水量为400～600毫米，但季节、区域差异较大，其中80%集中在夏季，东部降雨量最为丰沛。

三、交通与自然资源

（一）交通

吉林省全省公路总里程9.7万千米，由吉林省通往京津冀、环渤海、哈尔滨等地的主要对外联络通道全部实现高速化。吉林省铁路运输以长春为中心，有长大、长哈、长图、长白主要干线。全省铁路营业里程达到4 877.4千米。铁路网大体可以分为西南至东北和西北至东南两个走向。吉林省民航以长春龙嘉国际机场为中心，吉林、延吉和长白山机场为主干，辐射周边国家和地区的航空网络。通航城市达64个，开辟国际国内和地区航线152条。全省民航进出港航班达到4.4万架次，旅客吞吐量达到542.5万人次。内河航运以松花江、嫩江、图们江和鸭绿江为主干，通航时间一般为4月中旬至11月下旬，有3个内河港口，分别是大安港、吉林港、扶余港。

（二）自然资源

1. 矿产资源

吉林省东部长白山区位于辽东—吉南成矿带核心区，是全国16个重点成矿区带之一。现已发现矿产158种，占全国237种矿种的66.6%，其中具有查明资源储量的矿产115种（含亚矿种）。全省已开发利用矿种76种，占已发现矿种的55.5%。油页岩、钼、镍、镁、硅灰石、硅藻土、膨润土、火山渣、陶粒页岩等是吉林省优势矿产资源。中西部松辽盆地被确定为国家11个主要含油气盆地之一。东部长白山地区是矿泉水资源集中的区域，储量极其丰富，总允许开采量居全国首位，被誉为与阿尔卑斯山和北高加索地区齐名的世界三大矿泉水富集地之一。

2. 植物资源

吉林省现有野生植物3 890种，占全国植物种类的13%，东部长白山区野生药用植物资源丰富，被誉为中国三大天然药材宝库之一。“长白松”为长白山特有的珍稀树种。

森林资源，吉林省的森林资源丰富，是全国重点林业省份之一。全省林业用地总面积937.6万公顷，有林地面积822万公顷，现有活立木总蓄量98 801万立方米，森林覆盖率44.2%。

草地资源，吉林省是中国八大牧区之一。全省草地总面积69万公顷，约占全省土地面积的3.7%，其中可利用面积约占全省草地面积的70%以上，主要分布在东部山区丘陵和西部草原。东部草地零散、产草量高；西部草场辽阔，集中连片，草质好，尤以盛产羊草驰名中外，是适宜发展畜牧业的重要地区。

3. 动物资源

吉林省有多样的生物种群。全省有野生动物种类达到445种，有76种被列入《全国重点保护野生动物名录》当中，其中国家一级保护物种有18种，二级保护物种有58种。东部长白山是东北虎、东北豹的栖息地，西部草原湿地是重要候鸟栖息地。自东向西形成东有虎豹、中有梅花鹿、西有白鹤的生态连廊。现已查明有陆生野生动物445种，东北虎作为国家一级保护动物，在全世界仅为450余只，在吉林省长白山林区分布11～13只，吉林省珲春市被中国野生动物保护协会授予“中国东北虎之乡”称号；东北豹目前世界上仅存50只左右，濒临灭绝，在吉林省分布达15只以上。

四、旅游资源

吉林省具有丰富的旅游资源，有吉林、集安等中国历史文化名城，有吉林乾安泥林国家地质公园、吉林长白山火山国家地质公园、吉林抚松国家地质公园、吉林靖宇火山矿泉群国家地质公园、吉林四平国家地质公园，有松花湖风景名胜区、八大部—净月潭风景名胜区、仙景台风景名胜区和防川风景名胜区等国家级风景名胜区，还有被列入《世界遗产名录》的高句丽王城、王陵及贵族墓葬。吉林雾凇具有独特的魅力，名列中国四大奇观之一，为北国风光之最。吉林市也是一座冰雪体育旅游城市。

五、历史沿革

早在远古时期，就有人类在吉林这块土地上繁衍生息，逐步形成了肃慎、秽貊、东胡三大部落系统。远在舜、禹时代，吉林省境内的古代民族就开始与中原王朝建立了具有隶属性质的贡纳关系，并逐渐成为中华民族的重要组成部分。从先秦开始，吉林就被历代中央政权划入行政区域管辖之下。在汉朝时就设置了郡县，唐朝的渤海及后来的辽、金、元各代也都设立府、州、县。明朝设立都司、卫所。1653年（清顺治十年），清政府设置宁古塔昂邦章京，是吉林省建置之始。1673年（清康熙十二年），于船厂（今吉林市）建吉林城，史称“吉林乌拉”（满语译音“沿江”之意），吉林由此得名。1907年（清光绪三十三年），正式建制称吉林行省。新中国成立后，吉林省迎来了火热的建设时期，成为新中国重要的工业基地和粮食生产基地，为国家经济建设做出巨大贡献。

六、文化艺术

（一）文学

吉林文学创作可谓群星璀璨，代表人物有杨泰师、王孝廉、耶律倍、元好问等，能够反映元明时期吉林的英雄史诗和史传文学以及戏剧创作兴盛的是“满族说部”、《蒙古秘史》和戏剧《虎头牌》。“吉林三杰”的诗歌创作代表了吉林近代文人的忧患情怀，叙事文学《碧血龙江传》则表现了近代文学的爱国主义精神。“九·一八”事件后，吉林文学创作主要以抗日为主题，融入世界反法西斯的洪流中。

（二）民间乐舞曲艺

1. 戏曲

发源于吉林长春的吉剧，是在二人转的基础上新形成的剧种。吉剧在继承了二人转中的唱、扮、说、舞、绝的基础上，又在表演技巧方面吸取其他剧种的长处，以长水袖和手绢功夫见长。代表剧目有《包公赔情》《搬窑》《桃李梅》《买菜卖菜》《包公赶驴》《燕青卖线》《江姐》等。

2. 曲艺

吉林省是著名的“中国二人转之乡”“中国民间文化艺术之乡”“中国现代民间绘画之乡”“中国马头琴之乡”“中国琵琶之乡”“中国松花砚之乡”和“中国萨满文化之乡”。

3. 秧歌

吉林秧歌是在戏剧、歌唱、舞蹈综合的基础上，以舞为主的民间艺术。其主要表演形式有：高跷秧歌、寸子秧歌、地秧歌、背杆、抬杆。其中地秧歌是最普及、最灵活的一种。通常还将舞狮子、耍龙灯、跑旱船、打霸王鞭、推车等一些民间舞蹈结合到一起。

七、民族与宗教

吉林省是一个多民族省份，有延边朝鲜自治州、前郭尔罗斯蒙古族自治县、伊通满族自治县、长白朝鲜族自治县4个民族自治地方，境内有56个民族。除汉族外，55个少数民族人口约占全省总人口的8%。朝鲜族主要分布在东部的延边、吉林、通化、白山等市州，蒙古族和锡伯族主要分布在西部的白城市和松原市，满族、回族以长春、吉林、通化、四平市居多。

吉林省现有五种宗教信仰，包括佛教、道教、伊斯兰教、基督教和天主教。全省信教群众大约191.6万人。

八、美食与风物特产

（一）美食

1. 吉林菜

吉林菜汲取了鲁菜、粤菜以及川菜的精华，融合了满、朝、蒙等各民族菜点的传统技艺，最终形成了以名宴、名菜、名点和名小吃为主体的一个基本框架。其显著特点是在原料上注重利用吉林特产原料和绿色食品原料，擅长勺工，讲究火候，烹调技法以炖、烧、爆、烤、熘、酱、扒、拔丝见长，被定为“新八大菜系”之一。受鲁菜影响，吉林菜的饮食理念为“健康、营养、绿色、天然”。

2. 朝鲜族冷面

朝鲜族冷面是我国东北地区著名的小吃。朝鲜族冷面的主要原料有小麦面、荞麦粉以及淀粉，同时也有玉米面、土豆淀粉和高粱米面，并加以鸡肉汤或者牛肉汤，然后在面条上放一些牛肉片、辣椒、胡椒、苹果片、香油等调料，做出来的冷面既新鲜，又清凉。

3. 风味小吃

吉林省的风味小吃有满族的八大碗、朝鲜族冷面、辣白菜、雪衣豆沙、白肉血肠、烧鹿尾、长春蹄花丝等。

（二）风物特产

吉林盛产野中药材达70余种，有黄柏、党参、贝母等。当地著名的土特产品还有林蛙、红景天、薇菜、灵芝、黑木耳、不老草、蕨菜等。

当地的手工艺品有吉林彩绘雕刻葫芦、松花湖浪木根雕、满族剪纸、树皮画、黄柏木刻象棋、绢花、松花湖奇石、吉林手工彩绘木雕等。

1. 东北三宝

吉林省是著名的“东北三宝”——人参、貂皮、鹿茸角的主产区。长白山人参是珍贵的药材，由于其形状酷似人形，故而得名。紫貂是国家一级保护动物，其毛皮漂亮，堪称裘皮之冠。鹿茸角是珍贵的药材，有生精补髓、滋血助阳、强筋健骨之功效。

2. 松花湖浪木根雕

松花湖浪木根雕选用吉林省松花湖浪木制成的根雕艺术品，是吉林江城所特有的一种根艺资源。它可以说是江城除“东北三宝”之外的又一宝。

九、民俗风情

吉林乡间的风土民情被概括为“窗户纸糊在外、土坯房子篱笆寨、黄土打墙墙不倒、烟囱安在山墙外”，下面主要从下列少数民族了解吉林民俗风情。

吉林省是朝鲜族的主要聚居地。朝鲜族有自己的语言文字。朝鲜族爱穿素白服，注重礼仪，尊老爱幼，能歌善舞。

吉林省是满族的发源地之一。满族有自己的语言文字，现已通用汉语文。满族旗袍已成为中国传统女装。满族传统的礼俗、祭俗、婚俗、葬俗等，现在还影响很多地区。满族饮食独具特色，“满汉全席”闻名遐迩。

吉林省也是蒙古族的聚居地之一，蒙古族有自己的语言文字，能歌善舞。每逢自治县、民族乡成立纪念日和蒙古族的传统节日，都举办那达慕（娱乐）大会，开展赛马、叼羊、摔跤等民族体育活动和歌舞表演。

第三节　黑龙江省基本概况

一、行政区划与人口

（一）行政区划

黑龙江省，简称“黑”，省会是哈尔滨市。

黑龙江省共辖12个地级市和1个地区行署，128个县（市、区）。其中地级市、行政区分别是哈尔滨、齐齐哈尔、牡丹江、佳木斯、大庆、鸡西、双鸭山、伊春、七台河、鹤岗、黑河、绥化和大兴安岭地区。哈尔滨是副省级城市，大兴安岭地区是地区行署。

（二）人口

截至2015年末，全省常住总人口为3 812万人。

二、地理条件与气候特征

（一）地理条件

1. 地理位置

黑龙江省位于中国东北部，是中国位置最北、纬度最高的省份。北、东部与俄罗斯隔江相望，西部与内蒙古自治区相邻，南部与吉林省接壤。全省土地总面积47.3万平方千米（含加格达奇和松岭区），居全国第六位。边境线长2 981.26千米，是亚洲与太平洋地区陆路通往俄罗斯和欧洲大陆的重要通道，是中国沿边开放的重要窗口。

2. 地势地貌

黑龙江省地貌特征为“五山一水一草三分田”。地势大致是西北、北部和东南部高，东北、西南部低，主要由山地、台地、平原和水面构成。西北部为东北—西南走向的大兴安岭山地，北部为西北—东南走向的小兴安岭山地，东南部为东北—西南走向的张广才岭、老爷岭、完达山脉。兴安山地与东部山地的山前为台地，东北部为三江平原，西部是松嫩平原。黑龙江省山地海拔高度大多为300～1 000米，面积约占全省总面积的58%；台地海拔高度为200～350米，面积约占全省总面积的14%；平原海拔高度为50～200米，面积约占全省总面积的28%。

3. 水系

全省年平均水资源量810亿立方米，其中地表水资源686亿立方米，地下水资源124亿立方米；境内江河湖泊众多，有黑龙江、乌苏里江、松花江、绥芬河四大水系，现有流域面积50平方千米及以上的河流2 881条，总长度为9.21万千米；现有常年水面面积1平方千米及以上的湖泊253个，其中淡水湖241个、咸水湖12个，水面总面积3 037平方千米。主要湖泊有兴凯湖、镜泊湖、连环湖等。

（二）气候特征

1. 特点

黑龙江省属于寒温带与温带大陆性季风气候。全省从南向北，依温度指标可分为中温带和寒温带。从东向西，依干燥度指标可分为湿润区、半湿润区和半干旱区。全省气候的主要特征是春季低温干旱，夏季温热多雨，秋季易涝早霜，冬季寒冷漫长，无霜期短，气候地域性差异大。

2. 气温

黑龙江的年平均气温为-4～4℃，1月平均气温为-32～-17℃，7月平均气温为16～23℃。

3. 降水

黑龙江省的降水表现出明显的季风性特征。夏季受东南季风的影响，降水充沛，冬季在干冷西北风控制下，干燥少雨，年降水量400～700毫米。

三、交通与自然资源

（一）交通

哈大铁路贯穿东北三省，是黑龙江省的重要交通干线，途径哈尔滨、长春、沈阳、大连四个东北地区的重要城市，北起哈尔滨，南抵大连。黑龙江的公路线路里程有16.3万千米。哈尔滨太平国际机场是黑龙江省的枢纽机场，还有齐齐哈尔、牡丹江和佳木斯等民用机场。

（二）自然资源

1. 耕地资源

全省耕地面积1 594万公顷，占全省土地总面积的33.87%；园地面积4.5万公顷，占0.09%；林地面积2 324.5万公顷，占49.39%；城镇村及工矿用地面积122万公顷，占2.59%；交通运输用地面积59.3万公顷，占1.26%；水域及水利设施用地面积218.2万公顷，占4.63%；其他土地面积180.9万公顷，占3.85%。全省人均耕地面积0.416公顷，高于全国人均耕地水平。

2. 植物资源

全省森林覆盖率46.14%，森林面积2 097.7万公顷，活立木总蓄积量18.29亿立方米。木材蓄积量、森林覆盖率和木材产量都居全国首位。森林集中分布在兴安山地与东部的张广才岭、老爷岭、太平岭、完达山等地。森林植物茂盛、树种繁多。主要类型有针叶林、针阔混交林、阔叶林。树的种类有100多种，使用和经济价值较高的有50多种，其中红松、白松、水曲柳、黄菠萝、胡桃楸为国内外少有的珍贵树种。黑龙江的植物资源按用途可分为药用植物、野果植物、淀粉植物、食用植物、油料植物、色素植物、蜜源植物、芳香植物、饲料植物、木材植物、树脂植物、树胶植物、纤维植物、环保植物、观赏植物、农药植物和鞣料植物17大类。

草原资源，根据全国第二次土地调查数据，黑龙江省共有草地面积207.1万公顷，占全省土地总面积的4.4%。其中，天然草地107.1万公顷、人工草地3.6万公顷、其他草地96.4万公顷，主要分布在松嫩平原，占全省草地总面积的49.2%。

松嫩平原草地面积为102万公顷，草地类型以草甸类草地和干草地为主，草地植被覆盖度约70%，以羊草、星星草、野古草、针茅、冰草等为主要优势种。三江平原草地面积30.3万公顷，草地类型以草甸类草地和沼泽类草地为主，草地植被覆盖度达到85%，以中生和湿生的小叶樟、狭叶甜茅、苔草等为主要优势种。

区域内的虎林市月牙湖国家级草地类自然保护区是全省唯一的草地类自然保护区，保护区面积0.513万公顷，是典型的沼泽类草地。北部、东部山区半山区草地面积74.8万公顷，主要分布在大小兴安岭林区，主要为林间草地。

3. 动物资源

全省野生动物共476种。黑龙江省的特色兽类动物有驼鹿、紫貂、貂熊、猞猁、松鼠、东北虎、梅花鹿、黑熊、雪兔、豹、伶鼬等。其中紫貂、貂熊、东北虎、梅花鹿、豹为国家一级保护动物。黑龙江省的鸟类中，被定为国家一级保护动物的有黑鹳、白鹳、丹顶鹤等，被定为国家二级保护动物的有中华秋沙鸭、细嘴松鸡、白头鹤、鸳鸯、疣鼻天鹅、大天鹅、大鸨、黑琴鸡、花尾榛鸡、金雕等。

4. 湿地资源

全省天然湿地面积556万公顷，湿地面积居全国第四位，占全国天然湿地的七分之一，是丹顶鹤、东方白鹳等珍稀水禽的重要繁殖栖息地和迁徙停歇地。目前，全省已建成湿地类型自然保护区87处，其中国家级23处，省级64处，有扎龙、三江、洪河、兴凯湖、珍宝岛、七星河、南瓮河、东方红8处国际重要湿地；58处国家湿地公园，其中国家级41处，省级17处。

5. 矿产资源

截至2015年底，黑龙江省共发现各类矿产135种（含亚矿种），已查明资源储量的矿产有84种，占全国2013年度已查明229种矿产资源储量的36.68%。在84种矿产中，除石油、天然气、地热、铀矿、地下水、矿泉水外，其他78种矿产的资源储量均按《固体矿产资源/储量分类》标准编入《截至2014年底黑龙江省矿产资源储量表》中。已查明资源储量的84种矿产按工业用途分为9大类，其中能源矿产6种；黑色金属矿产3种；有色金属矿产11种；贵金属矿产6种；稀有、稀散元素矿产8种；冶金辅助原料非金属矿产7种；化工原料非金属矿产7种；建材和其他非金属矿产34种；水气矿产2种，已发现尚无查明资源储量的各类矿产51种。

四、旅游资源

黑龙江省旅游资源丰富。中国历史文化名城有哈尔滨和齐齐哈尔，国家级风景名胜区有镜泊湖、五大连池、太阳岛、大沾河国家森林公园，国家5A级旅游景区有太阳岛、五大连池、镜泊湖、汤旺河国家公园、漠河北极村。国家级自然保护区、省级自然保护区和国家级森林公园分别有15、35和54处。黑龙江省有许多火山遗迹，如五大连池、温泉及熔岩地貌，镜泊湖的吊水楼瀑布及火山口森林、熔岩隧道等。

自然景观的旅游景点包括汤原大亮子河国家森林公园、哈尔滨太阳岛风景名胜区、五营国家级森林公园、汤旺河林海奇石风景区等。人文景观的旅游景点主要包括观铁力日月峡滑雪场、伊春宝宇龙花温泉度假小镇、哈尔滨中央大街、伊春嘉荫恐龙国家地质公园。由于黑龙江独特的气候特点，冬季山区雪期长，雪量大，雪质好，适合滑雪旅游项目，目前滑雪资源主要集中于大兴安岭、牡丹江市、伊春市、哈尔滨市四大区域。

此外，黑龙江省还有众多的文化遗址，如阎家岗遗址、昂昂溪遗址、白金堡遗址、凤林古城遗址、上京龙泉府故城遗址、上京会宁府故城遗址、塔子城古城遗址等。还有赫哲族、鄂伦春族、达斡尔族等民族的民俗旅游资源。

五、历史沿革

黑龙江省历史悠久，是中华民族的发祥地之一，在远古时期就有人类活动，现已发现新、旧石器时代文化遗址多处。我国古代文献对黑龙江地区的记载，可以追溯到传说中的尧舜禹时期。西周年间，居住在这里的肃慎民族就已经开始臣服并纳贡于中原王朝。战国、秦、汉时期，在今黑龙江省东部地区，以宁安为中心建立了真番郡。肃慎，汉代时称为挹娄，北魏时称勿吉，隋唐时称靺鞨，辽、金时称女真，清代起改称满族。

17世纪中叶，沙皇俄国入侵黑龙江流域，19世纪中叶至20世纪初，沙皇俄国通过武力逼迫清政府签订了不平等的中俄《瑷珲条约》和《北京条约》，割据黑龙江以北、乌苏里江以东100多万平方千米的中国领土。20世纪三四十年代，黑龙江省又遭受日本帝国主义侵略长达14年之久。17世纪以来，黑龙江人民在同沙俄和日本侵略者的斗争中，留下了漠河古城岛（雅克萨之战古战场）、依兰靖边营要塞和泰来江桥等多处抗战、抗联遗址。1946年，黑龙江省获得解放，是全国解放最早的省份之一。

六、文化艺术

（一）文化

黑龙江省的特色文化有鲜卑文化、渤海文化、金源文化和满族文化。文学创作方面也有不少名家，民国时期的女作家萧红就是其中之一。

（二）艺术

1. 冰雕艺术

冰雕艺术为我国北方的民间艺术，以冰块为原料，加之雕刻工具将其雕刻成为立体形象，然后摆在户外，供人们观赏。自20世纪60年代初在哈尔滨发源以来，哈尔滨的冰雕是黑龙江省的一大特色。

2. 戏剧

二人转已有200余年历史，它是在东北秧歌、民歌基础上，吸收借鉴了莲花落、评剧、皮影等艺术逐渐发展起来的，流传于吉林、辽宁，也流传于黑龙江，并形成北路的特点：表演细腻，唱腔优美，以唱功取胜。名段有《大西厢》《祝九红吊孝》《回杯记》《马前泼水》《梁塞金擀面》《包公断太后》等。

龙江剧是在二人转基础上形成的新剧种，乡土味浓郁，是中国最年轻的戏曲剧种之一，于20世纪50年代末诞生在黑龙江地区，是黑龙江的传统地方戏曲之一。黑龙江省以二人转、拉场戏的音乐为基础，吸收东北民间音乐，把说唱和歌舞演唱逐步丰富并发展成了戏曲形式，于1960年8月正式被命名为龙江剧。

具有地方特色的民间舞蹈——贝伦舞，起源于锡伯族，极受欢迎。此外，黑龙江的木雕、浮雕、蜡画、烫画、花泥画、布艺、锻雕等也颇具特色，广受欢迎。

七、民族与宗教

（一）民族

黑龙江省为多民族省份，除汉族外，还有53个少数民族，人口近200万人。主要有满、回、朝鲜、蒙古、达斡尔、锡伯、鄂伦春、赫哲、鄂温克、柯尔克孜10个民族。黑龙江省的少数民族，在居住上呈大分散、小聚居的格局。全省各市县都有分布，多数在农村小片聚居。目前全省建有1个自治县，1个民族区，69个民族乡镇，680个民族村。其中，满族乡24个、朝鲜族乡19个、联合民族乡8个、蒙古族乡6个、鄂伦春族乡5个、达斡族乡3个、赫哲族乡1个、鄂温克族乡1个。

（二）宗教

黑龙江省的宗教有佛教、道教、伊斯兰教、基督教、天主教等，佛教和道教均在唐朝传入黑龙江省，伊斯兰教在元朝传入黑龙江省，天主教在1689年传入黑龙江，基督教在19世纪中叶传入黑龙江。除此之外，东正教在19世纪30年代传入黑龙江。

八、美食与风物特产

（一）美食

黑龙江省物产丰富，烹调原料门类齐全。习惯上多食杂粮，副食品种多，喜食鱼虾和野味，口味以咸鲜为主。食法多蘸、拌，喜食渍酸菜和火锅，菜码大，分量足。龙江菜以烹制山蔬、野味、肉禽和淡水鱼虾技艺见长，讲究口味的香醇、鲜嫩、爽润、咸淡相宜，以珍、鲜、清、补和绿色天然食品著称。黑龙江菜品炖菜较多，有小鸡炖蘑菇、酸菜白肉炖粉条、得莫利炖鱼、鲶鱼炖茄子、牛肉炖柿子、氽白肉血肠、排骨炖豆角、东北乱炖等。种类不限、搭配方式多样，有地三鲜、锅包肉、烧茄子、虎皮肘子、黄瓜拉皮等。主食有当地大米、黏豆包、炸三角、大列巴等。

（二）风物特产

黑龙江省的风物特产有真菌类、野菜类、野果类。食用的真菌类有松茸、黑木耳、猴头蘑、元蘑、榛蘑等。野菜类有蕨菜、黄瓜香、桔梗、猴腿蕨、刺老芽、黄花菜、山韭菜等。野果类有山核桃、红松籽、毛榛、刺玫果、山葡萄、树莓、草莓、都柿、山丁子、山里红、狗枣、软枣等。其中松茸又名松菇，肉质细腻，甜润甘滑，且富含多种维生素、蛋白质和矿物质，有抗癌药效，在国外有“野生蘑菇王”之称。此外还有虎骨、刺五加参、珍贵毛皮兽皮等。

九、民俗风情

（一）传统节日

黑龙江的传统节日有春节、元宵节、滚冰节、清明节、端午节、流头节、夏至节、冬至节、乌日贡节、河灯节、冬捕节、篝火节、古伦木沓节、瑟宾节、库木勒节、抹黑节、五大连池圣水节等。

1. 滚冰节

黑龙江民间节日习俗，在元宵节的夜晚举行。人们吃过晚饭便会相携去观看灯会和烟火晚会，欢声笑语不绝于耳，彩灯冰灯光彩夺目。尽管气温低于-30℃，但抵挡不住游人的热情。

2. 五大连池圣水节

黑河当地全年非常隆重的节日，传承历史已有数百年，于1984年被五大连池市政府命名为“饮水节”，2000年更名为“圣水节”。

（二）传统庙会

1. 慈云寺庙会

每年的农历四月十八举办，以“文化搭台，经贸唱戏”为宗旨，由政府牵头，文化、旅游、工商、公安以及卫生等相关部门参与，多部门联动，广泛招揽客商，把依兰慈云寺庙会办成了全县影响力重大的群众性文化和经济盛会。

2. 极乐寺庙会

每年的农历四月初八、十八和廿八为“庆佛日”，此时的极乐寺要举行盛大的庙会。来自全国各地的信徒络绎不绝，领头的和尚指导将各式各样的糖果糕点用作祭品放在盘中，摆放在大佛前。当地传统戏剧和八音队等民俗表演轮番上演，让人目不暇接。

（三）少数民族风情

1. 鄂伦春族

鄂伦春族主要居住在大兴安岭山林地带，使用鄂伦春语，没有文字。鄂伦春族信仰萨满教。由于狩猎的需要，一年四季均着宽肥大袍。鄂伦春族是一个讲唱文学十分发达的民族，包括传说、故事、神话、谚语、谜语、歌谣、笑话、歇后语等。传统的交通工具主要有驯鹿、马、桦皮船、兽皮船、木筏和雪橇等。舞蹈分仪式舞、娱乐舞、宗教舞三大类，乐器有“朋奴化”“文土文”等。历史上，鄂伦春人的房屋主要有“斜仁柱”、木刻楞房、布棚、高脚仓库等。鄂伦春族喜喝五味子汤和桦树汁。妇女善于刺绣，从头上戴的到脚上穿的，都要绣上图案。传统的婚姻由父母包办，实行一夫一妻的氏族外婚制，还实行间接的交错从表婚。鄂伦春族的传统节日不多，只有春节、氏族的“莫昆”大会和宗教活动“奥米纳仁”，特色节日有篝火节。鄂伦春人的葬式主要有风葬、土葬和火葬，也实行过先风葬后土葬的二次葬。

2. 赫哲族

赫哲族主要分布在黑龙江省同江市、饶河县、抚远市，少数人散居在桦川、依兰、富锦三县的一些村镇和佳木斯市。使用赫哲语，属于阿尔泰语系通古斯语族满语支，无文字。赫哲族信仰萨满教，相信万物有灵。由于受满、汉族的影响，过去赫哲人的婚姻形式为聘娶。但父母为子女选择配偶的标准，并不以门当户对为主要条件，而是看重劳动技能。民族节日主要有乌日贡节、赫哲族春节等。赫哲族的服饰别具特色，有用鱼皮做成的鱼皮长衫、鱼皮套裤、鱼皮靰鞡，轻巧、暖和、经久耐磨耐扯，且不透水。捕鱼和狩猎是赫哲人衣食的主要来源。赫哲族人喜爱吃鱼，尤其喜爱吃生鱼。赫哲族忌食狗肉。

第三章　华东地区

学习目标： 1. 熟悉华东地区各省市的基本概况。
2. 了解华东地区各省市的旅游资源。
3. 了解华东地区各省市的历史文化和民俗风情。
4. 了解华东地区各省市的饮食特点、主要美食和风物特产。

第一节　上海市基本概况

一、行政区划与人口

（一）行政区划

上海市，简称“沪”，别称“申”。

上海下辖黄浦区、徐汇区、长宁区、静安区、普陀区、虹口区、杨浦区、闵行区、宝山区、嘉定区、浦东新区、金山区、松江区、青浦区、奉贤区、崇明区16个市辖区，106个街道、107个镇、2个乡。

（二）人口

截至2017年末，上海市常住人口约2 418.33万人。

二、地理条件与气候特征

（一）地理条件

1. 地理位置

2015年末，上海全市土地面积为6 340.5平方千米，占全国总面积的0.06%。境内辖有崇明、长兴、横沙三个岛屿，其中崇明岛是中国的第三大岛。上海市位于中国南北弧形海岸线中部，地处太平洋西岸、亚洲大陆东沿、长江三角洲前缘；东濒东海，南临杭州湾，西接江苏、浙江两省，北接长江入海口，长江与东海在此连接。

2. 地势地貌

上海境内除西南部有少数丘陵山脉外，整体地势为坦荡低平的平原，是长江三角洲冲积平原的一部分，平均海拔高度4米左右。陆地地势总体呈现由东向西低微倾斜。大金山为上海境内最高点，海拔高度103.4米。天马山为上海陆上最高点，立有石碑“佘山之巅”，海拔高度99.8米。

3. 水系

上海地区河湖众多，江、河、湖、塘相间，水网密布，境内水域面积697平方千米，相当于全市总面积的11%。上海河网大多属黄浦江水系，主要有黄浦江及其支流苏州河、川扬河、淀浦河等。黄浦江终年不冻，是上海的水上交通要道。淀山湖是上海最大的湖泊，面积为62平方千米。黄浦江源自太湖，全长113千米，流经市区，江道宽度300～770米，平均宽度为360米；苏州河位于上海境内的河段长54千米，河道平均宽度45米。

（二）气候特征

1. 特点

上海属亚热带季风性气候，四季分明，日照充分，雨量充沛。上海气候温和湿润，一年四季变化分明，春秋较短，冬夏较长。

2. 气温

2015年，上海全年平均气温17.1℃。高温一般出现在6～9月。7月份气温最高，月平均气温可达28.6℃；1月份最低，月平均气温4.8℃。

3. 降水

2015年，上海全年无霜期269天，降水量1 649.1毫米。上海的年平均降雨量1 159.2毫米，全年70%以上的雨量集中在4～9月的汛期，6月平均降雨量最大。有冬春之交大型连阴雨雪天气、梅雨、秋雨三个雨期。

三、交通与自然资源

（一）交通

上海市是我国交通中枢。标志性重大城市建设工程众多，如上海国际航运中心洋山深水港区是上海国际航运中心的集装箱深水枢纽港区；东海大桥是中国首座长距离跨海大桥，全线长32.5千米，设计时速80千米；上海港是中国大陆最大的港口。浦东国际机场地处亚、欧、美三角航线的中点，是世界主要航空枢纽港之一；上海虹桥站位于京沪、沪昆两大铁路干线交汇点，是京沪、沪宁、沪杭三条高速铁路的始发站、终到站；贵广、湘桂高速铁路通车后，上海的高铁直接通到贵阳、桂林、南宁、广州四大地区。长江隧桥是世界上规模最大的隧桥结合工程，全长25.5千米，采用“南隧北桥”的建设方案，南部的长江隧道连接上海浦东和长兴岛，北部的长江大桥连接长兴岛和崇明岛。

20世纪90年代以来，上海大力发展轨道交通，线网规模目前已居全国之首。至2015年末，上海拥有轨道交通线路15条，运营里程增加到617.53千米。

（二）自然资源

1. 矿产资源

上海境内缺乏金属矿产资源，建筑石料、陆上能源矿产都很稀少。在长江口浅海底发现了一些矿物异常区，有锆石、钛铁砂、石榴石、金红石等重要矿物。

2. 植物资源

上海境内绝大部分是人工栽培作物和林木，主要分布在郊县林场、市区的公园和道路两旁。天然木本植物群落仅分布于大金山岛、佘山等局部地区；天然草本植物群落分布在沙洲、滩地、港汊等地。上海地区栽培的农作物有100多种，品种近万，蔬菜达400多种，居全国之冠。

3. 动物资源

上海地区野生动物种类已十分稀少，主要的动物资源是畜禽品种。水产资源比较丰富，共有鱼类177属226种，其中淡水鱼171种、海水鱼55种。

4. 其他资源

20世纪70年代以来，上海开始在近海寻找油气资源，并在多口钻井中获得了工业原油、天然气。据初步估算，东海大陆架油气资源储量约为60亿吨，是我国近海海域最大的含油气盆地，经过调查和勘探，附近的南黄海也发现了油气资源。

上海基本上无一次、常规能源（如煤、石油、水力）的储藏和生产，所需的能源都要靠其他省市支援。但是，上海具有一定数量和较高质量的“二次能源”生产，产品主要是电力、石油油品、焦煤和煤气（包括液化石油气）。其他可以利用开发的能源还有沼气、风能、潮汐能及太阳能。

四、旅游资源

上海是中国主要旅游城市之一，是一座历史悠久的文化金融城市。

至2015年末，上海被列入全国重点文物保护单位29处。豫园，始建于明嘉靖三十八年（1559年），距今已有400多年历史。园内共有48处景点，素有“城市山林”美誉。龙华寺，位于徐汇区，距今已有1 700多年历史，是上海历史最悠久、规模最大、建筑最雄伟的佛教寺院。玉佛寺，位于静安区的上海名刹，寺内建有天王殿、大雄宝殿、玉佛楼等建筑，其中玉佛楼供奉一座高1.9米、宽3.4米的玉雕释迦牟尼坐像。孔庙，建于南宋嘉定十二年（1219年），有“吴中第一”之称，内设中国科举制度陈列馆，“育才”“兴贤”“仰高”三座牌坊分别代表培养人才、选拔人才和对孔子的敬慕。

上海是一座具有光荣革命传统的城市。孙中山故居——孙中山先生在上海的寓所，系当时旅居加拿大的华侨集资购买赠送孙中山先生。毛泽东旧居——1924年2月中旬，毛泽东在担任中共中央局秘书、国民党上海执行部执行委员、组织部秘书等职务期间，曾在此居住。周公馆——1946～1947年间作为中国共产党驻上海代表处，周恩来曾多次在这里举行记者招待会，会见著名爱国人士。

20世纪90年代以来，上海相继建成了一批享誉国内外的功能性建筑，向世人展示了上海的新风貌。外滩——从外白渡桥延伸至南浦大桥，全长4千米，是上海的一张城市名片，西侧矗立着中西建筑群，堪称“万国建筑博览”。金茂大厦88层的观光厅，是国内最高最大的观光厅。东方明珠广播电视塔——上海标志性建筑之一，集广播电视发射、娱乐、游览于一体。塔高468米，享有亚洲第一、世界第三的殊荣；263米高的上体观光层和350米处太空舱能360°鸟瞰全市景色；267米处是亚洲最高的旋转餐厅；底层的上海城市历史发展陈列馆浓缩再现了上海开埠以来的历史。

上海还有国家5A级旅游景区3家：浦东新区东方明珠广播电视塔、浦东新区上海野生动物园、浦东新区上海科技馆。2016年6月开始运营的上海迪士尼度假区，是中国大陆首个、亚洲第三个、全球第六个迪士尼度假区。

五、历史沿革

大约6 000年前，现在的上海西部即已成陆，东部地区成陆也有2 000年之久。相传春秋战国时期，上海曾经是楚国春申君黄歇的封邑，故上海别称为“申”。公元4～5世纪时的晋朝，以捕鱼为生的居民创造了一种竹编的捕鱼工具叫“扈”，又因为当时江流入海处称“渎”，因此松江下游一带被称为“扈渎”，以后又改“扈”为“滬（沪）”。

春秋时期，上海地区属吴，战国先后属吴、越、楚。唐天宝十年（751年），上海地区属华亭县（现今的松江区），北到今天的虹口一带，南到海边，东到下沙。宋淳化二年（991年）因松江上游不断淤浅，海岸线东移，大船出入不便，外来船舶只得停泊在松江的一条支流“上海浦”上。南宋咸淳三年（1267年）在上海浦西岸设置市镇，定名为上海镇。元二十九年（1292年），元朝中央政府批准上海设立上海县，标志着上海建城之始。

明代中叶（16世纪），上海已成为全国棉纺织手工业中心。清康熙二十四年（1685年），清政府在上海设立海关。19世纪中叶，上海已成为商贾云集的繁华港口。鸦片战争以后，上海被殖民主义者辟为“通商口岸”。1949年5月27日，上海获得解放，开始新生。

新中国成立后，在中国共产党领导下，上海人民经过60多年的艰苦奋斗，使上海面貌发生了巨大变化。特别是1978年以来，上海率先走出一条具有特大城市特点的科学发展之路。进入21世纪后，上海坚持创新驱动、转型发展，努力开创建设国际经济、金融、贸易、航运中心和社会主义现代化国际大都市的新局面。

六、文化艺术

（一）文学

上海文学主要是海派文学，代表人物有被誉为“民国四大才女”之一的张爱玲，她的代表作品有小说《金锁记》《霸王别姬》《倾城之恋》等，散文《天才梦》《迟暮》《秋雨》等，电影剧本《不了情》《太太万岁》《人财两得》等，文学论著有《海上花列传》《评注》《红楼梦魇》等。海派文学的特点主要表现为：一是“轻文学”，即注重可读性，适合大众；二是展示半殖民地大都市上海的生活百态，像酒吧、夜总会、交际花等；三是首次提出“都市男女”，这种新的主题，表现了“新式的肉欲小说”；四是重视小说形式的创新；五是对都市文明既有欣赏，又有毁灭。

（二）民间乐舞曲艺

1. 戏曲

上海的地方戏包括沪剧、越剧、昆曲、淮剧、滑稽戏、话剧和木偶皮影戏等。

（1）沪剧

沪剧是中国的传统戏曲剧种，流行于上海和江浙地区。发源于上海浦东的民歌东乡调，于清末形成上海滩簧，后改成了采用文明戏的演出形式，并发展成为“申曲”。1927年以后，“申曲”开始演出时事剧。1941年，上海沪剧社成立，“申曲”正式改名为沪剧。主要作品有《罗汉钱》《芦荡火种》《一个明星的遭遇》等。

（2）滑稽戏

滑稽戏是上海一带的地方戏剧剧种之一，产生于抗日战争时期，主要由上海曲艺“独角戏”，融合闹剧、江南地方戏曲以及中外戏剧而形成的一种新兴剧种。源于苏州，现主要流行于上海及其周边的吴语地区，多以上海话、吴语太湖片方言为主要表演语言，偶尔也有对北方话和粤语等其他地区方言的模仿表演。在表演形式上，滑稽戏类似于北方的相声和小品。2011年5月23日，滑稽戏经国务院批准列入第三批国家级非物质文化遗产名录。

2. 民间音乐和舞蹈

上海地区的民间音乐和舞蹈包括江南丝竹、吴歌、上海港码头号子、琵琶艺术、上海道教音乐、浦东说书和奉贤滚灯等。

（1）江南丝竹

江南丝竹在清末被称为“清音班”，民国时期被称为“国乐社”，现在被称为“民乐队”。常见的乐队编制形式为8～10人一队，乐器包括洞箫、二胡、申胡、中胡、扬琴、三弦、琵琶等。演奏时乐器上还装饰着一些珠子彩头，比如“鲤鱼跳龙门”“狮子滚绣球”“麒麟送子”等。代表曲目有《浦东欢乐》（慢中板）《浦东行街》（慢中板）《老三六》《悦乐（月落）》《乌夜啼》等。

（2）吴歌

“吴歌”是文学史上对吴地民歌民谣的总称，同时也是吴文化的重要组成部分，发源于江南太湖地区。吴歌地方特色浓厚，以表现男女之间的爱情为主，包括歌和谣两部分：“歌”一般是以唱山歌的形式为主，也包括一些俗曲之类；谣就是通常说的“顺口溜”。

3. 现当代艺术

上海是中国近现代音乐的发源地之一，当时亚洲最顶尖的音乐学府则是上海音乐学院，当时上海的流行乐曾风靡东南亚一时，大量的不朽之作，像《夜上海》《上海滩》《夜来香》《天涯歌女》等，其中流行音乐当中的一部分被美国歌手翻唱后居美国流行音乐排行榜首位。

电影传入中国也是从上海开始的，最早的放映地点是在上海福建北路唐家弄的徐园、天茶园以及泥城桥下的奇园等，放映内容涉及美、法等国的短片，例如当时在《申报》刊登电影广告的《俄国皇帝游历法京巴黎府》，引起了不小轰动。1931年，我国第一部片上发音影片《雨过天晴》在日本完成，该片是由华光片上有声电影公司制作发行。

七、民族与宗教

截至2014年底，上海市少数民族人口总数实有42.17万人，有55个少数民族成分，人口最多的是回族，有11.41万人。

上海是我国少数民族散居地区。在其700多年的发展过程中，来自全国各地的少数民族移民，以其聪明才智和辛勤劳动，和汉族人民共同创造了上海独特的历史和文化，共同发展了上海日益发达的经济，共同缔造了上海——这颗镶嵌在祖国版图上的东方明珠。

截至2013年12月31日，上海有佛教、道教、伊斯兰教、天主教、基督教五大宗教，已登记开放的宗教活动场所430处，宗教教职人员1 546人，信教人数123.53万人。全年到各宗教场所参加宗教活动有1 949.82万人次，共有9个市宗教团体，2个其他社会团体：上海基督教青年会、女青年会，4所宗教院校：上海佛学院、上海道教学院、中国天主教佘山修院、华东神学院，2个宗教出版机构：上海佛学书局、天主教光启社。

八、美食与风物特产

（一）美食

上海菜，又称沪菜、本帮菜，是中国的主要地方风味菜之一，也是江南地区汉族传统饮食文化的一个重要流派。其特色是浓油赤酱、咸淡适中、保持原味，常用烹调方法有红烧、煨、糖，后来为了适应上海的口味，菜肴渐趋向淡雅爽口。

上海素有“美食天堂”之称，开设有3万多家中式、西式、休闲型、快餐连锁型餐饮企业。西餐汇聚了意大利、法国、日本等30多个国家和地区的风味；中餐则汇聚了苏、锡、徽等近20个地方风味，并拥有著名的老城隍庙、仙霞路等饮食文化区。上海市的特色美食包括生煎、排骨年糕、蟹壳黄、蟹粉豆腐、醉鸡、八宝鸭、糟钵头、扣三丝、白斩鸡、腌笃鲜等。上海市民早点有名的四大金刚是油条、大饼、粢饭、豆浆。

（二）风物特产

上海的特产众多，有梨膏糖、水蜜桃、凤尾鱼罐头、银鱼、松江鲈鱼、凤尾鱼、崇明酱包瓜等美食特产，还有木雕、牙雕、漆器、玉雕等手工艺品。

1. “五芳斋”糕团

“五芳斋”糕团是上海地区的特色传统糕类美食，由上海“五芳斋”糕团点心店生产。糕团选料讲究，注重用糖，以苏州、常州两地产的粳米和糯米为主料，辅以瓜子、松子、赤豆、芝麻和桂花，水磨制粉。因品种不同，讲究配料方法也不同。糕团是应季产品。

2. 上海木雕

上海是我国木雕工艺品重点产区之一，按所用的材料分为白木雕、红木雕和黄杨木雕三大类。白木雕刻工艺起源于浙江东阳、金华等地，以神像、佛像、庙宇和民宅建筑装饰等为主要产品，后来逐渐发展到木雕家具。红木雕是以山水、花鸟、虫鱼为题材，以小块红木为基础，运用镂雕、圆雕、浮雕等雕刻技艺，设计文具用品、烟具、仿青铜器等工艺品。黄杨木雕在我国传统雕刻技法的基础上，吸收了西洋雕塑的处理手法，以圆雕为主，作品多取材于儿童生活，造型活泼生动，适于案头欣赏，作品有《五子戏龟》《顽皮娃娃》《乘龙》等。

九、民俗风情

（一）传统节日

上海的传统节日包括春节、元宵节、清明节、立夏节、浴佛节、端午节、观音诞、七巧会、中元节、地藏王生日、中秋节、重阳节、菊花会、冬至节、释迦牟尼得道日和送灶神等。

1. 立夏节

农历四月有立夏节。过节时，上海郊县的农民会用麦粉和糖制成寸许长的条状食物“麦蚕”，据说吃了可免“疰夏”。用立夏时青嫩的草头，和入米粉，将其油煎成饼，制成为上海城区和浦东地区人民所喜食的食物“摊粞”。当令食品还包括糖梅子、酒酿、咸蛋等，取以尝口，称尝“三新”。

2. 浴佛节

农历四月初八是浴佛节，传说为释迦牟尼的诞辰日，这一日，寺庙中的佛像都会被掸去身上的尘土，另有诵经礼拜等活动。上海市区外的大型寺院（如静安寺和方浜路的广福寺）都会有盛大庙会，山门外百货毕集，热闹非凡。

（二）传统庙会

1. 城隍庙元宵庙会

每年农历正月十五元宵节前后，老城隍庙附近的大小店铺和住户都要张挂起制作精良、式样繁多的彩灯。豫园内的得月楼、四美轩茶室、扇店等还会在彩灯下悬挂灯谜。人们在大街上观看“文灯”和“武灯”表演。“文灯”以江南丝竹为前导，后面跟有手提着由五彩纸镂花巧扎而成的呈伞状的各色灯彩，队伍随着丝竹奏出的乐曲徐徐前进；“武灯”则以节奏强烈的锣鼓开道，后面跟着舞龙舞狮的队伍，边翻滚边前进，气氛热烈。

2. 上海龙华庙会

龙华庙会的重要内容之一是各种娱乐习俗的表演，这些娱乐习俗大都是从我国的传统习俗或上海的当地传统习俗演化而来的，且与当地人们的生产和生活方式密切相关，主要包括观皮影戏、花鼓戏、踏青赏桃花、舞龙舞狮和荡湖船表演等。

龙华庙会上，商品贸易和娱乐活动是十分重要的活动。

第二节　江苏省基本概况

一、行政区划与人口

（一）行政区划

江苏省，简称“苏”，省会是南京市。

截至2017年2月底，全省共有13个设区市，依次为南京市、无锡市、徐州市、常州市、苏州市、南通市、连云港市、淮安市、盐城市、扬州市、镇江市、泰州市和宿迁市，96个县（市、区）（其中县20个、县级市21个、市辖区55个）。昆山市、泰兴市、沭阳县为省直管试点市（县）。

（二）人口

截至2017年末，江苏省常住人口约8 029.3万人。

二、地理条件与气候特征

（一）地理条件

1. 地理位置

江苏省位于我国大陆东部沿海中心、长江下游，东濒黄海，东南与浙江和上海毗邻，西接安徽，北接山东。省际陆地边界线3 383千米，面积10.72万平方千米，占全国的1.12%，人均国土面积在全国各省区中最少。

2. 地势地貌

江苏地势平坦，平原辽阔，河湖众多，水网密布。平原面积约占全省总面积的68.9%，主要由苏北黄淮平原和长江三角洲平原组成，其高程大部分在50米以下。水面约占全省总面积的16.8%，低山、丘陵岗地约占全省总面积的14.3%，南北错落分布。全省最高峰——连云港云台山玉女峰的最高点高程为624.4米。

3. 水系

江苏省水域面积占全省面积16.8%。列入省湖泊保护名录的重要湖泊137个，太湖、洪泽湖居全国五大淡水湖第三、四位。列入省骨干河道名录的重要河道727条，长江横穿东西，运河纵贯南北。

长江水系境内面积1.91万平方千米，可分为石臼湖固城湖、秦淮河、滁河和江北等区域性水系。长江南岸茅山山脉以东、宜溧山地以北为相对独立的太湖水系。太湖水系境内面积1.94万平方千米，以太湖为中心，湖西南河水系、洮滆水系等主要向东注入太湖。淮河水系以仪六丘陵经江都、328国道至如泰运河一线与长江流域分界，北以废黄河与沂沭泗水系分界，境内面积3.82万平方千米，可分为洪泽湖周边及以上、白马湖高宝湖、渠北、里下河等区域性水系。沂沭泗水系，境内面积2.59万平方千米，可分为沂河（新沂河）、沭河（新沭河）、中运河等干河水系，以及南四湖湖西、骆马湖以上中运河两岸、沂北（含沭北）、沂南、废黄河等区域性水系。

（二）气候特征

1. 特点

江苏省位于亚洲大陆东岸中纬度地带，属东亚季风气候区，处在亚热带和暖温带的气候过渡地带。江苏省地势平坦，一般以淮河、苏北灌溉总渠一线为界，以北地区属暖温带湿润、半湿润季风气候；以南地区属亚热带湿润季风气候。江苏东临黄海，地处长江、淮河下游，海洋对江苏的气候有着显著的影响。在太阳辐射、大气环流以及江苏特定的地理位置、地貌特征的综合影响下，气候呈现四季分明、季风显著、冬冷夏热、春温多变、秋高气爽、雨热同季、雨量充沛、降水集中、梅雨显著、光热充沛、气象灾害多发等特点。

2. 气温

2015年，江苏省平均气温15.8℃，较常年同期偏高0.5℃。空间分布为南高北低，年内气温起伏大，其中冬季、春季、秋季气温偏高，夏季气温偏低。

3. 降水

江苏省年降水量为715～1 280毫米，江淮中部到洪泽湖以北地区降水量少于1 000毫米，以南地区降水量在1 000毫米以上，降水分布是南部多于北部，沿海多于内陆。与同纬度地区相比，江苏省雨水充沛，年际变化小，年降水变化率为12%～24%。夏季6月和7月间，受东亚季风的影响，淮河以南地区进入梅雨期，梅雨期降水量常年平均值大部地区在250毫米左右，一般在江淮梅雨开始之后的1周左右，江苏省淮北地区进入“淮北雨季”，此时往往是暴雨频发、强降水集中的时段。

三、交通与自然资源

（一）交通

至2016年底，江苏省公路里程达15.7万千米。其中，高速公路里程4 657.4千米，新增118.3千米。全省干线铁路里程达2 791千米，其中时速200千米及以上高等级铁路里程1 569千米。全省港口万吨级以上泊位数（含加固改造项目）达480个，其中沿江400个、沿海80个。港口综合通过能力、万吨级以上泊位数、港口吞吐量、亿吨大港数继续保持全国第一。全省共有内河航道总里程24 366千米，占全国航道总里程的1/5。南京是最大的内河港口。连云港是著名的海港，被称为“东方桥头堡”。连云港也是第二亚欧大陆桥的东起点，终点在荷兰鹿特丹港。全省等级航道总里程8 709千米，其中四级及以上高等级航道3 042千米，等级航道与四级以上航道里程均居全国第一。长江江苏境内过江通道达11处。全省拥有9个民用运输机场（含军民合用）。

（二）自然资源

1. 矿产资源

江苏省地跨华北地台和扬子地台两大地质构造单元，有色金属类、建材类、膏盐类、特种非金属类矿产是江苏矿产资源的特色和优势。目前已发现的矿产品种有133种，探明资源储量的有68种，其中铌钽矿、含钾砂页岩、泥灰岩、凹凸棒石黏土、二氧化碳气等矿产查明资源储量居全国前列。

2. 植物资源

植物资源非常丰富，有850多种，尚有可利用和开发前途的野生植物资源600多种。

森林资源，江苏省森林面积和林木覆盖率持续快速增长。2016年森林面积达156万公顷，活立木总蓄积达9 600万立方米，林木覆盖率提高到22.8%。

3. 动物资源

江苏省共有野生动物604种，其中兽类79种，爬行类56种，两栖类21种，鸟类448种。鸟类主要是野鸡、野鸭，沿海有丹顶鹤、白鹤、天鹅等珍稀飞禽，沿海地区还建有世界上第一个野生麋鹿保护区。

江苏省是著名的“鱼米之乡”，农业资源丰富，其中渔业资源方面，江苏近岸海域是黄海、东海渔业资源的重要发祥地，沿海有吕四、海州湾、长江口、大沙四大渔场，盛产黄鱼、带鱼、鲳鱼、虾类、蟹类及贝藻类等水产品。内陆水域面积170多万公顷，养殖面积76万公顷，河蟹、虾类、河豚等养殖闻名全国。“长江三鲜”的鲥鱼、刀鱼、河豚和“太湖三白”的白鱼、银鱼、白虾都是著名的水产品。

四、旅游资源

江苏省拥有丰富的旅游资源，人文景观与自然景观交相辉映，有古典园林、千年名刹、湖光山色、帝王陵寝、都城遗址，更有小桥流水人家的古镇水乡，在这里粗犷雄浑与纤巧清秀交汇融合，可谓是“吴韵汉风，各擅所长”。

江苏风景名胜以“青山衬秀水，名园依古城”而驰名中外，自然景观具有“山水组合，以水见长”的鲜明地方特色。自然景观和人文历史的相互依托与结缘，形成江苏风景名胜独有的艺术魅力。江苏风景园林的悠久历史可上溯6 000余年，2 500年前太湖之滨诞生为吴王夫差与西施游乐而修建的离宫别苑。苏州完好地保存着数量众多、艺术品位极高的古典园林。

江苏的水文旅游资源主要包括：长江——中国第一大河，贯穿东西。京杭大运河——世界最古老的运河，纵贯南北。太湖——中国第二大淡水湖。洪泽湖——中国第四大淡水湖。西太湖——苏南第二大湖泊。沿海旅游资源主要有南通盐城的湿地滩涂和连云港的海滨浴场。名泉旅游资源主要有镇江中泠泉——“天下第一泉”，无锡惠山泉——“天下第二泉”，苏州虎丘——“天下第三泉”等。

截至2017年2月，江苏省有世界遗产3处、国家级风景名胜区5处、国家级旅游度假区3处、国家历史文化名城12个、国家地质公园4处、国家5A级旅游景区23家。

五、历史沿革

江苏是中国古代文明的发祥地之一，江苏及相邻地区的新石器时代文化遗址约上千处。其中草鞋山遗址发现的6000年前马家浜文化水稻田，是目前中国发现最早有灌溉系统的古稻田。江苏正式建省始于清康熙六年（1667年），取江宁、苏州两府的首字而得名。江苏是《尚书·禹贡》所载九州中的徐、扬两州的一部分。西周时分属鲁、宋、楚、吴等国。春秋战国时分属吴、宋、楚、越、齐等国。秦代属九江、会稽、彰、泗水及东海等郡的一部分。汉代分属扬州、徐州刺史部。隋开皇年间设苏州、扬州、徐州，大业年间改为吴、毗陵、丹阳、江都、下邱、彭城、东海诸郡。唐初分属江南、淮南、河南三道。北宋时属江南东路、两浙路、淮南东路和京东西路。南宋时，淮北属金。元代分属江浙、河南行中书省。明代江苏与安徽同属应天府，直隶南京。清初属于江南省。康熙六年（1667年）将江南省分设为江苏、安徽两省。太平天国先后设江南省、天浦省、苏福省。1928年南京设为特别市。新中国成立后，设苏南、苏北两个行政公署区，南京为中央人民政府直辖市。1953年合并，成立江苏省，省会南京。

六、文化艺术

（一）文学与绘画

江苏文化名人辈出。文学家刘勰、李煜（南唐后主）、范仲淹、秦观等。书画家、艺术家有张旭、顾恺之、米芾、唐寅、文征明、祝之山、郑板桥为代表的“扬州八怪”。政治军事家有伍子胥、孙武、刘邦、韩信、项羽等。科学家有沈括、徐光启、祖冲之、徐霞客等。著名实业家有刘国钧、荣敬德、荣德生等。《水浒传》《西游记》《红楼梦》《儒林外传》等古典名著均出自江苏籍作家之手。此外，还有其他方面的历史名人等。

江苏绘画艺术以山水画、水印木刻版画和水彩水粉画见长，被称为“江苏三水”。据统计，明代知名画家约4000人，江苏省就1700多人，代表人物有“画绝”顾恺之、杨惠之、黄公望、倪赞、王蒙、吴镇以及张僧繇，成语“画龙点睛”就是和其有关。在书法方面造诣较深的有唐苏州张旭，被称为“草圣”；晚唐苏州杨惠之被称为“塑圣”。人们公认的元代散曲四大家分别是吴镇、无锡倪瓒和王蒙、常熟黄公望。

（二）民间乐舞曲艺

1. 戏曲

江苏戏曲艺术传统深厚，品种繁多，名家迭出。宋元南戏在苏州发展并形成“昆山腔”，经过不断革新，逐步形成一个新剧种——“昆曲”，是中国最古老的剧种之一，被誉为“百戏之祖”。近代著名京剧艺术家梅兰芳祖籍江苏泰州，为“四大名旦”之首。

江苏地方戏种影响比较大的有昆曲、锡剧、扬剧、淮剧、淮海戏、柳琴戏、梆子等。小剧种有海门山歌剧、通剧、丹剧、海州童子戏、徐州丁丁腔等。外来剧种主要有京剧、越剧、徽剧、沪剧、黄梅戏、吕剧等。新兴剧种中滑稽戏影响较大，深受喜爱。泰兴、扬州等地的木偶戏也以其历史较久、艺术手段丰富而名扬海内外。

全省各地在历史上产生过大小曲种50余种，现尚存有20余种，已入选国家级非物质文化遗产名录的有苏州评弹（苏州评话、苏州弹词）、扬州评话、扬州弹词、扬州清曲、徐州琴书、南京白局。

2. 民间音乐和舞蹈

江苏素有“二胡之乡”的美誉。“江南丝竹”是最富代表性的民间音乐，二胡演奏曲《二泉映月》是其中代表作。古琴艺术在全国具有突出地位，先后形成常熟虞山琴派、扬州广陵琴派、南京金陵琴派等重要的地方性音乐流派。全省流传下来的民歌有12 800余首，收入《江苏民歌集成》1 399首。江苏音乐已入选国家级非物质文化遗产名录的项目有高邮民歌、海门山歌、常州吟诵、太仓市的江南丝竹、连云港市的海州五大宫调、古琴艺术、淮安市楚州十番锣鼓、江都的邵伯锣鼓小牌子、常州的天宁寺梵呗唱诵、苏州的玄妙观道教音乐、无锡道教音乐等。

江苏民间舞蹈种类拥有秧歌舞、花鼓舞、龙舞、狮舞、灯舞、傩舞、高跷等，具有代表性的有70多个品种，1 600多个舞蹈。已入选国家级非物质文化遗产名录的有高淳的东坝大马灯、邳州跑竹马、溧水的骆山大龙。

七、民族与宗教

江苏是少数民族散居地区。据2010年第六次全国人口普查统计，55个少数民族成分齐全，全省有少数民族常住人口38.49万人，占全省总人口的0.49%。少数民族中人数最多的是回族。江苏省少数民族的特点是：一是少数民族齐全，有55个；二是占全省总人数的比重小，仅为1%；三是回族占少数民族总人数的比重大，为34%；四是少数民族人口文化素质高于全省平均值。江苏省超过万人的少数民族有苗族、土家族、壮族、彝族、满族、布依族、水族、侗族、蒙古族。

江苏是全国宗教工作重点省份之一，佛教、道教、伊斯兰教、天主教、基督教五教齐全。在全国有影响的佛学院有灵岩山佛学院、栖霞山佛学分院。基督教唯一的全国性院校是金陵协和神学院，全国最大的圣经印刷厂是南京爱德印刷公司。

八、美食与风物特产

（一）美食

1. 苏菜

苏菜为八大菜系之一，主要由徐海（徐州、连云港）、淮扬（淮安、扬州）、苏锡常（苏州、无锡、常州）及宁镇（南京、镇江）四种风味组成。其中，淮扬菜与川菜、鲁菜和粤菜并称为中国四大菜系。淮扬菜，始于春秋，兴于隋唐，盛于明清，素有“东南第一佳味，天下之至美”的美誉。

2. 风味小吃

江苏省的风味小吃有状元豆、秦淮八绝、芦蒿炒香干、南京糕团小点、云台板栗、泰州干丝、溱潼鱼饼虾球、靖江猪肉脯、八股油条、泰州三麻、南京板鸭、宿迁黄狗猪头肉等。

（二）风物特产

江苏省的特产众多，有南京香烟、金红石、新袁柳编、云渡桃雕、泗阳根雕、常州梳篦、连云港玻璃工艺制品、洋河大曲、苏州碧螺春、滨海白首乌、常州留青竹刻、扬州雕版印刷、东台发绣、常州景泰蓝掐丝画等。

1. 南京香烟

南京香烟是江苏中烟南京卷烟厂的代表品牌，目前拥有南京九五、南京五星、南京特醇、南京红、南京喜庆、南京佳品、南京绿、南京精品、南京珍品等品种和系列。南京香烟最早诞生于中华民国时期的南京光明兄弟烟厂，2008年成为全国性卷烟重点骨干品牌之一。

2. 金红石

金红石是一种黑色金属矿物。它中间所含的金属钛元素，色银白，质坚而轻，制成钛合金，是飞机制造等业的绝好材料。含钛元素的金红石不多，全国钛金属基地只有4处，其中之一就在连云港市的东海县。

九、民俗风情

吴韵汉风只是形象表达江苏文化的一种说法，并不能囊括江苏之美。江苏南北差异明显，风情与韵味各异，各地民风民俗众多。

在南京高淳地区，“跳五猖”是一年中祠山庙祭中最重要的大事。周庄的摇快船，经过悠悠数百年的沿袭，已成为民间良辰佳节、喜庆丰收、婚嫁迎亲时群众喜闻乐见的大型娱乐活动，具有浓郁的水乡风情。

在特定的日子里，各地举办各种庆祝活动有赏花的、有尝鲜的、有登高的、有下海的、有赶庙会的，还有弄船赛舟的。

江苏传统节日文化富有鲜明的地域特色。苏州端午习俗、南京秦淮灯会、姜堰溱潼会船分别代表中国民族传统节日端午节、元宵节和清明节等地域特色的文化习俗，被列入国家级非物质文化遗产名录。太仓七夕节、金坛柚山放灯节、宜兴观蝶节等形式独特的民俗活动被列入省级非物质文化遗产名录。

江苏目前仍然比较活跃、列入省级非物质文化遗产名录的庙会有南京地区祠山庙会、妈祖庙会、薛城花台会，苏州“轧神仙”庙会，无锡泰伯庙会、惠山庙会，镇江金山寺水陆法会、华山庙会、九里季子庙会等。

江苏传统生产商贸、生活消费以及礼仪习俗比较典型的有扬州“三把刀”（菜刀、剃头刀和修脚刀，分别指代饮食、理发和沐浴行业）、海州湾渔俗、洪泽湖渔家婚嫁礼俗等被列入省级非物质文化遗产名录。苏州甪直水乡妇女服饰入选国家级非物质文化遗产名录。

第三节　浙江省基本概况

一、行政区划与人口

（一）行政区划

浙江省，简称“浙”，省会是杭州市。

浙江全省共有11个地级市，分别是杭州市、湖州市、嘉兴市、舟山市、宁波市、绍兴市、金华市、衢州市、台州市、丽水市、温州市，市辖区36个、20个县级市、县34（其中1个为自治县）个。

（二）人口

截至2017年末，浙江省常住人口5 657万人。

二、地理条件与气候特征

（一）地理条件

1. 地理位置

浙江省地处中国东南沿海长江三角洲南翼，东临东海，南接福建，西与江西、安徽相连，北与上海、江苏接壤，陆域面积10.55万平方千米，占全国陆域面积的1.1%，是中国面积较小的省份之一。海域面积26万平方千米，是全国岛屿最多的省份。境内最大的河流钱塘江，因江流曲折，称之江，又称浙江，省以江名，简称“浙”由此而来。

2. 地势地貌

浙江地势由西南向东北倾斜，地形复杂，起伏较大，浙江西南、西北部地区群山峻岭，中部、东南地区以丘陵和盆地为主，东北地区地势较低，以平原为主。全省大陆面积中，山地丘陵占70.4%，平原占23.2%，河流湖泊占6.4%。浙江海岸线全长2 253.7千米，沿海共有2 161个岛屿，浅海大陆架22.27万平方千米。因此有着“七山一水二分田”的说法。

3. 水系

浙江水系主要有钱塘江、瓯江、灵江、苕溪、甬江、飞云江、鳌江、曹娥江八大水系和京杭大运河浙江段。钱塘江是浙江省内第一大江，全长668千米，其中在浙江省境内425千米。湖泊主要有杭州西湖、绍兴东湖、嘉兴南湖、宁波东钱湖四大名湖，以及新安江水电站建成后形成的全省最大人工湖泊千岛湖等。同时，浙江也是我国岛屿最多的省份。

（二）气候特征

浙江地处亚热带中部，属季风性湿润气候，气温适中，四季分明，光照充足，雨量充沛。年平均气温在15～18℃之间，年日照时数在1 100～2 200小时之间，年均降水量在1 100～2 000毫米之间。1月、7月分别为全年气温最低和最高的月份，5～6月为集中降雨期。因受海洋影响，温、湿条件比同纬度的内陆季风区优越，是我国自然条件较优越的地区之一。

三、交通与自然资源

（一）交通

浙江省交通运输发达，海、陆、空交通立体式发展。铁路方面，浙江有浙赣、沪杭两条主干铁路线，已经开通沪杭、杭温、杭宁等高速铁路线。公路方面，浙江省高速公路有沪杭、上三、宁杭、杭徽等多条高速公路。此外，浙江省地处东南沿海，港湾众多，如杭州湾、台州湾等优良深水港湾，优质港口有北仑港、温州港、舟山港等。航空方面，浙江有杭州、义乌、舟山等7处机场。其中国际机场有宁波栎社机场与杭州萧山机场。

截至2016年底，浙江全省公路总里程11.9万千米，其中高速公路4 062千米，另外有民航机场7个。铁路、公路和水运完成货物周转量9 789亿吨/千米。旅客周转量1 075亿人/千米。港口完成货物吞吐量14.1亿吨。

（二）自然资源

1. 矿产资源

浙江省矿产资源多以非金属矿产为主，能源矿产匮乏，金属矿产不足。全省纳入统计矿产93种，其中查明资源储量矿产83种。

非金属矿产方面，叶蜡石、明矾石查明资源储量居全国之冠，普通萤石、伊利石黏土、硅藻土、水泥用凝灰岩居全国第二，沸石、硼矿、水泥配料用泥岩、饰面用大理岩等25个矿种列全国前十位。

能源矿产方面，浙江省域内成矿地质条件差，煤炭资源贫乏；陆域尚无发现油气资源；石煤资源储量居全国第二位；地热资源作为清洁绿色的新能源，近年逐步加大勘查力度；东海大陆架盆地有良好的石油和天然气开发前景。

金属矿产方面，铁、铜、铅、锌、钼、金、银、钨、锡等矿产虽然矿产地较多，但多为小型矿床或矿点，仅少数矿产地达到大中型规模。铁、铜等金属矿产短缺，查明资源储量均处于全国各省区后十位，且后备资源不足；铅锌矿虽资源储量较大，但多为贫矿。

2. 海洋资源

浙江省海洋资源十分丰富，海域面积约26万平方千米，相当于陆域面积的2.56倍；面积大于500平方米的海岛有2 878个，大于10平方千米的海岛有26个，是全国岛屿最多的省份。港口、渔业、旅游、油气、滩涂五大主要资源得天独厚，组合优势显著。

3. 森林资源

浙江森林面积604.99万公顷，其中，省级以上生态公益林面积302.4万公顷，森林覆盖率达60.91%，活立木总蓄积量3.14亿立方米，居全国前列。

四、旅游资源

浙江自然风光与人文景观交相辉映。以杭州西湖为中心，纵横交错的风景名胜遍布全省。有杭州西湖风景名胜区、雁荡山风景名胜区、普陀山风景名胜区、江郎山风景名胜区、天姥山风景名胜区等19个国家级风景名胜区；有东钱湖旅游度假区、太湖旅游度假区、湘湖旅游度假区3个国家级旅游度假区；国家级自然保护区有清凉峰国家级自然保护区、天目山国家级自然保护区、九龙山国家级自然保护区等10处。此外，浙江省还有30个国家园林城市、10个国家级湿地公园、39个国家森林公园、5个国家级城市湿地公园。

全省有杭州、宁波、绍兴、衢州、金华、临海、嘉兴、湖州、温州9座国家历史文化名城。此外，还有20个中国历史文化名镇，28个中国历史文化名村。名镇、名村总数全国第一。

在国务院公布的四批国家级非物质文化遗产名录中，浙江每一批入选数量均居全国第一，现总入选数已达217项。杭州西湖、京杭大运河浙江段和浙东运河入选世界文化遗产，江郎山入选世界自然遗产。有杭州、宁波、绍兴、金华、临安、诸暨、建德、温州等27座中国优秀旅游城市。此外，浙江全省有重要地貌景观800多处、水域景观200多处、生物景观100多处、人文景观100多处，还有可供旅游开发的主要海岛景区（点）450余处。

浙江是吴越文化的重要发祥地，有着十分丰富和特色鲜明的传统文化。悠久的历史和灿烂的文化，使浙江赢得了“丝绸之府”“鱼米之乡”“文化之邦”的美誉。特色文化资源有平湖秋月、南宗孔庙、东钱湖石刻群、仙都摩崖题记等。

五、历史沿革

浙江是中国古代文明的发祥地之一，100万年前境内已出现人类活动，已发现新石器时代遗址百余处，最著名的有良渚文化、河姆渡文化、马家浜文化、跨湖桥文化、上山文化等。近来在良渚遗址又发现了5 000年前中国最大古城。

春秋时浙江分属吴、越两国，战国时属楚；秦时分属会稽郡、鄣郡、闽中郡；汉时属扬州刺史部；三国时入东吴版图，仍属扬州；唐朝时先属江南道，后属江南东道，“浙江”作为行政区名称自此始；北宋时属两浙路；南宋建都临安（即今杭州），分置两浙西路和两浙东路；元代时属江浙行中书省；明初置浙江行中书省，简称浙江省，省名自此出现，后改为浙江承宣布政使司；清康熙初年改为浙江省，沿袭至今。

六、文化艺术

（一）文学

浙江文学是我国文学的重要部分。封建社会时期代表人物有谢灵运、陆游、陈亮、吴文英、赵孟頫、杨维桢、洪昇、龚自珍、王国维等。民国后，主要代表人物有鲁迅、郁达夫、茅盾、徐志摩、艾青、许钦文、王旭峰和麦家等。代表作品有清初洪昇戏剧瑰宝《长生殿》。开现代小说之先河的是1918年5月鲁迅在《新青年》上发表的《狂人日记》，其白话小说集有《呐喊》《彷徨》。我国文学史上的第一本白话短篇小说是郁达夫的《沉沦》。我国著名的长篇小说作家茅盾，其作品《霜叶红于二月花》《子夜》《腐蚀》等均为有影响力作品。新中国成立以后，浙江在文学创作上取得了很大的成就，小说先后获得茅盾文学奖的有王旭烽和麦加。

（二）民间音乐与曲艺

1. 越剧

越剧是中国的第二大剧种，在国外被称为“中国歌剧”，是中国五大戏曲剧种之一。越剧长于抒情，以唱为主，声音优雅含蓄，表演感人真切，唯美典雅，极具江南灵秀之气，主要以“才子佳人”为主题，代表剧目有《梁山伯与祝英台》《红楼梦》《西厢记》等。

2. 绍剧

绍剧又名“绍兴乱弹”“绍兴大班”，流行于浙江绍兴、宁波、杭州地区及上海一带。绍剧是浙江三大剧种之一，已有300多年历史，拥有400多个剧目。绍剧以高亢激越的唱腔、粗犷朴实的音乐、豪放洒脱的表演和文武兼备等特点形成了自己独特的艺术风格，特别是悟空戏独树一帜，达到了较高的艺术水平。

七、民族与宗教

（一）民族

浙江省是少数民族散杂居省份，少数民族人口总量不多，但民族成分较多。据第五次人口普查统计，全省少数民族达53个，人口总数达39.97万人，人口数在万人以上的少数民族有7个，分别是畲族、土家族、苗族、布依族、回族、壮族、侗族。世居浙江省的少数民族是畲族、回族和满族等，其他少数民族大多是新中国成立后，特别是改革开放以来因工作、经商或婚嫁而落户浙江。

浙江省少数民族以畲族人口为多数，农村人口为主体，具有大分散和小聚居结合的特点，设有全国唯一的畲族自治区域——景宁畲族自治县，并设有18个畲族乡（镇）。

（二）宗教

浙江省有佛教、道教、伊斯兰教、天主教、基督教五种宗教。佛教、道教传入浙江有1 800多年的历史，伊斯兰教传入浙江有1 400余年历史，天主教传入浙江有400余年历史，基督教传入浙江有150余年历史。佛教有全国重点寺院13座，普陀山是佛教四大名山之一，天台山国清讲寺被日本、韩国佛教奉为天台宗祖庭，宁波天童寺被日本佛教尊为曹洞宗祖庭。道教“十大洞天福地”中浙江占了3个。杭州凤凰寺为我国东南沿海伊斯兰教四大古寺之一。

浙江全省共有可统计宗教信徒140多万人，宗教教职人员1.5万余人，宗教活动场所8 000多处，省市县三级宗教团体260多个，宗教院校2所，培训中心32处。

八、美食与风物特产

（一）美食

浙菜又叫浙江菜，是我国八大菜系之一。浙菜历史悠久，从考古记录来看，浙江地区烹饪已经有几千年的历史，经过千百年的发展，浙菜终于形成了自己独特的风格特点。

首先浙菜讲究选材。选材时，浙菜根据时令选择所需食材，所用海鲜、果蔬、家禽、畜类，都以时令为上。其次，浙菜有自身独特的烹饪方法，注重因材施技，材料的配合。再次，浙菜注重食材的本味，在烹饪时追求保持食材的本来味道。最后，浙菜在制作上也注重彩色、装盘、配菜的细腻。

浙菜的代表菜很多，足有千种，比较知名的如“西湖醋鱼”“东坡肉”“干菜焖肉”“蛤蜊黄鱼羹”“叫化童鸡”“香酥焖肉”“蜜汁灌藕”等。

（二）风物特产

浙江省地处我国东南沿海，气候温和湿润，物产丰富。其中以茶、酒、果蔬、水产品最为有名。

1. 西湖龙井

西湖龙井茶产于杭州西湖的龙井茶区，是中国十大名茶之一。茶有“四绝”：色绿、香郁、味甘、形美。清明节前采制的龙井茶简称明前龙井，又叫女儿红，有诗句“院外风荷西子笑，明前龙井女儿红”。

2. 绍兴黄酒

清朝时，绍兴黄酒就被评为全国十大名产之一。绍兴黄酒有着诱人的芳香，随着时间的久远而更为浓烈，所以绍兴酒又称老酒。

3. 塘栖枇杷

塘栖盛产枇杷，在唐代就已成贡品。枇杷肉厚果大、味甜汁多，含有丰富的维生素等有益成分。

4. 太湖银鱼

银鱼是太湖的特产，体态细长，柔嫩透明，色泽似银，是一种低脂肪、高蛋白食品。

除此之外，浙江还有杭州丝绸、昌化鸡血石、龙泉青瓷、长兴紫砂壶、湖州羽毛扇等风物特产。

九、民俗风情

浙江省民族成分以汉族为主，因此其民俗风情多体现了汉民族习俗。少数民族里，畲族民俗最有代表性。

1. 婚俗

浙江省婚姻习俗延续了古代汉民族婚礼习俗，大约有说媒、订婚、行聘、发奁、迎娶、三朝回门六个步骤。在浙江请媒婆说媒被叫作穿婚；订婚是结婚前的一种仪式，古称缔姻、传红。订婚后，男家要行聘，古称“纳征”，现称“聘礼”“彩礼”，同时女方要有答礼，称为“回盘”；结婚日期确定前要发奁，俗称“发嫁妆”；迎娶即是婚礼的正日，民间称“拜堂”；三朝回门即新亲上门，婚后三天，新郎与新娘一同回娘家，俗称回门。

2. 九华立春祭

“九华立春祭”是衢州的传统民俗活动。每年立春日，当地人都会举行仪式祭祀春神句芒。这时候青年男女头戴鲜花，进行包括贴春牛图、扮芒神、迎春、踏春、采春等仪式，并有戏曲和各种娱乐活动。

3. 嘉兴端午民俗

嘉兴民间端午节一直以来较为隆重，有各种各样的习俗活动。比如祭祀伍子胥、赛龙舟、摇快船，此外，还有民间裹粽子习俗，以及各种饮食习俗。

4. 二月二灯会

“二月二灯会”是台州市宁溪镇一带群众的民间传统节日，始于南宋，已有800多年的历史。宁溪的“二月二灯会”活动形式比较独特，活动内容十分丰富，既有一个规模盛大的民间庙会、灯会，又有民间歌舞、民间戏曲、民间杂耍等各种民间艺术活动。

5. 畲族祭祀仪式

畲族民众创造并继承着一系列传统祭祀仪式，诸如“祭祖图”“做功德”“传师学师”等民俗活动。畲民自称“山哈”，祭祖图通常在宗祠举行，届时悬挂“祖图”供瞻仰，人们演唱祭祀歌，纪念畲族始祖“龙麒”。民歌作品《高皇歌》是一部反映畲族祖先英雄事迹的民族史诗。做功德是畲族成年人死后，家属为“超度亡灵”而举行的传统祭祀仪式。传师学师又称“做阳”“做聚头”“寿禄”等，由法师主持仪式，持续三昼夜，表达了畲族人崇敬祖先的感情和紧密团结、祈福消灾的愿望，是畲族民众人生仪礼的重要组成部分。

第四节　山东省基本概况

一、行政区划与人口

（一）行政区划

山东因居太行山以东而得名，简称“鲁”，省会是济南市。

截止到2016年，山东省辖济南、青岛、淄博、枣庄、东营、烟台、潍坊、济宁、泰安、威海、日照、莱芜、临沂、德州、聊城、滨州、菏泽17个地级市，县级单位137个。其中，济南市、青岛市为副省级城市。

（二）人口

截止到2017年末，山东省常住人口10005.83万人。

二、地理条件与气候特征

（一）地理条件

1. 地理位置

山东省近海域面积17万平方千米。东西最宽700多千米，南北最长420多千米，土地总面积为15.79万平方千米，约占全国土地总面积的1.6%，居全国各省、直辖市、自治区的第19位。

山东省地处黄河下游，东临海洋，西接大陆。北隔渤海海峡与辽东半岛遥相对应，东与朝鲜半岛、日本列岛隔海相望。西部为山东内陆，其北、西、南三侧分别与冀、豫、皖、苏四省接壤。

2. 地势地貌

山东地势总体表现为中部高、四周低，西南、西北低洼平坦，东部缓丘起伏，形成以山地丘陵为骨架、平原盆地交错环列其间的地形大势。泰山雄踞中部，主峰玉皇顶海拔1 545米，为全省最高点。黄河三角洲一般海拔2～10米，为全省陆地最低处。

境内主要山脉集中分布在鲁中南山区和胶东丘陵区，主要有泰山、崂山、蒙山、沂山、徂徕山、鲁山等。

3. 水系

山东水系比较发达，分属于淮河流域、黄河流域、海河流域、小清河流域和胶东水系，较重要的有黄河、徒骇河、马颊河、沂河、沭河、大汶河、小清河、胶莱河、潍河等。黄河水是山东主要可以利用的客水资源，长江水是南水北调东线工程建成后山东省可以利用的另一主要客水资源。

山东省湖泊集中分布在鲁中南山丘区与鲁西南平原之间的鲁西湖带。以济宁为中心，分为两大湖群，以南为南四湖，以北为北五湖。南四湖包括微山湖、昭阳湖、独山湖、南阳湖，四湖相连。北五湖自北而南为东平湖、马踏湖、南旺湖、蜀山湖、马场湖。

（二）气候特征

1. 特点

山东省气候属暖温带季风气候类型，降水集中，雨热同季，春秋短暂，冬夏较长。冬季寒冷干燥，盛行偏北风；夏季炎热多雨，盛行偏南风；春季天气多变，干旱少雨多风；秋季天气晴爽，冷暖适中。

2. 降水

山东省各地多年平均降水量在550～950毫米，分布规律是由东南沿海向西北内陆逐渐递减。降水季节分布很不均衡，全年降水量有60%～70%集中于夏季，易形成涝灾，冬、春及晚秋易发生旱象，对农业生产影响最大。

3. 气温

山东省年平均气温11～14℃，总的趋势是南部高于北部，西部高于东部，内陆高于沿海，平原高于山地。等温线基本按纬向分布。

三、交通与自然资源

（一）交通

山东地处我国东部南北交通要道，京沪、京九铁路和京杭大运河纵贯西部内陆，将京、津、冀、鲁、皖、苏、沪、浙诸省市紧密地连接起来。胶济、菏兖与兖石铁路横贯东西，兰烟铁路穿行于半岛中部，密切了沿海与内地的联系。建设26处沿海港口以及10处机场，其中济南、烟台、威海、青岛为国际空港。

山东省拥有5 028.92千米的铁路营运里程，动车组列车从济南到北京仅需1.5小时，从济南到青岛仅需2.5小时。拥有1 117千米的内河航运里程，5 348千米的高速公路通车里程。

（二）自然资源

1. 矿产资源

山东省矿产资源丰富，现已发现147种矿产资源，查明资源储量的有85种，其中包括能源矿产7种、非金属矿产50种、水气矿产3种。资源储量在全国占有重要的地位，列全国前五位的有44种，列全国前十位的有75种，以非金属矿产居多。其中，列全国第一位的矿产资源有金、铪、自然硫、石膏等9种；列全国第二位的有菱镁矿、金刚石、石榴子石、玉石、透辉石、建筑用辉石岩等10种；列第三位的有钛、锆、片云母等12种。

2. 海洋资源

山东半岛三面环海，大陆海岸线北自无棣县的大口河河口，南至日照市的绣针河口，全长3 345千米，占全国大陆海岸线的1/6。海洋资源得天独厚，近海海域占渤海和黄海总面积的37%，滩涂面积占全国的15%。

近海栖息和洄游的鱼虾类达260多种，经济价值较高的鱼类28种。其中对虾、扇贝、鲍鱼、刺参、海胆等海珍品的产量均居全国首位。藻类131种，经济价值较高的近50种，其中，海带、裙带菜、石花菜为重要的养殖品种。

山东是全国四大海盐产地之一，丰富的地下卤水资源为山东盐业、盐化工业的发展提供了得天独厚的条件。

3. 生物资源

山东生物资源种类多、数量大。境内有各种植物3 100余种，其中野生经济植物645种。树木以北温带针、阔叶树种为主；各种果树90种，被称为“北方落叶果树的王国”。中药材800多种，其中植物类700多种。山东是全国粮食作物和经济作物重点产区，素有“粮棉油之库，水果水产之乡”之称。小麦、玉米、地瓜、大豆、谷子、高粱、棉花、花生、烤烟、麻类产量都很大，在全国占有重要地位。

陆栖野生脊椎动物500种，昆虫种类繁多，居全国同类物种之首。在山东境内的动物中，属国家一、二类保护的珍稀动物有71种，其中国家一类保护动物有16种。

四、旅游资源

山东是旅游资源大省，世界级遗产4处。孔子故里曲阜“孔府、孔庙、孔林”被联合国教科文组织列为世界文化遗产。孔庙以“建筑时间最久远、保存最完整”被誉为“天下第一庙”。孔府作为中国封建社会中延续时间最长、最具东方建筑风格的官衙与内宅二合一贵族庄园，号称“天下第一家”。孔林是世界上规模最大、延时最久、墓葬最多、保存最完整的家族古墓群。泰山，有数千年精神文化的渗透渲染和人文景观的烘托，被誉为中华民族精神文化的缩影（中华之魂）；1987年12月，被联合国教科文组织公布为世界自然与文化遗产。齐长城是春秋战国时期各国所筑长城中现遗迹保存最多的一处，凝聚着2 500年前我国劳动人民的勤劳与智慧，体现了春秋五霸和战国七雄的强盛雄风；1987年被联合国教科文组织列入世界文化遗产名录。京杭大运河山东段是关系着鲁南地区百姓生活和经济命脉的黄金水道，是链接苏、浙、沪等发达省市的重要通道，被誉为“山东的莱茵河”，凝聚了沿河政府和山东港航人的心血。2014年被列入世界文化遗产名录。

山东有泰山风景名胜区、崂山风景名胜区、胶东半岛海滨风景名胜区、博山风景名胜区、青州风景名胜区、千佛山风景名胜区6处国家级风景名胜区，济南、曲阜、青岛、聊城、邹城、临淄、泰安、蓬莱、烟台、青州10处国家历史文化名城，国家5A级旅游景区11家，国家级自然保护区7处，国家地质公园13处，凤凰岛旅游度假区和海阳旅游度假区2处国家级旅游度假区。

“泉城”济南有趵突泉、大明湖、黑虎泉等旅游景点，“家家泉水，户户杨柳”“四面荷花三面柳，一城山色半城湖”是济南的最好写照。青岛旧称“胶澳”，是国务院批复确定的国家沿海重要的中心城市和滨海度假旅游城市，国际性港口城市；与“人间仙境”烟台、“最适合人类居住的范例城市”威海、滨海城市日照构成中国东部唯一的黄金滨海城市群。

“天下第一泉”风景区位于济南市市中心，位置优越、交通便利，由“一河、一湖、三泉、四园”组成，是集独特的自然山水景观和深厚的历史文化底蕴于一体的精品旅游景区，为国家5A级景区。刘公岛素有“海上仙山”和“世外桃源”的美誉，是全国唯一的“海上国家森林公园”，是国家5A级旅游景区和全国著名爱国主义教育基地。台儿庄运河国家湿地公园是我国第一个以运河湿地为主的湿地公园，以湿地资源保护、修复为前提，以运河湿地生态系统和历史文化为主要景观资源。

五、历史沿革

“沂源人”是目前发现的最早的山东人。早在远古时期，山东地区就先后出现了“后李文化—北辛文化—大汶口文化—龙山文化—岳石文化”这一完整的文化系列。

齐、鲁建国以后，分别以临淄和曲阜为中心，形成了对古代中国具有深远影响的地域文化——齐鲁文化。以孔子、孟子等人为代表的儒家思想，在西汉时期被改造为国家的统治思想，使儒家思想成为两千多年来中国传统文化的主干和核心。

当今山东省行政区域范围大致确立于明代，现代山东大部分县名也多沿袭自明代。清代的山东基本沿袭明代山东的版图。

1862年，清政府在烟台设立“东海关”，是近代山东第一个对外开放口岸。1895年，在甲午战争中，日军攻占威海，北洋海军全军覆没。1897年11月，德国以“巨野教案”为借口派兵强占青岛。1914年，日军从德国手中夺取青岛。1930年10月1日，中国收回威海卫租界。1949年6月2日，解放军进驻青岛，山东全境解放。

新中国成立后，山东省的行政区划也多次发生变动。1952年，山东省境域基本稳定下来，沿用至今。

六、文化艺术

（一）历史文化名人

山东历史文化久远，名人辈出。至圣孔子、科圣墨子、亚圣孟子、医圣扁鹊、书圣王羲之、工圣鲁班、智圣诸葛亮、农圣贾思勰、世界短篇小说之王蒲松龄、著名军事家孙武等都出生在山东。代表作品有诸葛亮《出师表》，王羲之的《兰亭序》被誉为“天下第一行书”、蒲松龄因《聊斋志异》荣获“世界短篇小说之王”。

（二）民间乐舞曲艺

1. 戏曲

山东现今尚有地方戏曲剧种20余种。吕剧是主要地方剧种，由民间说唱艺术“坐唱扬琴”演变而来，唱腔属板式变化体，古装剧目有《小姑贤》《王定保借当》《姊妹易嫁》等，现代戏《李二嫂改嫁》《亲事》等脍炙人口，流传广泛。元代钟嗣成的《录鬼簿》和明初贾仲明《录鬼簿续篇》中记载的山东籍戏曲作家28人，能歌擅唱者4人。明清时期是戏曲的蓬勃发展时期，其中成就比较突出的是孔尚任的《桃花扇》和李开先的《宝剑记》。

柳子戏、山东梆子、五音戏、茂腔、柳腔、四平调等是山东有影响的地方戏曲。

2. 曲艺

山东曲艺遗产丰富，品种繁多，民间说唱艺术有“书山曲海”之誉，是全国民间说唱艺术发达的省份之一。有讲说体的山东评书，韵诵体的山东快书、数来宝等，单曲体的临清时调、营歌柳书、四平调等，板腔体的山东大鼓、东路大鼓、山东花鼓等，还有外地流传来的相声、快板书、西河大鼓、河南坠子等。

3. 民间音乐和舞蹈

山东民歌主要有号子、秧歌、小调、大型套曲、风俗歌曲、儿歌等不同体裁。流传在各地不同风格的小调约占民歌的80%，如《沂蒙山小调》等。山东民间器乐有山东鼓吹乐、山东古筝、诸城古琴、大擂、挫琴、柳琴、琵琶、三弦等。

山东的民间舞蹈有200多种，秧歌占30余种，其中鼓子秧歌、胶州秧歌和海阳秧歌并称为“山东三大秧歌”，在汉族民间舞蹈中占有重要地位。

七、民族与宗教

（一）民族

山东省属于少数民族杂居、散居省份。全省56个民族齐全，有55个少数民族成分，少数民族人口72.59万人（截至2010年11月1日），占全省总人口的0.76%。其中，回族人口达到53.57万人，占少数民族总人口的73.8%；朝鲜族、满族、蒙古族等8个少数民族人口超过5 000人。济南、青岛、济宁、德州、泰安、菏泽、聊城少数民族人口超过5万人。

（二）宗教

山东省主要有佛教、道教、伊斯兰教、天主教和基督教（新教）五种宗教。佛教和道教在山东有上千年历史，伊斯兰教主要自13世纪随回族穆斯林徙居山东后发展的。天主教和基督教主要是在鸦片战争后迅速传播起来的。

全省宗教活动场所4 961处，宗教教职人员6 599人。爱国宗教团体7个：山东省佛教协会、山东省伊斯兰教协会、山东省道教协会、山东省天主教爱国会、天主教教务委员会、山东省基督教三自爱运动委员会和基督教协会。

八、美食与风物特产

（一）美食

1. 鲁菜

鲁菜依附黄河流域的中原文化，表露出敦厚质朴、堂堂正正、庄重大方的文化色彩。“满汉全席”中的“汉席”主要就是山东菜。

鲁菜讲究调味纯正，口味偏于鲜咸，具有鲜、嫩、香脆的特色，主要特点有用料广泛、刀工精细，精于制汤、注重用汤，技法全面、讲究火候，咸鲜为主、善用葱香，丰满实惠、雅俗皆宜。代表菜有“葱爆海参”“糖醋黄河鲤鱼”“九转大肠”等。

2. 日常饮食

一日三餐，正餐之间的间食叫垫补、搬嘴、搬零食、零食、零嘴。现在人们日常的主食是米饭、馒头及各种花样的米、面食物。

山东物产丰富，民间主要以当地物产为副食，主要有鱼、肉、蛋、油、蔬菜、瓜果、调味品等。

3. 风味特产

山东的风味特产丰富，种类繁多，多与独特的地理条件和气候条件有关，如章丘大葱、烟台苹果、东阿阿胶、德州扒鸡、苍山大蒜、潍坊萝卜、乐陵金丝小枣、平阴玫瑰、鱼台大米、荣成大花生、马家沟芹菜等。有些特产还有独特的文化背景，如莱阳梨，其为清朝贡品，泰山“三美”，即白菜、豆腐、水；菏泽面塑，其为一种传统的造型艺术，迄今为止已有百年的历史。

（二）风物特产

1. 年画

山东有画乡之誉，山东的年画由门神发展而来，以聊城东昌木版年画、杨家埠木版年画、高密扑灰年画、临朐年画为代表，题材以神佛类作品居多，反映农村生活的作品具有浓郁的乡土气息。色彩运用夸张、大胆和浓烈，线条狂放、不拘小节，很有农民画的特殊风味。

2. 剪纸

剪纸是山东民间最普遍的艺术形式之一，比较有名的有高密剪纸、莱州剪纸、茌平剪纸、德州剪纸、夏津剪纸、沂水剪纸、蓬莱剪纸。按照用途大约可以分为窗花、墙花、顶棚花、门花等，有粗犷豪放型和精巧型两类。民间剪纸大多是家庭妇女用剪子剪成，艺术风格因地而异，各有鲜明的地方特色。

此外，还有淄博美术陶瓷，早在汉代就已能制作出粟黄、茶黄、翠绿、淡绿四种色彩的美术釉陶，潍坊国际风筝等一系列风物特产。

九、民俗风情

1. 酒席宴请

山东受儒家文化影响，非常重视宾主、长幼之分，在酒桌上也是如此。第一杯酒是每位到场的人必喝的，两杯酒过后，大家可以自由活动。必定要有整条的大鱼，寓意“年年有余”。酒席时间一般为2～3小时。

2. 传统庙会

山东传统的庙会主要有济南千佛山庙会、济南药王庙会、泰山东岳庙会、胡集书会、曲阜林门会、青岛海云庵糖球会等。

（1）济南千佛山庙会

千佛山庙会始于元代，每年农历九月九日，人们要到千佛山赏菊。站在“赏菊岩”上观赏菊花，成为人们登山的一大乐事。除赏菊外，还有吃菊花的习俗：做成菊花火锅和菊花浸泡的美酒。

（2）泰山东岳庙会

泰山东岳庙会是泰山文化的重要组成部分。早期的泰山崇拜演化成帝王的封禅与祭祀，形成了一个遍布中国华北、华东、华中地区的东岳庙会群，成为中国庙会文化的源头之一。

3. 节日习俗

荡秋千　这是中国古代清明节习俗，目前山东多地依旧流传着该习俗。济南人过端午节，主要有画门符，人们将“五毒”即蝎子、蜈蚣、毒蛇、蛤蟆、壁虎这些形象的剪纸做成门符，还有插艾枝、饮雄黄、包粽子、系五色丝线等。

第五节　安徽省基本概况

一、行政区划与人口

（一）行政区划

安徽省，简称“皖”，省会是合肥市。

安徽是我国东部的内陆省份，现辖合肥、芜湖、蚌埠、淮南、马鞍山、淮北、铜陵、安庆、黄山、阜阳、宿州、滁州、六安、宣城、池州、亳州16个地级市、62个县（市）、43个县级区和1 522个乡镇、街道办事处。

（二）人口

截止到2017年末，安徽省常住人口6254.8万人。

二、地理条件与气候特征

（一）地理条件

1. 地理位置

安徽位于华东腹地，跨长江、淮河中下游、新安江三大流域，世称江淮大地。东连江苏、浙江，西接湖北、河南，南邻江西，北邻山东，土地面积13.94万平方千米，占全国的1.45%，居全国第22位。

2. 地势地貌

安徽省地势西南高、东北低，地貌南北迥异，复杂多样。长江、淮河横贯省境，将全省划分为皖南山区、江淮丘陵和淮北平原三大自然区域。淮河北岸，地势辽阔平坦，是华北平原的一部分；江淮之间丘陵绵延，多山地岗丘；长江两岸地势低平，河湖交错，沃野千里，属于长江中下游平原；皖南山区峰峦叠嶂，以山地丘陵为主。全省境内主要山脉有天柱山、九华山、大别山、黄山，最高峰黄山莲花峰海拔1 860米。

3. 水系

安徽全省共有2 000多条河流，110多个湖泊，著名的有长江、淮河、新安江和全国五大淡水湖之一的巢湖。全省境内河流众多，河网交错密布。流域面积在100平方千米以上的河流达300多条，总长度约1.5万千米。自南向北依次是钱塘江、长江、淮河三大水系。淮河干流和长江干流横穿全省，钱塘江发源于安徽南部山区。

（二）气候特征

1. 特点

安徽省在气候上属暖温带与亚热带的过渡地区。在淮河以北属暖温带半湿润季风气候，淮河以南属亚热湿润季风气候。其主要特点是季风明显，四季分明，春暖多变，夏雨集中，秋高气爽，冬季寒冷。安徽地处中纬度地带，随季风的递转，降水发生明显季节变化，是季风气候明显的区域之一。

2. 气温

安徽省全年无霜期200～250天，10℃活动积温在4 600～5 300℃。年平均气温为14～17℃，1月平均气温-1～4℃，7月平均气温28～29℃。

3. 降水

安徽省全年平均降水量在773～1 670毫米之间，有南多北少，山区多、平原丘陵少的特点，夏季降水丰沛，占年降水量的40%～60%。

三、交通与自然资源

（一）交通

安徽省在国家交通运输网络中，具有承东接西、连南接北、居中靠东、临江近海及处于长三角腹地等区位特征，凸显其重要地位和作用。

武汉—合肥—南京铁路客运专线、京沪高速铁路的建成极大地缩短了各地行程时间。同时，安徽省已经基本建成了高速公路网络。依托长江、淮河，安徽水路运输条件得天独厚，港口众多，目前已经拥有合肥港、安庆港、阜阳港、宿州港等16个优良港口。安徽现有合肥、黄山、阜阳、池州4个民用运输机场，安庆1个军民合用机场，9个民用机场，其中黄山屯溪、阜阳西关、合肥新桥为国际机场。

2015全年，安徽省新增高速公路496千米、一级公路543千米、铁路营业里程583.9千米。全省高速公路达4 246千米、一级公路达3 166千米、铁路营业里程达4 062.1千米。

（二）自然资源

1. 矿产资源

安徽资源条件优越，全省已发现的矿种有128种，查明资源储量的矿种有124种。其中，能源矿种6种，金属矿种22种，非金属矿种94种，水气矿种2种。安徽煤、铁、铜、硫铁矿等矿产资源储量在全国名列前茅。

2. 水文资源

安徽全省水资源总量约680亿立方米，主要河流分属淮河、长江、钱塘江三大水系，其中淮河水系6.69万平方千米，长江水系6.6万平方千米，钱塘江水系6 500平方千米。

3. 生物资源

安徽全省生物资源丰富、种类众多，有高等植物4 245种，占全国种数的14.2%。其中，国家一级保护植物有6种，二级保护植物有25种。脊椎动物有44目121科742种，占全国的14.1%，其中，国家一级保护的野生动物有21种、二级保护动物有70种，世界特有的野生动物扬子鳄和白鳍豚就产在安徽中部的长江流域。

4. 土地资源

安徽全省耕地422万公顷，林地329万公顷，水面105万公顷。长江、淮河分别流经安徽416千米和430千米，平原、丘陵、山地各占三分之一。

四、旅游资源

安徽省旅游资源丰富，是中国旅游资源最丰富的省份之一。黄山、西递和宏村古民居群等被联合国教科文组织列入世界文化遗产名录。

安徽拥有黄山、九华山、天柱山、琅琊山、齐云山、采石矶、巢湖、花山谜窟、太极洞和花亭湖10处国家级重点风景名胜区，拥有歙县、寿县、亳州、安庆和绩溪5座国家级历史文化名城，有安徽鹞落坪国家级自然保护区、安徽扬子鳄国家级自然保护区、安徽金寨天马国家级自然保护区、安徽升金湖国家级自然保护区等6个国家级自然保护区。拥有国家级5A级旅游景区11家。拥有国家地质公园13个。10处国家级重点风景名胜区。5座国家级历史文化名城。国家级森林公园29个。国家重点文物保护单位56处。

此外，安徽还有安徽天柱山国家森林公园、安徽九华山国家森林公园、安徽徽州国家森林公园、安徽太湖山国家森林公园、安徽浮山国家森林公园、安徽齐云山国家森林公园等31个国家级森林公园。安徽省特色文化资源丰富，主要有琅琊山、花山谜窟、醉翁亭、明中都城等。

五、历史沿革

安徽是中国史前文明的重要发源地之一，约250万年前就有人类活动。安徽省境内有旧石器时代的“和县猿人”遗址、新石器时代的双墩遗址，都是江淮地区人类早期文明的证据。夏商两代，安徽属于不同的诸侯国或地方部落；西周时期，如今天柱山附近是皖国封地；春秋时期，安徽分属于楚国、宋国等地；战国末期安徽全境被楚国占领，楚国曾于安徽设都；秦朝时期设置了五郡，分别是九江、泗水、衡山、颍州等地，东汉属于扬州、豫州、徐州等地；唐时安徽被划分为道，依次是江南、淮南、河南等；元代以行省划分，安徽先后属于河南行省、江浙行省和江淮行省；明代安徽分属于徽州府、庐州府等地；进入清代，清政府设立安徽省。1949年，安徽全境解放。1952年安徽省人民政府成立，设合肥市为省会。

六、文化艺术

（一）文化与名人

安徽文化源远流长，是道教文化、建安文学、北宋理学、徽文化的发源地。涌现出老子、管子、庄子等一批著名人物。同时也是一个现代文化名人的产生，代表人物有陈独秀、胡适、陶行知、朱光潜、吴作文等。晚清时期的人物主要有詹天佑、丁汝昌、李鸿章等。除此之外，安徽的商帮文化也非常发达。

（二）民间乐舞曲艺

1. 凤阳花鼓与黄梅戏

安徽现今约有9种地方戏曲，其中比较有名的是凤阳花鼓和黄梅戏。凤阳花鼓早期演唱的曲目多为“时调”，主要有《凤阳歌》《鲜花调》《王三姐赶集》《秧歌调》等，每一首都曾被广泛传唱。随着历史的发展，凤阳花鼓的鼓、鼓条乃至击鼓方法都在不断变革。黄梅戏的代表剧目有《打猪草》《闹花灯》《天仙配》等。

2. 徽剧

徽剧是我国古老的地方剧种之一。乾隆时期，随着“四喜”“春台”“和春”等徽班进京，徽剧广泛流传，影响了全国。徽剧的唱腔多姿多彩，既有高雅的高腔、昆腔，优美的昆弋腔，活泼的吹腔，潇洒的四平，又有悲怆、激越的拔子，节奏明快的西皮、二黄，富有乡土气息的花腔小调。富有徽剧特色的剧目有《水淹七军》《义虎报》《齐王点马》《巧姻缘》《借靴》《醉打三门》等。

3. 傩戏

傩戏，又称傩堂戏、端公戏，是在民间祭祀仪式基础上吸取民间戏曲而形成的一种戏曲形式，目的是为了请神敬祖、驱邪纳福，表演者均要佩戴面具。傩戏在皖南地区较为常见，如贵池、徽州等地。其演出剧目有两类：一类是以舞蹈为主，以“悦神”为目的的傩舞与吉祥词；另一类是有唱、有白、有故事情节的正戏。

除此之外，安徽还有目连戏、泗州戏、淮剧、庐剧等戏曲。

七、民族与宗教

（一）民族

安徽省属少数民族散居省份。据第六次全国人口普查统计，安徽省55个少数民族俱全，现有少数民族常住人口39.56万人。回族、满族、畲族为安徽省世居少数民族，其中回族人口最多，约占全省少数民族总人口83%，居全国第九位。少数民族在安徽呈“大分散、小聚居”状分布，沿淮淮北多且相对集中，沿江江南少而分散。安徽省现有9个民族乡、1个民族农场、1个民族街道、136个少数民族聚居村、122所民族中小学。

（二）宗教

安徽省有着丰富的宗教文化资源，佛教、道教、基督教、天主教、伊斯兰教均在安徽省传播。

佛教约在东汉后期传入安徽境内。目前，安徽全省现有信教人数近百万人，备案僧尼有1 712人，寺庙1 274座。

安徽道教历史源远流长，三国时期，已有道教宫观出现。目前，安徽省有批准开放宫观56座，道教信教人数约8万人，经认定道教教职人员454人。

宋、元两代，伊斯兰教就已经在安徽传播开来。

元朝时，天主教开始传入安徽。截至2015年底，安徽全省有天主教教职人员57人，信教群众约40 600人。

基督教于清末传入安徽。新中国成立后，安徽全省基督教徒积极开展“自治、自养、自传”的“三自”爱国运动。随着宗教信仰自由政策的贯彻落实，正常的宗教活动得到恢复。

八、美食与风物特产

（一）美食

1. 徽菜

安徽美食以徽菜最为知名。徽菜为全国八大菜系之一，起源于歙县，绩溪的徽帮厨师将它发扬光大。据《歙县志》记载，宋代以来，徽菜在徽州府（今歙县）已成雏形。南宋以来，随着徽商势力的崛起和向外拓展，徽菜日渐名声远扬；明清两代，长江中下游的城镇大都设有徽菜馆。徽州人把徽菜作为一种经营，大规模有组织地向外输出。

徽菜素以重油、重色、重火功，色香味形俱全而盛行于世，在烹调方法上擅长烧、炖、蒸。烧菜讲究软糯可口，味美隽永；炖菜讲究汤醇味鲜，熟透酥嫩；蒸菜着重原汁原味，爽口宜人。

徽菜代表菜有李鸿章大杂烩、椒汁石巴鱼翅、甲鱼烧石鸡、山药炖鸽、歙味笋丝、清蒸石鸡等。

2. 名吃与风味特产

安徽由于地域不同，名吃种类也多样。比如麻饼、烘糕、寸金、白切统称为合肥“四大名点”，已有200多年的历史。此外胡玉美蚕豆辣酱、无为熏鸭、琅琊酥糖都是很有名的小吃。

（二）风物特产

安徽省风物特产丰富，以茶、酒最为知名。其中，名茶有六安瓜片、祁门红茶、黄山毛峰等，名酒有口子酒、古井贡酒、萧县葡萄酒等。除此之外，安徽还有砀山酥梨、怀远石榴等知名水果。徽墨、宣纸、青阳折扇、徽州漆器、芜湖铁画也是知名的风物产品。

1. 六安瓜片

六安瓜片历史悠久。据《六安州志》记载："茶之极品，明朝始入贡"。六安瓜片是一种烘青片状绿茶，茶叶形态平展、柔软，大小匀整，是唯一无芽无梗的茶叶。

2. 黄山毛峰

黄山毛峰是中国十大名茶之一。黄山毛峰形似雀舌，色泽似象牙，冲泡之后，清香悠远。

3. 口子酒

口子酒是我国兼香型白酒中的典型，口感醇甜且蕴含窖底香。

4. 徽墨

徽墨因产于徽州得名，享有"落纸加深，万载存真"之誉。徽墨色泽黑润，入纸不晕，历久不褪色，为书画家推崇。

5. 砀山酥梨

砀山酥梨是我国知名水果产品，有果实硕大、黄亮圆润、皮薄肉多、多汁核小、甘甜酥脆等特点，驰名海内外。

九、民俗风情

安徽省的民族以汉族为主，有着丰富的汉族民俗风情。比如各种汉族传统庙会、传统节日、婚嫁习俗，以及各种徽派习俗。

1. 婚俗

安徽婚嫁一般有九道程序：说媒、行聘、请期、搬行嫁、开脸、迎亲、拜堂、闹洞房、回门。说媒者一般为年长女性，称"媒婆"。行聘俗称"送担"，女方接礼后当天回礼，婚事即定。迎亲当天，由姑妈或舅妈用两根丝线把新娘额头的汗毛绞去，谓之"开脸"，亦称"拉面"。接着便是迎亲、拜堂、闹洞房。婚后第三天，新郎陪同新娘回拜父母，谓之"回门"。此为"明媒正娶"。

2. 九华山庙会

自唐代以来，每年农历七月三十日（地藏菩萨吉诞日）前后，佛教徒和当地工商界都联合在九华山举办盛大纪念活动，远近朝山拜佛者和游人纷至。

从1983年庙会制度恢复，至1989年共举办7届。1989年庙会为期1个月，举办各种活动12项。大型的佛事活动有百岁宫金堂佛像和无瑕真身开光仪式、水陆法会、纪念金地藏（金乔觉）诞辰1 294周年法会、祇园寺传授三坛大戒和佛教禅宗二祖慧可法师道场地址证会等。联谊活动有首届中国四大佛山联谊会、海内外高僧大德座谈会等。

3. 阜阳火把节

阜阳地区称中秋节为火把节。夜晚打火把游乡，为纪念刘福通领导红巾军起义。相传韩山童、刘福通组织农民起义，纷纷举火把响应，首克颍州。时有童谣："满城都是火，官府四散躲；城里无一人，红巾军席上坐。”其后不久，颍州民间每至中秋节晚上，青少年都要模仿红巾军，用秫秸、葵秸裹以麦草，到野外燃烧，摇来摇去，待燃尽返。当地习称“撂火把子”，至今不衰。

除此之外，保留至今的民俗还有黄山茶道，分为15道程序，分别是静气、烹汤、焚香、涤器、烫盏、赏茶、投茶、洗茶、注汤、敬茶、闻香、观色、品位、上食、论茶。古民居村落，形成了白墙、黑瓦、马头墙和牌坊组成的一条靓丽风景线。

第六节　江西省基本概况

一、行政区划与人口

（一）行政区划

江西省，简称“赣”，别称“赣鄱大地”，省会是南昌市。

江西省共辖11个设区市、100个县（市、区）。其中11个设区市分别是南昌市、九江市、上饶市、抚州市、宜春市、吉安市、赣州市、景德镇市、萍乡市、新余市和鹰潭市。

（二）人口

截止到2017年末，江西省常住人口4622.1万人。

二、地理条件与气候特征

（一）地理条件

1. 地理位置

江西地处中国东南部，东邻浙江省、福建省，南连广东省，西接湖南省，北毗湖北省、安徽省而共接长江。是江南“鱼米之乡”，古有“吴头楚尾，粤户闽庭”之称。江西辖境面积共16.69万平方千米，是长江经济带重要组成部分。

2. 地势地貌

江西常态地貌类型以山地、丘陵为主，山地占全省面积的36%，丘陵占42%，平原占12%，水域占10%。主要山脉多分布于省境边陲，东北部有怀玉山，东部有武夷山，南部有大庾岭和九连山，西部有罗霄山脉，西北部有幕阜山和九岭山。

3. 水系

江西是长江流域的重要省份之一，全省97.7%的面积属于长江流域，水资源比较丰富，多年平均降雨量1 638毫米，多年平均水资源量1 565亿立方米。境内河流、湖泊众多，赣江、抚河、信江、修水和饶河为全省五大河流，全境10平方千米以上河流有3 700多条，2平方千米以上湖泊有70余个，人均拥有水量高于全国平均水平。

（二）气候特征

1. 特点

江西位于长江以南，纬度较低，属亚热带季风湿润气候，四季分明且天气复杂多变。冬季冷空气活动频繁；春季多对流性天气；4～6月降水集中，是江西的雨季，这时期易发生洪涝灾害；雨季结束后全省主要受副热带高压控制，天气以晴热高温为主，常有干旱发生。7～8月有时受台风影响，会出现较明显降水。秋季晴天多、湿度较小、气温适中，是江西省一年中最宜人的季节。

2. 气温

江西年平均气温18.0℃，最冷月1月平均气温6.1℃，最热月7月平均气温28.8℃，极端最低气温为–18.9℃，极端最高气温为44.9℃；年平均日照时数1 637小时，年总辐射量4 446.4千焦/平方米。

3. 降水

年平均降水量为1 675毫米；年无霜期平均天数272天。

三、交通与自然资源

（一）交通

江西为长江三角洲、珠江三角洲和闽南三角地区的腹地，与上海、广州、厦门、南京、武汉、长沙、合肥等各重镇、港口的直线距离，大多在600～700千米之内。境内高速公路基本建成6 000千米，出省主要通道全部高速化。京九线、浙赣线纵横贯穿全境。航空和水运便捷。南昌昌北国际机场是中国重要的枢纽干线机场，九龙是重要的内河港口。水运干线形成了两纵两横的格局，两纵是以赣江和信江为主，两横是以长江和昌江为主。

（二）自然资源

1. 矿产资源

截止到2015年底，全省查明资源储量的矿产有9类139种，在全国居前十位的有81种。居第一位的有钨、钽、铷、碲、普通萤石、化工用白云岩、滑石、玻璃用脉石英、陶瓷土、麦饭石、饰面用板岩11种；居第二位的有锂、铯、伴生硫、电气石、光学萤石、粉石英、保温材料用黏土7种；居第三位的有铜、银、铋、铍（绿柱石）、冶金用砂岩、化肥用灰岩、叶蜡石、透闪石、水泥配料用页岩、海泡石黏土、饰面用辉石岩、水泥用辉绿岩、饰面用大理岩13种。有色、稀有稀土和贵金属矿产具有明显优势，其中铜、钨、铀、钽、重稀土、金、银誉称为江西矿产“七朵金花”，是亚洲超大型的铜工业基地之一，有“世界钨都”“稀土王国”“中国铜都”“有色金属之乡”的美誉。

2. 植物资源

江西已知野生高等植物5 117种，占全国总数的17%。其中，苔藓类563种，蕨类435种，裸子植物31种，被子植物4 088种。其中，国家一级保护野生植物9种，二级保护野生植物46种；省一级保护有9种、二级39种、三级115种，国家珍贵树种26种，约占全国的20%。分布于宜春市的落叶木莲为全省特有树种，是木莲属唯一落叶的植物；东乡县的野生稻为近代水稻始祖，是我国分布最北的野生稻；南昌金荞麦、鄱阳湖莼菜、彭泽中华水韭、宜黄水蕨、赣南野生茶、九江野生莲均为国内珍稀物种；萍乡市的长红檵木母树，树龄300多年，为世界仅存的长红檵木母树。此外，宜丰县的穗花杉群落、铅山县的南方铁杉天然林、德兴市和玉山县的华东黄杉天然林均为国内罕见的珍稀植物群落。

3. 动物资源

江西已知野生脊椎动物845种，占全国野生脊椎动物总种数的13.5%。其中，哺乳类105种，约占全国的21%；鸟类420种，约占全国的34%；爬行类77种，约占全国的20%；两栖类40种，约占全国的14%；鱼类205种，约占全国的5.9%。鄱阳湖是闻名世界的水鸟越冬地，每年到鄱阳湖越冬的候鸟多达60万～70万只，其中国家一级保护鸟类10种、二级保护鸟类41种，越冬白鹤最高数量达4 000余只，占全球98%以上。鄱阳湖长江江豚约450头，占整个长江江豚种群近一半。

4. 森林资源

江西森林覆盖率63.1%，活立木蓄积量4.45亿立方米，活立竹总株数19亿根，均位居全国前列。全省森林多属天然次生林，针叶林面积比重大，杉木、马尾松、樟树为主要乡土树种；油茶、板栗、柑橘为主要经济林树种。截至2016年9月，江西有林业自然保护区186个（国家级15个、省级31个），森林公园180个（国家级46个、省级121个），湿地公园84处（国家级28处、省级56处），44处湿地列入省重要湿地名录。

四、旅游资源

江西是“红色摇篮，绿色家园、古色厚土”，旅游资源十分丰富。全省现有世界遗产地5处，世界地质公园4处，国际重要湿地1处，国家级风景名胜区14处，历史文化名城4处。主要旅游景区可概括为“四大名山”：庐山、井冈山、三清山、龙虎山；“四大摇篮”：中国革命的摇篮井冈山、人民军队的摇篮南昌、共和国的摇篮瑞金和工人运动的摇篮安源；“七个千年”：千年瓷都景德镇、千年名楼滕王阁、千年宋城赣州、千年药都樟树、千年古村流坑古村、千年书院白鹿洞、千年古刹东林寺；“六个一”：一湖（鄱阳湖）、一村（婺源）、一海（庐山西海）、一峰（龟峰）、一道（小平小道）、一城（共青城）。经过多年的发展，现有旅游景区（点）2 500余处。其中，国家A级旅游景区231处，5A级旅游景区10处。当前推向市场的五彩精华旅游线、红色经典旅游线、绿色精粹旅游线、鄱阳湖体原生态旅游线四条黄金旅游线路受到海内外游客的青睐。

五、历史沿革

江西省因公元733年唐玄宗设江南西道而得省名，又因为江西最大河流为赣江而得简称。

江西开发的历史，从出土文物考证，可以上溯到距今1万年以前。而江西作为明确的行政区域建制，则始于汉高帝初年。时设豫章郡，郡治南昌，下辖18县，与后来的江西省区大致相当。汉武帝时划全国为13个监察区，称13部州，此时的江西属扬州部。公元291年，即西晋元康元年，改设江州，其主体为江西地区原有郡县。隋时曾作行政区划调整，州的级别降与郡同，因而隋代的江西地区设有7郡24县。至唐时增加到8州37县，分别为洪州、饶州、虔州、吉州、江州、袁州、抚州和信州。贞观元年唐太宗划全国为10道监察区，唐玄宗时增为15道，洪、饶、虔、吉、江、袁、抚、信8州隶属于江南西道监察区。

五代时期，江西地区先辖于吴后辖于南唐。在这个时期出现了相当于下等州的新的行政区划6州、4军、55县。交泰元年，南唐中主决定建南都于洪州，并因此升洪州为南昌府。宋代在州之上改道为路，江西地区被置9州、4军、68县，其大部分隶属于江南西路，另有一部分隶属于江南东路。

元朝开始确立行中书省制度。江西行省辖区远远大于今天的江西省区。除包括了今江西绝大部分地区外，还包括了今天广东省的大部分。元行省下设路、直隶州、州和县。江西行省下辖13路、2直隶州以及48个县、16个县级州。

明朝虽然基本上保留了元朝的省区建制，但改行中书省为布政使司，改路为府和改州为县。江西布政使司辖13府、78县，地域基本等同今天的江西省区。其时承宣布政使司、提刑按察使司、都指挥使司为江西布政使司的最高行政机关，三司分别由中央直接节制，分权而治，互不统属。

清代改江西布政使司为江西省，行政区域基本承袭明建制。另在吉安府增设莲花、南昌府增设铜鼓、赣州府增设虔南3个县级厅，同时升宁都县为省辖直隶州。巡抚成为全省最高行政长官，下设承宣布政使司和提刑按察使司，分管民政、财政与司法监察。

民国时期，清朝的府、州、厅一律改为县。江西省共辖81县。至1926年北伐军进驻南昌时正式设南昌市。1934年从安徽划婺源县入江西，1947年划回安徽，1949年再次划归江西。

第二次国内革命战争时期，中国共产党领导人民群众先后在江西建立了大片革命根据地。其中著名的有赣西井冈山革命根据地、湘赣革命根据地、赣东北革命根据地以及铜鼓、修水、万载、宜丰等县的湘鄂赣革命根据地。当时的中央革命根据地在赣南和闽西地区有21县，中华苏维埃共和国临时中央政府设在瑞金，故瑞金有“红都之称”。

六、文化艺术

（一）文化

在中华文明的历史长河中，江西人才辈出，陶渊明、欧阳修、曾巩、王安石、朱熹、文天祥、宋应星、汤显祖、詹天佑等文学家、政治家、科学家如群星灿烂，光耀史册。江西红色文化闻名中外。井冈山是中国革命的摇篮，南昌是中国人民解放军的诞生地，瑞金是苏维埃中央政府成立的地方，因此有着“红都”之称，安源是中国工人运动的策源地。第二次国内革命战争时期，江西籍有名有姓的革命烈士就有25万多人，占全国的六分之一，为中国革命胜利做出了重大贡献。

（二）艺术

1. 赣剧

赣剧是一种多声腔的传统戏剧艺术，发源于古代四大声腔之一的弋阳腔，采用赣语演唱。赣剧风格多样，既可有慷慨激昂之气，也存柔细雅致之韵，代表曲目有《长城记》《八义记》《十义记》《洛阳桥》等。

2. 采茶戏

江西的采茶戏起源于江西赣南一带。采茶戏与采茶有关，体现了采茶人热爱劳动、热爱生活的品质。采茶人一边采茶，一边唱歌，其所唱之歌被称作“采茶歌”，代表剧目有《挖笋》《四姐反情》《卖杂货》等。

3. 宜黄戏

宜黄戏发源于江西宜黄县，早在明朝时期就名远各地。汤显祖的剧作《临川四梦》最早就是采用宜黄戏的方式表演的。该剧作代表我国古典戏剧的最高水平，被誉为“东方莎士比亚”。宜黄戏有自己独特的表演方式，表演风格古朴、粗犷，代表剧目有《五雷阵》《下河东》《双救驾》《双贵图》等。

赣砚制作工艺、铅山连四纸制作工艺、瑞昌剪纸艺术、婺源傩舞、崇仁跳八仙、乐安滚傩神、东河戏、抚河戏、吉安戏、婺源徽剧都是江西省的地域文化艺术的标志。

七、民族与宗教

（一）民族

江西共有55个民族。其中，汉族人口最多，占总人口的99%以上。其他少数民族以散杂居为主，各县、区、市均有少数民族分布，人口约15.2万人，占全省总人口的0.34%。其中人口较多的有畲族、苗族、回族、壮族、满族、土家族、蒙古族、瑶族、侗族、布依族、彝族、哈萨克族、白族、黎族、藏族等，此外还有裕固族、锡伯族、乌孜别克族、维吾尔族、佤族、土族、塔塔尔族、塔吉克族、水族、撒拉族、羌族、普米族、怒族、纳西族、仫佬族、门巴族、毛南族、珞巴族、傈僳族、拉祜族、柯尔克孜族、景颇族、京族、基诺族、赫哲族、哈尼族、仡佬族、高山族、鄂温克族、俄罗斯族、鄂伦春族、独龙族、东乡族、德昂族、傣族、达斡尔族、朝鲜族、布朗族、阿昌族等。人口最多的是回族和畲族。主要聚居在8个少数民族乡、82个少数民族行政村和400余个少数民族村民小组中。2015年人口密度平均每平方千米273人。

（二）宗教

江西省五教并存，有佛教、道教、伊斯兰教、基督教、天主教。

八、美食与风物特产

（一）美食

1. 赣菜

赣菜又称为江西菜，继承了自唐宋以来流行的“文人菜”的风格，同时融合了江西本地区各族人民的“乡土菜”气息。主要风格特点是讲究食物的原汁原味，口味浓厚，喜咸爱辣。选料讲究，主要采用江西本地原料为食材，制作精细。口味适应面广，具有浓郁的乡土气息。主要代表菜有三杯鸡、红军焖鸭、兴国粉蒸灰鹅、响铃鱼饼、赣州嘫鱼嘴、赣味牛脸等。

2. 小吃

江西省地处长江中下游平原，是稻米的主产区之一，所以江西人一日三餐以大米为主，同时也喜欢食用一些大米制品，比如米糕、汤圆等。副食品主要以水产类、家禽类为主。江西小吃主要以大米为原料，比如有汤圆、泡糕、兰花根、松糕等。除此之外，江西小吃也不乏面食，如金丝吊葫芦、伊府面等。

（二）风物特产

1. 赣绣

江西是我国水墨画的发源地之一，赣绣深受水墨画的影响，用针线表达水墨的特色，具有独特的艺术效果，彰显了中国传统书画的意境与人文精神。

2. 景德镇瓷器

景德镇制瓷历史悠久，经过几千年的传承与发展，景德镇的瓷器享誉海内外。景德镇瓷器造型优美，种类众多，风格多样。瓷器质地“白如玉、明如镜、薄如纸、声如磬”，深受世人喜爱。

3. 茶

江西省茶的种类很多，质量上乘，比如资溪、靖安的白茶，历史悠久，有茶中珍品的美誉。婺源绿茶是明清两代的贡茶。

4. 水果

江西省地处秦岭—淮河以南，有着独具特色的水果产品，深受欢迎。比如南丰蜜橘已经有1 300多年的栽培史，以其皮薄肉厚、香甜爽口享誉海内外。此外赣南脐橙、珠珞枇杷、赣北水梨也是果中佳品。

另外，樟树的四特酒被周恩来总理称赞为“清、香、醇、纯”，因此而得名。军山湖大闸蟹、信丰萝卜等都是很好的特产。

九、民俗风情

（一）传统节日

江西省的传统节日与我国的传统节日基本一致，主要有春节、元宵节、寒食节、清明节、端午节、七夕节、中元节、中秋节、重阳节等节日。

（二）传统庙会

1. 绳金塔公园文化庙会

绳金塔庙会举办时间是每年的9 ~ 10月，因举办地点叫绳金塔而得名。庙会期间有祭祀、歌舞以及各种当地特色的民俗活动，同时也涉及一些传统节日的庆祝活动，比如中秋时节会举办品月饼、赏明月晚会。

2. 南行军庙会

南行军庙会是江西南昌典型的民间民俗活动，已经有600多年历史。庙会期间，各路香客纷至沓来，烧香祈愿，除此之外，也会搭台唱戏，节日气氛分外隆重。

（三）地域特有民俗

1. 畲族“三月三”习俗

每年的农历三月初三，畲民们云集宗祠，自晨至暮，对歌盘歌，怀念祖先，并炊制乌饭，故又称“乌饭节”。开幕式上，畲族人会表演祭祀祈福仪式，以及畲族马灯舞、刀山傩舞等非物质文化遗产节目。每年近500名游客共进乌饭长桌宴，体验民俗风情。

2. 客家婚嫁习俗

客家人的婚嫁习俗有着悠久的历史，是中国传统婚嫁礼俗的一部分。其婚嫁礼仪烦琐复杂，大致有提亲、过大礼、接新娘、铺房、上花夜、花轿迎新、撒盐米、遮头、捧蜡烛、迎亲鼓乐、滞新娘、三朝回门等。

此外还有南丰县的民间傩舞、鄱阳湖畔的渔村风情、古越族悬棺葬俗、萍乡市的烟花节、南昌市西山万寿宫庙会、畲族风情等。

第七节　福建省基本概况

一、行政区划与人口

（一）行政区划

福建省，简称“闽”，省会是福州市。

福建现辖福州、厦门、泉州、莆田、漳州、宁德、南平、三明、龙岩9个设区市，28个市辖区、44个县、13个县级市，合计85个县级行政单位。

（二）人口

截止到2017年末，福建省常住人口3911万人。

二、地理条件与气候特征

（一）地理条件

1. 地理位置

福建省位于我国东南沿海，陆域介于北纬23° 33′ ～28° 20′ 、东经115° 50′ ～ 120° 40′ 之间，东邻台湾海峡与台湾省相望，东北与浙江省相连，西北与江西省交界，西南与广东省相接，是我国大陆重要的出海口。

2. 地势地貌

福建境内峰岭耸峙，丘陵连绵，河谷、盆地穿插其间，山地、丘陵占全省总面积的80%以上，有“八山一水一分田”之称。

地势总体上西北高，东南低，横断面略呈马鞍形。因受新华夏构造的控制，在西部和中部形成北东向斜贯全省的闽西大山带和闽中大山带。两大山带之间为互不贯通的河谷、盆地，东部沿海为丘陵、台地和滨海平原。

3. 水系

福建水系密布，河流众多。全省河流除交溪发源于浙江、汀江流入广东外，其余都发源于境内，并在本省入海，流域面积在50平方千米以上的河流共有683条，其中流域面积在5 000平方千米以上的主要河流有闽江、九龙江、晋江、交溪、汀江5条。闽江为全省最大河流，全长577千米，多年平均径流量为575.78亿立方米，流域面积60 992平方千米，约占全省面积的一半。由于属山地性河流，河床比降较大，水力资源丰富，水力资源蕴藏量居华东地区首位。

（二）气候特征

福建靠近北回归线，受季风环流和地形的影响，形成暖热湿润的亚热带海洋性季风气候，热量丰富，气候区域差异较大，闽东南沿海地区属南亚热带气候，闽东北、闽北和闽西属中亚热带气候，各气候带内水热条件的垂直分异也较明显。

全省70%的区域≥10℃的积温在5 000～7 600℃之间，雨量充沛，光照充足，年平均气温17～21℃，平均降雨量1 400～2 000毫米，是中国雨量最丰富的省份之一，气候条件优越，适宜人类聚居以及多种作物生长。

三、交通与自然资源

（一）交通

截止到2016年底，福建省公路通车里程106 756.53千米，其中，海西高速公路网通车里程5 019.78千米。铁路营业里程3 196.5千米，境内由福马线、永嘉线、外南线等铁路组成。沿海港口50多个，如福州、泉州、厦门等。此外，福建还有福州长乐机场、武夷山机场、厦门高崎机场等多个机场。

（二）自然资源

1. 土地资源

根据第二次全国土地调查数据，2010年福建全省土地总面积1 239.34万公顷，其中农用地面1 095.55万公顷，建设用地面积72.92万公顷，未利用地面积70.87万公顷。

农用地中，耕地面积133.85万公顷。建设用地中，城镇工矿用地面积21.39万公顷，农村居民点用地面积32.90万公顷，交通、水利及其他建设用地面积18.63万公顷。

2. 矿产资源

福建省已发现矿产119种，占全国已发现矿产总数的69%。已探明储量并列入全省非普通砂石黏土类储量表的矿产99种，其中能源矿产1种，金属矿产25种，非金属矿产73种。上表矿区1 561处，其中大型58处，中型127处，大中型矿区均以非金属矿为主。

福建海岸地质构造复杂，已发现的矿产有60多种，其中有工业利用价值的21种，矿产地300多处。盐业资源丰富，生产条件好，盐田总面积11.02万公顷。勘测油气总量2.9亿吨。

3. 海洋资源

（1）海岸港湾资源

福建陆地海岸线长达3 752千米，大小港湾125个，其中深水港湾22处，可建5万吨级以上深水泊位的天然良港东山湾、厦门湾、湄洲湾、兴化湾、罗源湾、三沙湾、沙埕港7个。

（2）海洋能源资源

福建沿海地热梯度较大，地热资源丰富，具有开采价值的热水区域较多；沿海风能资源丰富，可利用时数达7 000～8 000小时；沿海可利用潮汐发电的海水面积达3 000平方千米，潮汐能理论装机容量达3 425万千瓦，可开发装机容量1 033万千瓦，占全国的49.2%，居首位。

（3）海洋生物资源

福建海域面积13.6万平方千米，水深200米以内的海洋渔场面积12.51万平方千米，滩涂面积2 068平方千米。有闽东、闽中、闽南、闽外和台湾浅滩5大渔场；海洋生物种类2 000多种，其中经济鱼类200多种，贝、藻、鱼、虾种类数量居全国前列。

4. 生物资源

福建省生物资源丰富，种类多样。全省已记录分布的野生脊椎动物有1 686种，约占全国的30%，其中，鸟类550多种（含亚种），兽类150种（含亚种），两栖类46种，爬行类123种，鱼类817种。已定名昆虫10 000多种，全国昆虫共33目，福建除缺翅目和蛩蠊目外，有31个目。同时，全省分布有高等植物4 703种，约占全国的14.3%，其中蕨类382种、裸子植物70种、被子植物4 251种。兰科植物有60属、119种、6变种。此外，有苔藓361种、真菌486种。

四、旅游资源

福建现有世界文化与自然双遗产武夷山，世界文化遗产福建土楼，世界自然遗产与世界地质公园泰宁，世界地质公园宁德白水洋、太姥山、白云山，以及海上花园温馨厦门、温泉古都有福之州、海上丝路文化泉州、朝圣妈祖平安湄州、成功起点光辉古田、滨海火山日出东山、东海麒麟神奇平潭等独具特色的旅游品牌。

福建现有厦门、武夷山、福州、泉州、永安等中国优秀旅游城市；有龙岩市古田旅游区、福州市三坊七巷景区、宁德市福鼎太姥山旅游区、泉州市清源山景区、宁德市白水洋—鸳鸯溪旅游区等国家5A级旅游景区；有冠豸山风景名胜区、青云山风景名胜区、福安白云山风景名胜区等国家级风景名胜区。

此外，福建还有漳州国家地质公园、福建大金湖国家地质公园、福建晋江深沪湾国家地质公园、福建福鼎太姥山国家地质公园、福建宁化天鹅洞群国家地质公园等国家地质公园；有泉州、福州、漳州、长汀4座国家历史文化名城。此外，福建省还有16个国家级自然保护区、29个国家森林公园、137个全国重点文物保护单位。

福建省自然保护区、森林公园、风景名胜区的面积占全省土地面积的8%，形成了人与自然和谐共处的良好环境。福建文化旅游资源灿烂多元，孕育了闽南文化、客家文化、妈祖文化、闽越文化、朱子文化、海丝文化六大精品文化，以及茶文化等一批内涵深刻、特色鲜明的地域文化。其中比较有名的特色文化资源如湄洲岛、清源山、开元寺等。

五、历史沿革

福建，《禹贡》称之为扬州。

周朝时期，福建为七闽地。春秋以后，福建属闽越地。秦朝时期，设置闽中郡，中央政权始达于福建。汉代初期，福建初为闽越国疆域，后属于会稽郡。三国时，福建属于吴国，设建安郡，辖建安、南平、将乐、建阳、东平等9县。唐武德初年，设泉、建、丰三州，下辖10县。五代时期，福建先后为闽国、殷国、南唐、吴越各国所占据，区划名称多次变迁。北宋时期，设置福建路；南宋期间，升建州为建宁府，福建路包括一府五州二军，其中，府、州、军实际是同一级行政机构，共计8个，故福建号称“八闽”；元代在福建境内同时设立福州、泉州2个行省。明朝福建设八府一州。清设福建省。清顺治十三年，郑成功改厦门为“思明洲”。辛亥革命后，历届中央政权均置福建省。1949年8月24日，福建省人民政府成立。

六、文化艺术

（一）文学

福建文学是我国文学的重要部分。代表人物有柳永、李贽、梁章铂、林则徐、张际亮、林昌彝、魏秀仁、陈衍、林纾、冰心等。代表作品有李贽《李温陵集》20卷，近代陈衍著有《石遗室诗画》，冰心原名谢婉莹，主要作品有《春水》《繁星》等。

（二）民间曲艺

福建古称八闽之地，因此各个地区孕育了种类不同的剧种。其中，闽剧、莆仙戏、梨园戏、高甲戏、芗剧是福建五大地方剧种。福建地方戏保存了全国最多的中原古剧和南戏剧目，被称为“南戏遗响”和中原古剧的“活化石”。此外还有20多种民间小戏分布于全省各地。

1. 闽剧

闽剧，又称为福州戏，采用福州的方言进行演唱。其唱腔由洋歌、逗腔、江湖调和小调四大类组成，传统剧目有《炼印》《钗头凤》《荔枝换绛桃》《夫人城》等。

2. 歌仔戏

歌仔戏流行于台湾与福建，有100多年的历史，风格自由通俗，代表曲目有《四空仔》《五空仔》《台北调》《赏花调》等。

3. 莆仙戏

莆仙戏被誉为汉族最古老的剧种之一，其表演风格古朴典雅，剧目众多，代表剧目有《陈光蕊》《杀狗》《傅天斗》等。

4. 高甲戏

高甲戏发源于福建泉州，剧目分为“大气戏”“绣房戏”和“丑旦戏”三大类，传统剧目有《孟姜女》《狸猫换太子》等。

七、民族与宗教

（一）民族

福建是少数民族散杂居地区，有54个少数民族成分，少数民族人口58.38万人（2015年），占全省总人口的1.71%，是全国畲族人口最多和祖国大陆高山族人口较多的省份，回族发祥地之一。全省少数民族人口万人以上的县（市、区）17个，千人以上的乡（镇、街道）150个，有18个民族乡（其中畲族乡17个，回族乡1个）和1个省级民族经济开发区（福安畲族经济开发区），543个少数民族村。世居的少数民族有畲族、回族、满族、蒙古族等。

（二）宗教

福建省是多种宗教并存的省份，有“世界宗教博物馆之称”。传统的五大宗教（佛教、道教、伊斯兰教、天主教、基督教）均有较悠久的传播历史和广泛的影响，可统计的教徒人数为112万人，有依法登记的宗教活动场所6 000多处，有福建佛学院、福建神学院、闽南佛学院3所宗教院校。

全省佛教寺院和僧尼总数均居全国汉族地区前列。佛道教均于三国时传入，距今已有1 700多年历史；伊斯兰教于唐初传入，距今有近1 400年的历史；天主教和基督教分别于14世纪初和鸦片战争后传入。福建省宗教，特别是佛教同东南亚各国和日本及港澳台地区关系密切，许多名山古刹在海外有下院。伊斯兰教则因著名的泉州清净寺、先贤墓等国内罕见的史迹和海上丝绸之路独特的历史价值，在发展我国同伊斯兰世界的友好往来方面具有重要作用。

八、美食与风物特产

（一）美食

1. 闽菜

闽菜风格多样，福建各个地区都独具特色。闽南菜是其重要组成部分，福建菜是闽东地区的代表，也是闽菜的主体。闽南地区以泉州菜、漳州菜为代表，其风格清爽、淡雅，喜用酱料。闽中地区以三明、沙县菜为代表，其中沙县小吃风靡全国。闽北以南平、宁德菜为代表，这里物产丰富，山珍俱全。而莆仙菜则充满了乡村野味。

闽菜最有名的当属“佛跳墙”，此外还有荔枝肉、白雪鸡、醉排骨、盐水虾、扳指干贝等。

2. 日常饮食

福建省位于我国的东南沿海，气候温暖湿润，物产资源丰富。福建人的主食以大米为主，一日三餐都离不开稻米。稻米的做法有很多，比如蒸、捞、焖等。副食品则以鱼、肉、禽类为主，此外，福建人有饮茶的习惯。

3. 风味名吃

福建省得天独厚的自然条件孕育了不少名吃，其中风靡全国的沙县小吃就是其中的代表，比如炒米粉、炒面，以及各种汤类食品。除此之外，比如福建鱼丸、莆田卤面、宁德福鼎肉片等，种类繁多，不一而足。

（二）风物特产

1. 茶

福建的风物特产里，茶是不得不提到的特产，尽管不是福建独有的风物，但茗茶福建不少，比如安溪铁观音、岩茶、乌龙茶等。历史悠久，早在唐代就已经产出，还有武夷岩茶，被誉为“中国十大茗茶之一”。

2. 芦柑

芦柑性凉，味甜酸，是很好的滋补果品。在福建，以永春和漳州的芦柑最为知名。芦柑具有个大、皮薄、肉汁多的特点，被誉为“东方佳果”。

3. 软木画

福州软木画以“无声的诗”闻名于世。软木画产品品种繁多，有屏风、挂屏、旅游纪念品等二三百种，畅销国内外。

4. 八宝印泥

作为文房中的珍宝，八宝印泥采用珍珠、梅片、金箔等八种珍贵材料精制而成，素有“国货之光、品重珍珠”的美誉，是中外书画家酷爱的珍品。

九、民俗风情

福建省的民俗风情与全国其他汉族地区区别不大，不过也有自己的特点。

1. 居住

福建最具特色的民居当属土楼。客家土楼又称福建土楼，主要分布在闽西南的永定、南靖和华安等地，是客家人世代相袭、繁衍生息的住宅。土楼历史悠久、风格奇特，被誉为世界民居建筑的奇葩。

2. 婚俗

福建婚俗以客家人为代表。客家人有一套自成体系的婚礼习俗。在男方迎亲的时候，新娘要站在一个八卦太极图中穿鞋，这个太极图由米筛子拼成的，所以客家人称之为“过米筛”，预示着兴旺发财。

3. 服饰

福建省的服饰以惠东女和畲族服饰最具特色。

惠安县东北部地区，妇女的服饰与福建省内各地殊异。以县东沿海的渔家女及部分“内地”妇女为代表，其中崇武、小岞最有代表性。

崇武一带妇女外上衣多为蓝色，右衽大襟式，胸围袖管收缩，裹紧上身，衣袖仅及臂腕上部；袖口边沿接上环节。一环花布，长不过脐，裸露一圈肚皮至肚脐。下摆臀围呈椭圆形，充分展露鲜艳的裤带。裤子以黑色为主，中老年妇女喜穿肥大的卷筒裤。

小岞一带妇女的短上衣多用红色、天蓝色或白色布料裁制；衣、裤、褂的领、袖、裾及裤头都极其考究，常绣有纹饰。

畲族的传统服饰自成体系。畲民衣尚青、蓝色，着自织麻布。男子短衫；妇女则高髻重缨，头戴竹冠蒙布。数十年来，畲族服饰变化甚微，古风犹存。

4. 茶俗

福建是茶的故乡，有客来，福建人一定会泡茶。福建人喜欢喝乌龙茶，还有久负盛名的安溪茶，其中最爱饮铁观音。福建人把饮茶称为泡茶，有着非常讲究的饮茶程序。

茶具只有手掌大小，称为“小掌”，所以把泡出的茶称作“小掌茶”。福建人斟茶也很考究，倒茶时，一根手指要压住茶壶盖，然后翻转茶壶，接着迅速把茶倒好。

第四章　华中地区

学习目标： 1. 熟悉华中地区各省的基本概况。
2. 了解华中地区各省的旅游资源。
3. 了解华中地区各省的历史文化和民俗风情。
4. 了解华中地区各省的饮食特点、主要美食和风物特产。

第一节　河南省基本概况

一、行政区划与人口

（一）行政区划

河南省简称“豫”，省会是郑州市。

河南省现有17个省辖市和1个省直管县级市。21个县级市，85个县，52个市辖区。17个省辖市是郑州、开封、洛阳、平顶山、安阳、鹤壁、新乡、焦作、濮阳、许昌、漯河、三门峡、南阳、商丘、信阳、周口、驻马店。

（二）人口

截止2016年末，全省常住人口9 532万人。

二、地理条件与气候特征

（一）地理条件

1. 地理位置

河南省位于中国中东部，黄河中下游，黄淮海平原西南部，大部分地区在黄河以南，故名“河南”。2000多年前，河南是中国九州中心的豫州，所以，河南简称“豫”，且有“中州”“中原”之称。河南与河北、山西、陕西、湖北、安徽、山东毗邻。

2. 地势地貌

河南地势西高东低，北、西、南三面由太行山、伏牛山、桐柏山、大别山沿省界呈半环形分布；中、东部为黄淮海冲积平原；西南部为南阳盆地。灵宝市境内的老鸦岔为全省最高峰，海拔2 413.8米；海拔最低处在固始县淮河出省处，仅23.2米。

3. 水系

河南地跨长江、淮河、黄河、海河四大流域。省内河流大多发源于西部、西北部和东南部山区，流域面积100平方千米以上的河流有493条。全省多年平均水资源总量405亿立方米，居全国第十九位。

（二）气候特征

1. 特点

河南大部分地处暖温带，南跨亚热带，属北亚热带向暖温带过渡的大陆性季风气候，自东向西由平原向丘陵山地气候过渡，具有四季分明、雨热同期、复杂多样和气象灾害频繁的特点。

2. 气温

全省由南向北年平均气温为10.5～16.7℃，大体东高西低，南高北低，山地与平原间差异较为明显。气温年较差、日较差均较大。

3. 降水

年均降水量407.7～1295.8毫米，降雨以6～8月份最多，南部及西部山地较多，大别山区可达1 100毫米以上。全年降水的50%集中在夏季并且常有暴雨。全年无霜期从南往北为189～240天，年均日照时数达

1 285.7~2 292.9小时，适合农作物生长。

三、交通与自然资源

（一）交通

河南交通区位优势明显，是全国承东启西、连南贯北的重要交通枢纽，拥有铁路、公路、航空、水运、管道等相结合的综合交通运输体系。京广、京九、太焦、焦柳、陇海、侯月、新月、新菏、宁西等9条铁路干线经过河南，形成了纵横交错、四通八达的铁路网。郑州北站是亚洲最大的列车编组站之一，郑州站是全国最大的客运站之一。高速铁路客运专线建设步伐加快，郑西铁路客运专线已经开通，石武铁路客运专线建设进展顺利，郑州即将成为全国铁路路网中的“双十字”中心。航空方面，全省有洛阳、郑州、南阳、信阳、商丘五个民用机场。

（二）自然资源

1. 矿产资源

河南地层齐全，地质构造复杂，矿产资源丰富。目前已发现的矿种142种，已探明资源储量的矿种109种，已开发利用的矿产93种。优势矿产可归纳为煤、石油、天然气“三大能源矿产”，钼、金、铝、银“四大金属矿产”，天然碱、盐矿、耐火黏土、蓝石棉、珍珠岩、水泥灰岩、石英砂岩“七大非金属矿产”。在已探明储量的

矿产资源中，居全国首位的有11种。其中煤炭保有储量居全国第八位，石油居第十二位，天然气居第十七位。

2. 植物资源

全省森林覆盖率17.32%，林木覆盖率23.77%。建立各类自然保护区35个，总面积75.7万公顷。森林公园达94处。有197科、3 830余种高等植物。

3. 动物资源

已知陆生脊椎野生动物520种，占全国总数的23.9%，国家重点保护野生动物90种。

4. 其他资源

（1）水能

河南省西北部、西部及南部山区分布许多水能资源。黄河、长江、淮河、海河四大流域干支流的中上游，理论蕴藏量为490.5万千瓦，其中黄河干流达271.7万千瓦；其他流域及黄河支流218.8万千瓦。河南是水资源严重短缺地区，全省水资源总量不足全国的1.42%，人均水资源量不及全国平均水平的五分之一，随着经济社会的快速发展，水资源供需矛盾日益尖锐。

（2）风能

河南省风能资源主要分布在东北部，冬季风能占全年的60%～70%，适合季节性开发，这样的地区占全省总面积的36%。

（3）地热能

河南省地热资源热储面积占整个全省总面积的25.2%，多数地热井深度在1 000～1 200米，最深达3 200米，温度多数在40～70℃之间，个别地区最高温度达到90℃左右。在豫西隆起山区温泉出露，温度在38～65℃之间。

四、旅游资源

河南在中华民族文化乃至东方文化的形成与发展史上有非常重要的地位。大量的史书记载和多年的考古发掘证明，至少在8000年前，我们的祖先就在这里开创了人类文明的先河，从公元前21世纪中国第一个王朝——夏代到公元13世纪的金代，这3500年间，先后有20多个朝代的200多位帝王建都或迁都于此，留下了难以尽数的名胜古迹。堪称“国宝”的国家级文物保护单位就有96处，地下文物居全国第一，地上文物居全国第二，馆藏文物130万件，约占全国的八分之一。中国八大古都中的郑州、洛阳、开封、安阳四大古都都在河南，还有国家级历史文化名城南阳、商丘、浚县等，郑州新郑黄帝故里、登封少林寺巩义。

宋皇陵、洛阳龙门石窟、白马寺、偃师玄奘故里、开封宋都御街、包公祠、安阳殷墟、羑里城（《周易》发源地）、三门峡虢国墓地车马坑、函谷关、南阳武侯祠、张衡墓、医圣祠、商丘阏伯台（火的发源地）、燧人氏墓、花木兰祠、淮阳太昊陵等大量名胜古迹，都是既有丰厚的历史文化内涵又有观赏价值的著名旅游景观。省会郑州和洛阳、开封等古都，现在都有新的景点出现。河南博物院是1998年5月才建成启用的，不仅馆藏丰富，而且建筑宏伟独特，许多稀世文物珍品都在这里向旅游者展示。已经进入世界文化遗产行列的洛阳龙门石窟的周围环境也得到很大改善。开封清明上河园是宋代名画《清明上河图》的立体再现，旅游者置身其间，能够一览千年古都的繁华街市和风俗民情。

河南省拥有世界文化遗产6项，分别是长城（河南段）、龙门石窟、安阳殷墟、天地之中–嵩山历史建筑群、隋唐大运河（河南段）、丝绸之路（河南段）；国家5A级旅游景区13处，分别是嵩山—少林寺、龙门石窟、云台山—神农山—青天河、殷墟、白云山、清明上河园、尧山—中原大佛、老君山—鸡冠洞、龙潭大峡谷、中国西峡恐龙遗迹园—伏牛山—老界岭、嶝岈山、红旗渠—太行大峡谷、芒砀山）；世界地质公园4处：云台山、嵩山、王屋山—黛眉山、伏牛山；国家地质公园15处，分别是嵩山、焦作云台山、内乡宝天幔、王屋山、嵖岈山、西峡伏牛山、关山、黄河、洛宁神灵寨、洛阳黛眉山、信阳金刚台、小秦岭、红旗渠—林虑山、汝阳恐龙、尧山；国家级风景名胜区9处，分别是鸡公山、洛阳龙门、嵩山、王屋山—云台山、尧山（石人山）、林虑山、青天河、桐柏山—淮源、郑州黄河。国家级旅游度假区1个：尧山温泉旅游度假区；国家级历史文化名城8座：分别是洛阳市、开封市、商丘市、安阳市、南阳市、郑州市、浚县、濮阳市；全国重点文物保护单位358处；国家级森林公园31个；国家级自然保护区13个。

五、历史沿革

4 000多年前的龙山文化中晚期，出现了夏朝。商代的首都亳和殷均在河南境内。以后的两汉时期，河南地区的经济和文化仍处于全国前列。东汉王朝建都洛阳，河南更成了全国政治、经济、文化中心。东汉之后形成三国鼎立局面，河南是四战之地。在三国以及两晋、南北朝时期，战乱连年。从唐朝建立到北宋灭亡，河南的经济和文化达到鼎盛时期。隋朝末年，在洛阳建立了东都。到赵匡胤建立北宋王朝，北宋建都开封，河南又一次成为全国的政治、经济和文化中心。南宋以后，是河南社会历史发展的中衰时期。代宋而兴的元朝实行的行省制度，被明、清两朝沿袭下来，其河南的疆域大体上与今天的河南省相近。

1949年1月，淮海战役后河南全部解放。

六、文化艺术

（一）特色文化资源

河南省特色文化资源丰富，其中较为著名的有神农山、龙门石窟、安阳殷墟、白马寺。

1. 神农山

位于沁阳市城区西北23千米的太行山麓，共有8大景区136个景点。主峰紫金顶海拔1 028米。神农山还素有“天然植物园”的美称，有珍稀植物1 199种。

2. 龙门石窟

龙门石窟是中国石刻艺术宝库之一，龙门石窟与莫高窟、云冈石窟、麦积山石窟并称中国四大石窟。

北魏孝文帝年间开始开凿龙门石窟，连续大规模营造达400余年之久，历经东魏、西魏、北齐、隋、唐、五代、宋等朝代，现存有窟龛2 345个，石像10万余尊，碑刻题记2 800余品。

3. 安阳殷墟

殷墟是中国商朝晚期都城遗址，甲骨卜辞中又称为“商邑”。中国历史上第一个有文献可考，并为考古学和甲骨文所证实的都城遗址就是殷墟，由殷墟王陵遗址、殷墟宫殿宗庙遗址、洹北商城遗址等构成。

4. 白马寺

白马寺位于河南省洛阳市洛龙区白马寺镇，是中国第一古刹。创建于东汉永平十一年，是佛教传入中国后兴建的第一座官办寺院，有中国佛教的“祖庭”和“释源”之称，距今已有1 900多年的历史。寺内保存了很多元代造像，如三世佛、二天将、十八罗汉等，弥足珍贵。

（二）艺术与文化

1. 戏曲

河南号称“戏曲之乡”。最著名的是河南豫剧，豫剧是在河南梆子的基础上不断发展而来。豫剧有四大声腔，即祥符调、豫东调、豫西调、沙河调。因其音乐伴奏用枣木梆子打拍，早期得名河南梆子。

据1956年统计，传统剧目有647个。其中有代表性的是《春秋配》《对花枪》《三上轿》《宇宙锋》《地塘板》《提寇》《铡美案》《十二寡妇征西》等。1949年以来，《红娘》《花木兰》《穆桂英挂帅》《破洪州》《唐知县审诰命》《打金枝》《三哭殿》等传统戏被整理改编；创作改编的现代戏有《刘胡兰》《朝阳沟》《李双双》《人欢马叫》，移植演出的剧目有《小二黑结婚》《罗汉钱》《祥林嫂》《五姑娘》《红色娘子军》等。21世纪，又创作出了许多新作品，如《铡刀下的红梅》《清风亭上》《常香玉》《村官李天成》《程婴救孤》《新白蛇传》《香魂女》等。有名的豫剧表演艺术家有阎立品、常香玉等。

2. 名人

几千年来，这片土地上人才辈出，灿若群星，不仅有岳飞、吉鸿昌、杨靖宇、彭雪枫等彪炳史册的民族英雄，还有李耳、庄周、商鞅、韩非、张仲景、张衡、玄奘、韩愈、杜甫、白居易等著名的政治家、思想家、科学家和文学家，他们为中华民族的繁荣昌盛做出了卓越的贡献。

3. 民间音乐和舞蹈

现在流行的民歌除了和劳动结合紧密的号子、夯、硪歌和少量的民歌之外，其余多半是流行在城市集镇里的小调。民间乐器有笛子、唢呐、尺八、笙、管子、轧筝、板胡等。

河南民间舞蹈有狮子舞、龙灯舞、旱船舞、小车舞、高跷舞、对花鼓、二鬼扳跌。

4. 河南少林武功

少林功夫是指在嵩山少林寺特定佛教文化环境中历史地形成，以紧那罗王信仰为核心，以少林寺武僧演练的武术为表现形式，并充分体现禅宗智慧的传统佛教文化体系，少林功夫的要旨是禅武合一。少林寺是佛教禅宗的祖庭，禅宗以明心见性、顿悟成佛为要旨。武功作为一种人文文化，作为一种人体形态文化或是作为健身、御敌、竞技专案在中国早已家喻户晓、妇孺皆知，已成为中华文化的宝贵遗产。

5. 剪纸

河南商丘剪纸是一种古老的汉族民间艺术，有着悠久的历史，各地的剪纸风格迥异。河南的剪纸发展为豫东、豫西两大流派。商丘市夏邑县火店乡马庄村的剪纸艺人邹素云，因剪龙闻名海内外，被誉为“中华龙女”。

6. 牡丹文化

牡丹文化的起源，若从《诗经》牡丹进入诗歌，算起距今约3000年历史。中国洛阳牡丹文化节的前身是洛阳牡丹花会，由国家文化部和河南省人民政府共同主办。千年帝都洛阳，每年的4~5月份举办中国国际牡丹文化节，吸引了无数中外游客纷至沓来。

七、民族与宗教

河南是中国散居少数民族人口最多的省份之一，少数民族人口144万人，其中回族123万人，居中国第三位。河南省少数民族分布于各县（市、区），呈现大分散、小聚居特征。河南省有三个民族区、21个民族乡（镇）、863个民族聚居村，少数民族万人以上的县有50个。

河南主要宗教有佛教、道教、伊斯兰教、天主教、基督教。佛教寺院400座，知名道观有太清宫、老君台、嵩山中岳庙。

八、美食与风物特产

（一）美食

1. 饮食

豫菜，即河南菜系，是对在带有中原传统文化内涵的烹饪理论指导下，运用具备中原地域特点的技术和材料所制作的菜肴、面点和筵席的总称。有“烹饪鼻祖”和“中华厨祖”之称的伊尹便出生于河南杞县空桑，当代豫菜是在原宫廷菜、官府菜、市肆菜和民间菜的基础上，根据中原物质条件，逐步积累演变而发展起来的。豫菜坚持五味调和、质味适中的基本传统，突出和谐、适中，平和适口不刺激是其显著特点。周恩来总理曾亲自决定采用“豫菜”为国宴菜，并以河南厨师为主厨。

豫菜特色是中扒（扒菜）、西水（水席）、南锅（锅鸡、锅鱼）、北面（面食、馅饭）。豫菜坚持五味调和、质味适中的基本传统，突出和谐、适中，平和适口不刺激是其显著特点。各种口味以相融、相和为度，绝不偏颇是基本原则。就烹饪技术来说，豫菜的特色是选料严谨、刀工精细、讲究制汤、质味适中。而河南菜的烹调方法，也有50余种。扒、烧、炸、熘、爆、炒、炝别有特色。其中，扒菜更为独到，素有“扒菜不勾芡，汤汁自来黏”的美称。

豫菜的代表名菜有：糖醋软熘鱼焙面、煎扒青鱼头尾、炸紫酥肉、大葱烧海参、牡丹燕菜、扒广肚、汴京烤鸭、炸八块、清汤鲍鱼、葱扒羊肉、拉面、壮馍、菜盒等。

2. 名吃

河南名吃主要有河南烩面、方中山胡辣汤、马蹄撒子、菊花火锅、扣碗酥肉、开封套四宝、少林八宝酥、洛阳水席、秦氏熏肉、蔡记蒸饺、和记拉面、道口烧鸡、尚记牛肉汤、阎家羊肉汤。

3. 风味特产

河南的风味特产丰富，种类繁多，多与独特的地理条件和气候条件有关，如开封西瓜、安阳栝楼、南阳黄牛、原阳大米、新郑大枣、少林寺茶饼、杜康酒、武陟油茶等。有些特产还有独特的文化背景，如焦作四大怀药（铁棍山药、怀菊花、怀地黄、怀牛膝）、固始鸡。

（二）风物特产

1. 年画

中国木版年画始于北宋，发祥地是河南开封。开封朱仙镇木版年画是一种古老的汉族民俗艺术。

2. 茶叶

信阳毛尖是中国十大名茶之一，属绿茶类，有“绿茶之王”的美誉，是河南著名的特产。

九、民俗风情

1. 居住

河南民居根据结构和外观特点大致可以分为这几种类型：窑洞、砖瓦式建筑、石板房建筑、现代的平顶房和现代的楼房。

2. 重要节日

河南省主要节日与北方各省基本一致，主要有春节、元宵节、二月二、清明节、端午节、七夕节、中元节、中秋节、重阳节、下元节、冬至、腊八节、小年、年除日。

（1）腊八节

在河南北部，腊八早上要熬腊八粥，熬好的腊八粥首先要喂给枣树。当地有民谣：腊八枣树吃米饭，枣儿结得干连蛋。

（2）祭灶

农历腊月二十三是小年，每当这一天，新年第一轮鞭炮开始燃放。晚上进行祭灶仪式。祭灶人需要将去年的灶王像取下，然后贴上新的灶王像。摆上祭祀食物如麻糖、火烧。祭灶人跪在灶王爷像前，焚香斟酒叩拜。在河南很重视祭灶节，是仅次于中秋节的团圆节。

（3）龙抬头节

龙抬头节，也叫春龙节、春花节，民间传统节日。民间传说在唐朝武则天当政时期，因得罪玉皇大帝而被罚三年无雨，人间河干沟竭，树枯苗死，人们难以过活。司管天河的龙王心中不忍，在二月初二这天私自给人间降雨，因而受到责罚。人们用炒熟的玉米花、豆子供献龙王，报答其救命之恩，因此感动了玉皇大帝，允许龙王继续为人间降雨。以后二月二祭龙王，相沿下来成为节日。

3. 传统庙会

河南庙会，是最富有中原地区文化的传统民俗文化活动。随着时代的发展，国内各地每逢春节都会有一系列的庙会活动，人们所熟悉的太昊陵庙会、浚县古庙会、道口火神庙会、郑州城隍庙会、开封万岁山春节大庙会等河南地区庙会，也是国内著名的庙会地区之一，也是中原传统文化的代表，富有传统过年的特色。万岁山春节大庙会，是开封市万岁山游览区于2003年开发，历经十二年发展，目前已成为中原地区阵容最强、影响力最大的庙会（农历初一至十六），每届庙会都要吸引游客百万余人次，被媒体誉为：“中原最超值庙会”“中国最具魅力庙会”。

第二节　湖北省基本概况

一、行政区划与人口

（一）行政区划

湖北省，简称“鄂”，省会是武汉市。

截至2014年底，全省有12个省辖市，1个自治州，39个市辖区，24个县级市（其中3个省直管市），37个县，2个自治县，1个林区。省辖市分别是武汉市、黄石市、襄阳市、荆州市、宜昌市、十堰市、孝感市、荆门市、鄂州市、黄冈市、咸宁市、随州市，自治州为恩施土家族苗族自治州。

（二）人口

截至2015年末，湖北常住人口为5 851.5万人，比2014年增加35.5万人，增长0.61%。

二、地理条件与气候特征

（一）地理条件

1. 地理位置

湖北省位于中国的中部，东邻安徽，南界江西、湖南，西连重庆，西北与陕西接壤，北与河南毗邻。东西长约740千米，南北宽约470千米。全省国土总面积18.59万平方千米，占全国总面积的1.94%。

2. 地势地貌

地形地貌湖北省处于中国地势第二级阶梯向第三级阶梯的过渡地带，全省地势大致为西高东低，东、西、北三面环山，中间低平，略呈向南敞开的不完整盆地。地貌具有明显的过渡性和复杂性，类型多样，山地、丘陵、岗地、平原、盆地各种类型兼而有之，全省的地貌结构呈现“七山一水二分田”的特征。域内地势高低相差悬殊，西部号称“华中屋脊”的神农架最高峰神农顶，海拔约3105. 4米；东部平原的监利县谭家渊附近，地面海拔为零。湖北省西、北、东三面被武陵山、巫山、大巴山、武当山、桐柏山、大别山、幕阜山等山地环绕，山前丘陵岗地广布，中南部为江汉平原，与湖南省洞庭湖平原连成一片，地势平坦，土壤肥沃，除平原边缘岗地外，海拔多在35米以下，略呈由西北向东南倾斜的趋势。

3. 水系

湖北境内除长江、汉江干流外，省内各级河流河总长5.92万千米。省内长江流程1 041千米，支流有汉水、沮水、漳水、清江、东荆河、陆水、滠水、倒水、举水、巴水、浠水、富水等。其中汉水为长江中游最大支流，在湖北境内由西北趋东南，流经13个县市，由陕西白河县将军河进入湖北郧西县，至武汉汇入长江，流程858千米。

湖北素有“千湖之省”之称。境内湖泊主要分布在江汉平原上。湖泊总面积2 706.851平方千米。面积大于100平方千米的湖泊有洪湖、长湖、梁子湖、斧头湖。武汉号称“百湖之市”，在20世纪60年代，大小湖泊有300多个，现仅有27个。

（二）气候特征

1. 特点

湖北地处亚热带，位于典型的季风区内。全省除高山地区外，大部分为亚热带季风性湿润气候，光能充足，热量丰富，无霜期长，降水充沛，雨热同季。全省无霜期在230～300天之间。

2. 气温

全省年平均气温15～17℃，大部分地区冬冷、夏热，春季温度多变，秋季温度下降迅速。一年之中，1月最冷，大部分地区平均气温2～4℃；7月最热，除高山地区外，平均气温27～29℃，极端最高气温可达40℃以上。

3. 降水

各地平均降水量在800～1 600毫米之间。降水地域分布呈由南向北递减趋势，鄂西南最多达1 400～

1 600毫米，鄂西北最少为800～1 000毫米。降水量分布有明显的季节变化，一般是夏季最多，冬季最少，全省夏季雨量在300～700毫米之间，冬季雨量在30～190毫米之间。6月中旬至7月中旬雨量最多，强度最大，是湖北的梅雨期。

三、交通与自然资源

（一）交通

湖北是中国中部最大的综合交通枢纽之一。铁路运输方面，汉宜、汉丹、武大、襄渝等铁路横穿东西，武广高铁、焦枝线、京九线、京广线、枝柳铁路纵贯南北。京珠、黄黄、沪蓉和宜黄、武十等高速公路纵横交错，连接宜昌、武汉、襄阳等大中城市。航空运输方面，我国中部地区最大的空港是武汉天河国际机场，目前已开通法、美、日、韩等国际航班，恩施、荆州、宜昌、襄阳、神农架等地也开通了连接全国各地的空中通道。航海运输方面，湖北有内河港口163个。武汉、黄石、沙市、宜昌等港口先后对外开放。武汉是湖北省会，素有“九省通衢”之称，是全国重要的交通、通信枢纽。海轮可直航我国港澳地区和韩国、新加坡、日本等国家。

（二）自然资源

1. 矿产资源

湖北省矿产资源丰富，全省已发现矿产136种。列入《湖北省矿产储量表》的矿种有80种。其中磷、石膏、岩盐等储量居全国前列。化肥用橄榄岩、碘、溴、石榴子石、累脱石黏土、建筑用辉绿岩居全国首位。

2. 植物资源

全省树种较多，迄今仍保存有不少珍贵、稀有孑遗植物。除有属于国家一级保护树种水杉、珙桐、秃杉外，还有二级保护树种香果树、水青树、连香树、银杏、杜仲、金钱松、鹅掌楸等20种和三级保护树种秦岭冷杉、垂枝云杉、穗花杉、金钱槭、领春木、红豆树、厚朴等21种。藤本植物，种类多而分布广，价值较高的有爬藤榕、苦皮藤、中华猕猴桃、葛藤等10多种。

3. 动物资源

湖北有陆生脊椎动物562种，其中两栖类45种、鸟类415种、哺乳动物102种。全省被国家列为重点保护的野生动物112种。其中，属一类保护的有金丝猴、白鹳等23种；属二类保护的有江豚、猕猴、金猫、小天鹅、大鲵等89种。全省共有鱼类176种，其中以鲤科鱼类为主，占58%以上，其次为鳅科，占8%左右。全省鱼苗资源丰富，长江干流主要产卵场36处，其中半数以上在湖北境内。

4. 其他资源

（1）水能

长江由西向东横贯湖北省，境内有雄伟壮丽的长江三峡，全省有6 338亿立方米的过境水容量。

（2）地热能

湖北省地热资源总量为2.56 × 1017千焦，相当于标准煤875 050万吨；地热资源可开采热量约为4.99 × 1016千焦，相当于标准煤170 291.436万吨。

四、旅游资源

湖北旅游资源丰富，山水名胜与文物古迹二者兼备。据普查，全省旅游景观（点）共1500处。其中，全国重点风景名胜区5处：武汉的东湖、堰的武当山、随州的大洪山、襄樊的隆中和咸宁的九宫山。另外，有雄伟的长江三峡驰名世界。七十二峰朝大顶，二十四涧水长流，人誉“第一山”的道教名山武当山，因其“野人之谜”更令人关注。湖北人文旅游景观具有时代跨度大，历史价值高的特点，这里既有古人类长阳人遗址、屈家岭文化遗址，又有众多的古三国胜迹和楚都遗址“纪南城”；既有辛亥革命遗址起义门、阅马场，又有中央农民运动讲习所旧址及“八七会议”会址。文物古迹与革命胜迹遍布全省，从随州炎帝庙、秭归屈原故里、纪南故城、昭君故里、武汉古琴台、黄鹤楼、三国赤壁直到武汉起义军政府旧址、京汉铁路工人运动“二七”纪念馆，可以了解中国历史上的许多重大历史事件。省内江陵、襄樊等是全国历史文化名城之一。

湖北有武当山古建筑群、咸丰唐崖土司遗址、钟祥明显陵、神农架4处世界遗产；有国家级风景名胜区7处，分别是：武汉东湖风景名胜区、武当山风景名胜区、隆中风景名胜区、大洪山风景名胜区、九宫山风景名胜区、陆水风景名胜区、神农架风景名胜区；11处国家5A级旅游景区分别是恩施州神龙溪纤夫文化旅游区、宜昌市三峡人家风景区、十堰市武当山风景区、武汉市东湖景区、宜昌市长阳清江画廊景区、宜昌市三峡大坝旅游区、武汉市黄鹤楼公园、湖北省神农架旅游区、恩施大峡谷、黄陂木兰文化生态旅游区、屈原故里文化旅游区。钟祥大口、当阳玉泉寺、宜昌大老岭、兴山龙门河、长阳清江、五峰柴埠溪、襄阳鹿门寺、谷城薤山、咸宁潜山、荆州八岭山、武汉九峰山、大别山天堂寨、神农架、松滋诡水等为国家级森林公园。武当太极湖旅游度假区为国家级旅游度假区。湖北省拥有国家历史文化名城5座（江陵、武汉、襄樊、随州、钟祥），国家级文物保护单位20处，省级历史文化名城4座（鄂州、黄州、荆门、恩施），省级文物保护单位达365处。

湖北地区历史源远流长，早在远古时代，人类的祖先就在这里生息、繁衍，创造了发达的新石器文化，是南方民族的主要聚居区之一。相传华夏子孙的始祖炎帝神农氏就诞生在湖北随州厉山。湖北又是楚文化的发祥地和中心区域，楚文化的遗址、遗迹遍布荆楚大地。新中国成立以来，特别是改革开放以来，湖北地区经济建设取得了伟大的成就，武汉长江大桥、长江三峡大坝、丹江口水电枢纽工程……一个个现代工程，享誉全球。

近年来，湖北省大力推广“灵秀湖北”旅游宣传活动，并推出“灵秀湖北”十大旅游名片：长江三峡、武当山、黄鹤楼公园—辛亥首义、神农架、随州炎帝神农故里、武汉东湖—省博物馆、大别山红色旅游、三国文化、咸宁温泉、恩施大峡谷—利川腾龙洞。

五、历史沿革

夏王朝时期，夏文化的影响已经到达江汉地区，至商朝，湖北已纳入其版图。春秋战国时期，楚国国力进一步强盛。楚国社会经济大步发展，铜器生产达到登峰造极的地步，铁器生产得到改善和推广，从哲学到文学，产生了老子、庄子、屈原，历经800年，政治、经济、文化达到了一个鼎盛时期。秦汉时期，荆楚地区人民以农业生产为主。魏晋南北朝时期，魏、蜀、吴三国鼎立，在湖北境内发生了著名的赤壁之战。唐代经济发展带来文化的兴盛，出现了一批著名诗人、学者如孟浩然、皮日休、岑参、陆羽等。宋元时期，湖北农业经济曲折发展，城市经济与商品贸易比较活跃，教育事业蓬勃兴起；医学、文化、学术领域取得诸多成就，产生了著名的书法家米芾。明代，湖北农业经济得到很大发展，有“湖广熟，天下足”的美誉。清代，仍沿用明制，至康熙三年（1664年）湖广分治，大体以洞庭湖为界，南为湖南布政使司；北为湖北布政使司，定为湖北省，省会武昌。此为湖北省建省之始，省名从此确立并沿用至今，湖北政区正式形成。1927年8月7日，中国共产党在武汉召开了“八七”会议，湖北各地举行秋收暴动，建立了鄂豫边、湘鄂西等苏维埃政权。抗日战争爆发后，武汉又成为抗战首都。1947年，刘邓大军千里挺进大别山，建立革命根据地。1949年湖北全境解放。在中国共产党的领导下，湖北进入了一个崭新的历史时期。

六、文化艺术

（一）特色文化资源

湖北省特色文化资源丰富，其中较为著名的有屈家岭文化遗址、武当山古建筑群、屈原故里、赤壁古战场。

1. 屈家岭文化遗址

湖北早期文化的代表是江汉地区的屈家岭文化遗址，屈家岭文化遗址是一处以黑陶为主的文化遗存，文化面貌不同于仰韶文化，也与洞庭湖以南的几何印纹陶差别较大。其中的蛋壳彩陶、壶形器和带谷壳的红烧土具有很高的研究价值，反映出当时的农业以及手工业发展的进步，是楚文化的发展源头。

2. 武当山古建筑群

武当山古建筑坐落在武当山麓，集中体现了元、明、清三代汉族世俗与宗教建筑的建筑学和艺术成就。明代逐渐形成规模，道教武当山古建筑群的历史可以追溯到公元7世纪，代表了近千年的中国汉族艺术和建筑的最高水平。1994年12月被列入《世界遗产名录》。

3. 屈原故里

屈原故里文化旅游区为国家5A级旅游景区，伟大的爱国主义诗人屈原，在此留下丰富的历史文化遗存，主要的有屈原故里、屈原祠等。

4. 赤壁古战场

三国赤壁古战场位于湖北赤壁市西北长江之滨的南岸，是我国古代“以少胜多，以弱胜强”的七大战役中唯一尚存原貌的古战场。

赤壁矶头临江悬崖上，石刻“赤壁”二字，相传为周瑜所书，是赤壁现存最早的文化遗迹。现为赤壁景区，是国家4A级景区，主要景观有赤壁摩崖石刻、周瑜塑像、赤壁碑廊、拜风台、赤壁大战陈列馆、千年银杏、翼江亭、凤雏庵、三国雕塑园等数十处。

（二）民间乐舞曲艺

1. 戏曲

湖北戏曲源远流长，拥有汉剧、楚剧、荆州花鼓戏、黄梅戏等大量具有浓郁特色的地方戏曲。荆州花鼓戏起源于湖北沔阳，唱腔悠扬、甜美、悦耳，展现了丰富多彩的湖乡生活与风貌，具有浓郁的汉族民间生活气息和江汉平原地方情调。

2. 曲艺

湖北曲艺是楚文化的重要组成部分，主要有湖北小曲、碟子小曲、长阳南曲、恩施扬琴、湖北渔鼓、莲花落等。

3. 民间音乐和舞蹈

湖北民歌有原生态民歌《龙船调》《柑子树》《小女婿》《绣荷包》《姑嫂采茶》《有心看情哥》《你看我的妈妈》，创作民歌《洪湖水浪打浪》《纤夫的爱》等。

湖北民间舞蹈包括岁时节令习俗舞蹈、人生礼仪舞蹈、生活习俗舞蹈、生产习俗舞蹈、宗教信仰舞蹈等。代表性的传统舞蹈有土家族撒叶儿嗬、麻城花挑、肉连响、土家族摆手舞、高龙、郧阳凤凰灯、宣恩土家族八宝铜铃舞等。

七、民族与宗教

湖北省是一个多民族省份，56个民族俱全，据第六次人口普查统计，少数民族常住人口246.85万人。湖北省是全国8个既有自治州又有自治县还有民族乡的省份之一。过万人的少数民族有7个：土家族、苗族、回族、侗族、满族、壮族和蒙古族。

湖北佛教、道教、伊斯兰教、天主教、基督教五大宗教俱全，鄂东黄梅禅宗文化、鄂西武当道教文化历史悠久，底蕴深厚，形成“东禅西道”的湖北传统宗教文化格局。目前，全省依法登记宗教活动场所3 369处，建立各级爱国宗教团体189个；现有宗教院校4所（天主教中南神哲学院、基督教中南神学院、武当山道教学院和武昌佛学院）。

八、美食与风物特产

（一）美食

1. 饮食

湖北饮食文化最鲜明地体现了鱼米之乡的特色，其主要特点：稻米和杂粮是主食。在荆楚大地有“无鱼不成席”之说。荆楚鱼米乡，鱼的制作和吃法十分丰富。此外可用鲜、泡、腌、干概括楚地民众食用蔬菜瓜果。由于这一地区独特的气象、水土、气候条件，楚地人爱汤。煨汤品种繁多，有排骨汤、鸡汤、牛或羊肉汤。最为珍贵的是甲鱼汤、八卦汤。排骨煨藕汤是一般家庭最喜爱的，家庭煨汤多用“砂锅罐子”。湖北港河湖汉甚多，人们种田做渔业，可以适当饮酒，驱寒祛湿。楚地粮产丰富，自古有饮烧酒的习俗。至今仍喜饮用糯米酒。糯米酒各地叫法不一，有的地方叫“水老古”，有的则叫“甜酒”，有的叫“米酒”等。

2. 名吃

湖北名吃有鸭脖子、热干面、排骨藕汤、面窝、豆皮、汤圆米酒、武昌鱼、粉蒸肉等。主要名菜有清蒸武昌鱼、天门三蒸、红烧义和蚶、红烧水琴鱼、天门滑鱼、氽鮰鱼、八卦汤、茄汁鳜鱼、黄陂三合、沔阳三蒸、橘瓣鱼圆等。湖北的名小吃有虾球、豆皮、欢喜砣、咸糍粑、热干面、藕圆子、糯米包油条等。

3. 风味特产

湖北的气候与地理环境决定了其风味特产丰富，主要有孝感麻糖、随州银杏、房县木耳、黄石港饼、恩施藤茶等。

（二）风物特产

1. 宜兴紫砂陶花盆

宜兴紫砂陶花盆是湖北省的特产，产于湖北襄樊。始于宋代，发展成熟于明清。清代时，首创篆刻、书法和绘画装饰的新风格。它是用当地一种紫砂泥陶土制作而成。它把装饰和雕刻紧密地结合起来，以金石篆刻的手法，把诗词、山水、花鸟、字画雕刻在盆上，古色古香。其特有的红褐色彩给人庄重、古雅、质朴的感觉。

2. 绿松石雕

绿松石雕采用湖北郧阳地区的优质玉石精雕细刻而成。人物作品刀法利落，主次分明，生动活泼且神形兼备，栩栩如生；加之绿松石是名贵的玉石，绿松石人物玉雕价值更为贵重。

九、民俗风情

1. 庙会

每年正月和农历五月十三，关帝庙都要举行大型庙会，届时，湖北荆州人在这里玩龙灯，划采莲船，骑马射箭，吹喇叭套轿子，把关帝庙内外闹腾得红红火火。荆州人敬仰关公，已成了千年不变的习俗。

2. 崇阳结婚习俗

鄂南崇阳县山清水秀，景色迷人。由于远离大城市，乡民们保持了许多民间传统老风俗。当青年男女嫁娶成婚时，打造的家具样式仍按古老的形式 。如睡觉的木制床为古式雕木的花床，床四周有雕花杆，床前面雕花板上方有三层雕“滴水沿”，床下前方有三层踏板。床入口处仅仅只留可两人并坐的“口子”，床两头和后面用整块木板钉死。这种讲究的崇阳花床，实在是一种十分罕见的习俗了。

3. 端午节活动

中国许多地方端午节都有吃粽子和赛龙舟的习俗。主要是为纪念屈原，由于屈原的家乡是湖北，所以此习俗在当地较为隆重。每逢农历五月初五端午节，湖北各地赛龙舟、吃粽子遍及全省城乡。只要有湖、河、江的地方，人们早早就把龙舟修整或清理好，准备赛龙舟。

4. 土家族风情

每一个民族都有自己独特的穿衣风格，而鄂西土家族居民的服饰同样具有鲜明的民族风格。比如女青年，其头巾则是彩色布市，上衣或红或绿，但领口、背肩、袖口、下摆等处都镶有美丽花纹的边带布，手上戴着金质或银质的手镯；男青年，头上缠着一条长长的青头巾，上衣往往是在白布上镶有宽大的蓝边，传统布扣，裤子比较宽大。唱山歌是土家族青年男女不可缺少的本领，有些上了年纪的土家族人山歌也能唱上很多、很久。除此之外，还有哭嫁等习俗。

第三节　湖南省基本概况

一、行政区划与人口

（一）行政区划

湖南省，简称“湘”，省会是长沙市。

湖南现有13个地级市、1个自治州，共122个县（市、区）。13个地级市分别是长沙市、株洲市、湘潭市、衡阳市、邵阳市、岳阳市、常德市、张家界市、益阳市、娄底市、郴州市、永州市、怀化市，1个自治州是湘西土家族苗族自治州。

（二）人口

截止2017年末，湖南省常住人口6 860.2万人。

二、地理条件与气候特征

（一）地理条件

1. 地理位置

湖南省位于中国中部长江中游，省境绝大部分在洞庭湖以南，故称湖南；省内最大的河流湘江贯穿省境南北，故简称“湘”。东以幕阜、武功诸山系与江西交界；西以云贵高原东缘连贵州；西北以武陵山脉毗邻重庆；南枕南岭与广东、广西相邻，北以滨湖平原与湖北接壤。省界极端位置，东西宽667千米，南北长774千米。湖南省总面积21.18万平方千米，占全国国土面积的2.2%，居全国各省区市第十位，中部第一位。

2. 地势地貌

湖南地貌类型多样，以山地、丘陵为主，大体上是“七山二水一分田”，其中山地面积占全省总面积的51.2%，丘陵及岗地占29.3%，平原占13.1%，水面占6.4%。湖南三面环山，形成从东南西三面向东北倾斜开口的不对称马蹄状，境内最低点是临湘的黄盖湖，海拔24米；最高点是株洲市炎陵县的酃峰，海拔2212.5米。

3. 水系

湖南省内河网密布，水系发达，淡水面积达1.35万平方千米。湘北有洞庭湖，为全国第二大淡水湖。湖南的另一称谓是“三湘四水”。“三湘”分别称“潇湘”“蒸湘”和“沅湘”；“四水”则指湘江、资江、沅江和澧水。分别从西南向东北流入洞庭湖，经城陵矶注入长江。

（二）气候特征

湖南属亚热带季风气候，四季分明，光热充足，降水丰沛，雨热同期，气候条件比较优越。湖南年平均气温16～18℃，冬季寒冷，春季温暖，夏季炎热，秋季凉爽，四季变化较为明显。湖南雨水丰沛，年平均降雨量在1 200～1 700毫米之间，但时空分布很不均匀。一年中降雨量明显地集中于一段时间内，这段时间称为雨季，雨季一般只有3个月，却集中了全年降雨量的50%～60%。

三、交通与自然资源

（一）交通

湖南交通便利，水陆空综合交通体系立体衔接、纵横交错、通江达海。全省有通航河流373条，内河航道总里程1.15万千米，居全国第三位。岳阳城陵矶港是全国10个吞吐量过亿吨的内陆港之一，可直达港澳台地区和日本、韩国等国家。京广、湘桂、洛湛等9条铁路干线贯穿全省；全省14个市州已全部通高速，高速公路通车里程达5 084千米，居全国各省区市第四位。省内有长沙黄花、张家界荷花2个国际机场和常德桃花源、怀化芷江、永州零陵3个国内机场，运营国际国内航线123条，可直达香港、澳门、台北、曼谷、大阪、首尔、新加坡等75个城市。

（二）自然资源

1. 矿产资源

湖南是著名的“有色金属之乡”和“非金属矿之乡”。根据2015年8月湖南省国土资源厅编制的《湖南省矿产资源年报》，已发现各类矿产143种。45种矿产保有资源储量居全国前五位，64种矿产保有资源储量居全国前十位。其中，钨、锡、铋、锑、石煤、普通萤石、海泡石黏土、石榴子石、玻璃用白云岩、铍矿（氧化铍）、铌矿（褐钇铌铁砂矿）等矿种的保有资源储量居全国之首，钒、重晶石、隐晶质石墨、陶粒页岩等矿种居全国第二，锰、锌、铅、汞、金刚石、水泥用灰岩、高岭土等矿种也在全国具有重要地位。

2. 植物资源

湖南野生动植物资源丰富，有维管束植物208科，5 922种（含变种），其中列为国家一级重点保护植物16种，包括银杏、资源冷杉、银杉、南方红豆杉、伯乐树等；国家二级重点保护植物48种，包括华南五针松、白豆杉、连香树、杜仲等。有陆生脊椎动物916种，其中列为国家一级重点保护陆生野生动物17种；国家二级重点保护陆生野生动物81种。到2015年底，全省林业用地面积0.13亿公顷，湿地面积102万公顷，森林覆盖率59.57%，活立木蓄积量5.05亿立方米，湿地保护率72.5%。

3. 动物资源

全省有华南虎、云豹、金猫、白鹤、白鳍豚等18种国家一级保护动物，属国家二级保护动物的有猕猴、短尾猴、穿山甲、大鲵、江豚等28种，三级保护动物有白鹭、野鸭、竹鸡等49种。湖南是全国著名的淡水鱼产区，天然鱼类共160多种，以鲤科为主。著名的鱼种有中华鲟、白鲟、银鱼、鲥鱼、鳗鲡等。在家畜、家禽中，以宁乡猪、滨湖水牛、湘西黄牛、湘东黑山羊、武冈铜鹅、临武鸭、浏阳三黄鸡等最为著名。

四、旅游资源

湖南的旅游资源被概括成一句话，叫作“东边一条线，西边一大片。”“东边一条线”自北向南有：岳阳的洞庭湖（昔日号称“八百里洞庭”）、君山、岳阳楼、屈子祠等；长沙的马王堆汉墓、岳麓山、岳麓书院及众多的近现代革命旧址；湘潭的昭山、韶山；衡阳的南岳衡山；株洲陵县的炎帝陵；郴州的苏仙岭、义帝陵等等，真是一串明珠，各具异彩。“西边一大片”更是花团锦簇、气象万千：桃花源、索溪峪、猛峒河、张家界、天子山等景区，组成了一个广阔神奇、绚丽多彩的自然风景区，当之无愧地被联合国教科文组织列入世界自然遗产名录。湖南还是名人辈出之地，曾哺育出曾国藩、魏源、毛泽东等对中国历史有重大影响的人物，许多地方留有他们当年活动的遗迹。

目前，湖南有3处世界遗产，分别是崀山丹霞地貌、武陵源、湖南土司遗址；有8个国家5A级旅游景区，分别是邵阳市崀山景区、长沙市花明楼景区、长沙市岳麓山旅游区、湘潭市韶山旅游区、岳阳市岳阳楼—君山岛景区、张家界武陵源—天门山旅游区、衡阳市南岳衡山旅游区、郴州市东江湖旅游区；有19个国家级风景名胜区，分别是衡山风景名胜区、武陵源（张家界）风景名胜区、岳阳楼—洞庭湖风景名胜区、韶山风景名胜区、岳麓风景名胜区等；国家级历史文化名城3座，分别是长沙、岳阳、凤凰；3个项目被列入《人类非物质文化遗产代表作名录》，分别是湖南昆剧、湖南皮影戏、汨罗江畔端午习俗；有国家地质公园12个，国家级旅游度假区1个，为湖南省灰汤温泉旅游度假区。

五、历史沿革

湖南省现行行政区域在周朝为荆州南境，春秋战国时期纳入楚国版图。秦时，设置有黔中郡、长沙郡。西汉时期，湖南境内设有武陵郡、桂阳郡、零陵郡和长沙国。三国时期，零陵、武陵郡属蜀，长沙、桂阳郡属吴。西晋时，湖南分属荆州、广州。东晋偏安江左，湖南分属荆州、湘州和江州。隋朝，湖南省境设 8 郡。唐代，湖南分属山东南道、江南西道和黔中道、黔中道黔州都督府。宋朝，湖南分属荆湖南路和荆湖北路。元代，湖南属湖广行省。明朝行省设布政使司，后改为承宣布政使司。清代湖南总计分 4 道、 9 府、 4 直隶州、 5 直隶厅（不辖县）。

中华民国成立后，湖南的行政设置几经变化。民国5年，裁常德道；民国11年，撤销道制，仅存省、县二级。

在中国共产党领导下，湖南省境的平江、浏阳、醴陵、岳阳等25县建立了革命根据地，或者成为游击区，并成立县苏维埃政府，建立区苏维埃政府170多个，乡苏维埃政府或革命委员会910多个，成为湖南最早的基层工农政权。省一级苏区政府，有湖南省苏维埃政府、湘鄂西省苏维埃政府、湘鄂赣省苏维埃政府（后改为湘鄂赣省工农兵苏维埃政府）、湘赣省苏维埃政府、湘鄂川黔省革命委员会，以上均行使省级革命政权的职能，成为中华人民共和国建立后人民政权的先声。

六、文化艺术

（一）华夏文明

湖南是华夏文明的重要发祥地之一，出土于宁乡黄材镇的四羊方尊是目前世界上发现的最精美的商代青铜器，这也是中国仍存最大的商代青铜方尊。长沙马王堆汉墓出土的素纱蝉衣薄如蝉翼，重49克。2 100多年前的辛追夫人出土时仍保存完好，被誉为“世界第八大奇迹”。

（二）民间乐舞曲艺

1. 戏曲

湖南地方戏剧有湘剧、祁剧、辰河戏、衡阳湘剧、武陵戏、荆河戏、巴陵戏、湘昆、长沙花鼓戏、邵阳花鼓戏、衡州花鼓戏、岳阳花鼓戏、永州花鼓戏、阳戏、花灯戏、傩戏、苗剧、侗戏等。

2. 曲艺

湖南曲种有38个，大致分为歌唱类和说诵类两个类型。歌唱类曲种32个，分为有伴奏和无伴奏两类。有伴奏的曲种如丝弦、渔鼓、长沙弹词、祁阳小调、嘎琵琶、太平南曲、地花鼓、薅草锣鼓、华容番邦鼓、围鼓、丧鼓、说鼓等；无伴奏的曲种有雷却、甘结、排话、古老话和圣谕、独角戏。说诵类曲种有款古、评书、笑话、快板、顺口溜、三句半。外地传入湖南的主要曲种有相声、数来宝、快板书和大擂拉戏。

3. 民间乐舞

民间乐舞丰富多彩，主要有洞庭渔歌、澧水船工号子、桑植民歌、衡山山歌、嘉禾伴嫁歌等。另外湘西苗族的德夯苗寨风情、巫傩文化、以茅古斯和摆手舞为特色的土家情调等民俗别具一格。

（三）工艺美术

勤劳智慧的湖南人民，在源远流长的湘楚文化的熏陶下，结合不同时代、不同地域各具特色的生产、生活实践，匠心独运，巧夺天工，创造了丰富多彩的湖湘工艺美术技艺。其中包括2 000多年历史的湘绣、铜官陶器、桃源石雕，1 000多年历史的岳州瓷器、界牌瓷器、临武龙须草席，几百年历史的益阳小郁竹器、邵阳翻簧竹刻、浏阳菊花石雕、长沙墨晶石雕、洞口墨晶石雕、岳州扇、望城剪纸、澧县剪纸、泸溪踏虎凿花和隆回滩头年画，以及充满少数民族风情的土家锦、苗锦、侗锦、瑶锦等。

湖南的湘绣、滩头木版年画、皮影戏等99项民俗艺术被列为国家非物质文化遗产名录。

（四）文人及作品

悠久的历史孕育灿烂的文化，湖南自古有着“屈原之乡”“古道圣上”“潇湘洙泗”的称谓。在不同时代孕育出众多的文人及作品，屈原不仅开创了南方楚辞文学流派，而且奠定了湖南文学的基石。魏晋时期代表人物主要有蒋琬、刘巴等人。我国古代诗歌的鼎盛时期是在唐代，比较著名的人物有杜甫、韩愈、欧阳询、李白、李商隐、李群玉、刘蜕、柳宗元、王昌龄、胡曾等。宋元明时期湖南著名的人物有李东阳、周敦颐、欧阳玄等，近代湖南出现的宋诗派代表人物有魏源、曾国藩、何绍基等。

湖南在新文化运动时期的主要代表人物有丁玲、田汉、谢冰莹、白薇等人，主要代表作有《莎菲女士的日记》《梦珂》《太阳照在桑干河上》等。抗日战争时期的代表人物有郭沫若、茅盾、朱自清、闻一多等汇聚湖南，而祖籍湖南的有沈从文、田汉、张天翼、周立波等也返回家乡，致力于抗战文学的建设。主要代表人物及作品有张天翼的《华威先生》，谢冰莹的《从军日记》《新从军日记》以及散文长卷《女兵自传》等都曾获得国内外一致好评。现代文学“茶子花”派的创始人周立波，其长篇小说作品有《山乡巨变》《铁水奔流》《暴风骤雨》等。杨沫代表作有《青春之歌》等。田汉的《关汉卿》《谢瑶环》。郭沫若被誉为“泰山北斗”，其作品有《毛泽东诗词》。莫应丰的《将军吟》和古华《芙蓉镇》在茅盾文学奖评选中，双双获冠。

七、民族与宗教

（一）民族

湖南共有55个少数民族，人口700多万人，少数民族人口占全省总人口10.23%。湖南是全国土家族、苗族、侗族、瑶族、白族的主要分布区域，5个民族人口均超过10万人。

湖南省内少数民族分布广泛，遍及全省14个市州及所辖各县市区。在14个市州中，少数民族人口100万以上的有湘西土家族苗族自治州、怀化市、张家界市；100万以下10万人以上的有永州市、邵阳市、常德市。少数民族呈大杂居、小聚居的态势，湘西土家族苗族自治州、怀化、张家界、永州、邵阳、常德6市州集中了全省96.86%的少数民族人口，其他8市的少数民族总和占全省少数民族人口的3.14%，建有1个自治州和7个自治县以及99个民族乡。

（二）宗教

湖南历史悠久，五教并存，信教人数较多，民间信仰较多，宗教活动场所多，有影响的寺观多。其中有三所宗教院校，分别是湖南佛学院、湖南圣经学校、中国道教学院坤道班。

八、美食与风物特产

（一）美食

1. 湘菜

湘菜有着2 000多年的历史，湖南因地处长江南岸洞庭湖之南而得名，先秦两汉时期为楚国境地，历史悠久，物产富饶，是著名的“鱼米之乡”。湘菜用料取材于环境优美的湘水流域、洞庭湖区及湘西山区等地。近年来湘菜经专业整理技艺日臻完善。其主要特点有：刀工精湛，色香味俱全；长于调味，酸辣著称；技法多样，尤其重视煨。

2. 名吃

湖南有名的小吃有火宫殿臭豆腐、宝庆猪血丸子、洞庭银鱼、土家贡酒、洞庭腊野鸭条、龙脂猪血、德园包子、菊花烧卖、合菜等。

（二）风物特产

1. 土家织锦

土家织锦是武陵山区土家族人的西兰卡普，历史悠久，为我国少数民族织锦之一。土家织锦在民间称为“打花”，传统织锦多作铺盖用，土家语称为“西兰卡普”，意思为土花铺盖。《大明一统志》称之为“斑布”。宋代称“溪布”“溪洞面”。土家锦使用的主要原料是丝线、棉线和毛绒线。

西兰卡普以丝、棉、麻为原料，以红、蓝、黑作为织锦经线的棉线颜色，纬线则由织者自己决定，各种颜色都可以。在古老的木质腰式机上，眼看手背，手织正面，采用“通经断纬”的方法挑织而成。

2. 湘绣

湘绣是湖南特产，起源于湖南省长沙民间刺绣，属于中国四大民间刺绣之一，是以长沙市为中心的手工艺产品刺绣的总称。根据考古发掘发现，湘绣在长沙最迟不晚于汉代，已有2 000多年历史。

九、民俗风情

（一）苗族“赶秋节”

“赶秋节”是湘西苗族的大型喜庆节日之一。唱苗歌、打苗鼓也是苗家赶秋节的重要表演内容。

（二）洗泥节

洗泥节又叫“苦瓜节”，每年的农历五月十三，举办的农耕庆典活动，属于平地瑶民俗文化活动项目之一，主要活动在湘南边陲的勾蓝瑶古寨。洗泥节活动包含了勾蓝瑶优秀的建筑、饮食、婚姻、生产、生活、节庆等传统文化内容。至今尚存的代表性承传人仅有欧阳绪珍等两人。

（三）跳香节

每年农历十月举行，一般为一天一夜，除祭祀五谷神与神农外，苗族祭司还要主持男青年跳苗舞。

（四）打背节

打背节于每年正月初三到十五间举行，流行于富宁县的部分地区，是苗族男女青年的节日。节日中，男女青年欢聚在风景优美的山坡上，当打背开始时，男的蜂拥而出，冲到自己选中的姑娘面前，一手挽住姑娘的脖子，一手蒙住姑娘的眼睛，其他小伙子去打她的背。姑娘也不甘示弱，一边大笑，一边挣扎。挣脱时，捉住小伙子，以其人之道，还治其人之身。整个场地，男追女逐，欢蹦乱跳。打累了，男女双双即各找一个地方打土电话（即用两个竹筒，中间连一长线，各在一方对着竹筒讲话、唱歌都能听见），相互倾吐蜜语衷情，以企结成伴侣。情投意合后，再告诉父母，择吉日成亲。

（五）苗族婚俗

苗族古代婚姻曾经历过血缘婚、“普那路亚婚”、对偶婚和一夫一妻制等形态。实行一夫一妻制以后，婚姻缔结有自主婚和包办婚两种。苗族青年自由恋爱的方式是“会姑娘”。苗族青年男女经过恋爱情投意合后，父母便为他们选择吉日结婚。但结婚前一段时间内，男女双方却不能见面，俗称“婚前不见面”，结婚的前一天，男方把结婚用品送到女方家过目。这些迎亲礼中，有一张又大又厚的糯米粑粑，它是用13～15千克糯米面做成的，足有簸箕大，表示结婚后新郎新娘团团圆圆，丰衣足食。

第五章　华南地区

学习目标： 1. 熟悉华南地区各省自治区的基本概况。
2. 了解华南地区各省自治区的旅游资源。
3. 了解华南地区各省自治区的历史文化和民俗风情。
4. 了解华南地区各省自治区的饮食特点、主要美食和风物特产。

第一节　广东省基本概况

一、行政区划与人口

（一）行政区划

广东省，简称“粤”，省会是广州市。

截至2017年10月，全省有广州、深圳、珠海、东莞、佛山、中山、惠州、汕头、江门、茂名、肇庆、湛江、梅州、汕尾、河源、清远、韶关、揭阳、阳江、潮州和云浮21个地级市，划分为珠三角、粤东、粤西和粤北4个区域。广州和深圳为副省级城市。深圳为计划单列市，深圳、珠海、汕头为经济特区。全省共64个市辖区、20个县级市、34个县、3个自治县，446个街道、1128个镇、4个乡、7个民族乡。

（二）人口

2017年末，广东省常住人口11169万人，人口总量继续位居全国之首，占全国人口的8.03%。

二、地理条件与气候特征

（一）地理条件

1. 地理位置

广东省陆地面积17.97万平方千米，岛屿面积1 916平方千米。全省沿海有大小岛屿1 431个，数量仅次于浙江、福建两省，居全国第三位。广东省地处中国大陆最南部，东邻福建，北接江西、湖南，西连广西，南邻南海，珠江口东西两侧分别与香港、澳门特别行政区接壤，西南部雷州半岛隔琼州海峡与海南省相望。

2. 地势地貌

广东省地貌类型复杂多样，有山地、丘陵、台地和平原。

广东省地势总体北高南低。北部多为山地和高丘陵；南部则为平原和台地。最高峰为石坑崆。全省山脉以北东—南西走向居多；粤北的山脉则多为向南拱出的弧形山脉；山脉之间有大小谷地和盆地分布。平原以珠江三角洲平原面积最大，潮汕平原次之，此外还有高要、清远等冲积平原。台地以雷州半岛—电白—阳江一带和海丰—潮阳一带分布较多。

构成各类地貌的基岩岩石以花岗岩最为普遍，砂岩和变质岩也较多，粤西北还有较大片的石灰岩分布，此外局部还有景色奇特的红色岩系地貌，如丹霞山和金鸡岭等。

广东省是国内人多地少的省份之一。土地资源特点为：自然地理环境优越，土地复种指数高；地势北高南低、海陆兼备，适合多元化经营；地缘人缘优势明显，有利于土地发展外向型经济；人地关系矛盾突出，土地资源尚有一定潜力；土地资源分布与建设用地需求空间“错位”，保护耕地与保障发展难以协调。

3. 水系

广东河流众多，集水面积大于100平方千米的河流543条，大于1000平方千米的河流有38条。这些河流分属于珠江、韩江、粤东沿海和粤西沿海水系。最大的河流是珠江，其他主要河流有韩江、漠阳江、鉴江、榕江、黄冈河等。

广东雨季较长，河流汛期也较长。一般从4月开始进入汛期，10月出汛，汛期长达半年。汛期内有两个高峰，第一个高峰常出现在5～6月间的龙舟水期间，第二个高峰多发生在8～9月的台风雨期间。

（二）气候特征

1. 特点

广东的气候属于热带、亚热带季风气候，从北向南分别为中亚热带、南亚热带和热带自然区。光、热和水资源较丰富。总的特征是高温、多雨、多台风，且雨热同季，干湿变化大。

广东省是各种气象灾害多发省份，主要灾害有暴雨洪涝、热带气旋、强对流天气、雷击、高温、干旱及低温阴雨、寒露风、寒潮和冰（霜）冻等低温灾害，灾种多，灾期长，发生频率高，灾害重。同时，广东是全国受台风影响最多的省份，平均每年约有10次台风影响广东。台风会给广东带来灾害，但也带来雨水，广东降雨多与台风多有一定关系。

按气候分季标准，广东大部分地区只有春夏秋三季，夏季长达7个月，仅在英德、新丰、龙川以北的粤北地区才有短暂的冬季，韶关以北的粤北北部，冬季也只有一个半月。

2. 气温

广东各地年年均气温在18～26℃之间，全年平均气温21.8℃。年平均气温分布呈南高北低，雷州半岛南端徐闻最高，粤北山区连山最低。全省86个气象站中，历史极端最高气温为42.0℃，出现在韶关；极端最低气温-7.3℃，出现在梅州。

3. 降水

广东是全国降水量最丰富的省区之一，年平均降水量为1789.3毫米，最少年份为1314.1毫米，最多年份达2254.1毫米。年降水量分布不均，呈多中心分布。3个多雨中心分别是恩平—阳江、海丰和龙门—清远。降水量季节分配不均匀，集中在4～9月，此期间的降水量是全年的80%以上。夏雨冬干，常出现季节性干旱。

三、交通与自然资源

（一）交通

广东省是一个水陆空交通较发达的省份。2016年末，全省已建成机场19座，白云机场是全国客流量最大的三大国际机场之一。在铁路运输方面，京广铁路、京九铁路、广深铁路、粤海铁路、黎湛铁路等铁路干线贯穿广东省，并形成以广州为中心的"三纵二横"主干线。高铁线路有武广高铁、广深港高铁、厦深高铁等。水路运输方面，广东有100多个港口，广州港、深圳港、汕头港和湛江港已成为中国国内对外交通和贸易的重要通道。其中，广州港位居世界港口十强，深圳港位居世界集装箱枢纽第四位。

（二）自然资源

1. 矿产资源

广东省地处欧亚板块与太平洋板块交接处，成矿地质条件优越，矿产资源种类较多，优势矿种集中度高。

至2015年底，全省发现矿产148（亚）种，已查明资源储量的矿产有101种。广东省保有资源储量居全国前十位的矿产61种，居全国前三位的矿产26种，居全国第一位的矿产7种，分别为铌钽矿、碲矿、高岭土、建筑用花岗岩、水泥用粗面岩、建筑用大理岩、泥炭。全省已开发利用的矿种主要有地下热水、矿泉水、铁、铜、铅、锌、锡、锑、稀土、金、银、硫铁矿、高岭土、陶瓷土、水泥用灰岩、大理岩等。

2. 植物资源

广东地势北高南低，北依五岭，南濒南海，东西向腹部倾斜。北回归线从本省大陆中部横穿而过，南亚热带和热带季风气候类型，使这里成为全国光、热、水资源最丰富的地区。境内山地、平原、丘陵纵横交错，北部南岭地区的典型植被为亚热带山地常绿阔叶林，中部为亚热带常绿季雨林，南部为热带常绿季雨林，主要以针叶林、中幼林为主。广东境内自然资源比较丰富，有植物类型7055多种，其中木本4000多种，占全国木本植物的80%。

3. 动物资源

广东省动物种类多样。陆生脊椎野生动物有774种，其中兽类110种、鸟类507种、爬行类112种、两栖类45种。此外，还有淡水水生动物的鱼类281种、底栖动物181种和浮游动物256种，以及种类更多的昆虫类动物。

动物种类中，被列入国家一级保护的有华南虎、云豹、熊猴和中华白海豚等22种，被列入国家二级保护的有金猫、水鹿、穿山甲、猕猴和白鹇（省鸟）等95种。

4. 海洋资源

广东省海岸线长，海域辽阔，海洋资源丰富。海洋生物包括海洋动物和植物，共有浮游植物406种、浮游动物416种、底栖生物828种、游泳生物1 297种。远洋和近海捕捞，以及海洋网箱养鱼和沿海养殖的牡蛎、虾类等海洋水产品年产量约460万吨；可供海水养殖面积77.57万公顷，实际海水养殖面积19.49万公顷，是全国著名的海洋水产大省。雷州半岛的养殖海水珍珠产量位居中国首位。

沿海的风能、潮汐能和波浪能都有一定的开发潜力。广东省沿海沙滩众多，气候温暖，红树林分布广、面积大，在大陆最南端的灯楼角有全国唯一的大陆缘型珊瑚礁，旅游资源开发潜力大。

四、旅游资源

广东旅游吸引力首先在于其社会、经济环境，同时旅游资源也十分丰富。广东省海岸线绵长，地貌形态复杂多变，温泉较多，有丹霞地貌——丹霞山，肇庆、西樵山岩溶地貌，汕头海蚀地貌，北回归线上的绿洲——鼎湖山自然保护区，更有合称“四大名园”的顺德清晖园、番禺余荫山房、东莞可园以及佛山梁园。近代史迹分布广，数量多，名故居、遗址、陵园等不胜枚举。

另外，还有山峦风光，如罗浮山、西樵山；滨海沙滩，如大梅沙、小梅沙；湖泊水库，如惠州西湖、肇庆星湖；川峡险滩，如三榕峡、大鼎峡；岩溶奇景，如七星岩、古佛岩；温泉，如银盏温泉、金山温泉；宗教寺庙，如开元寺、佛光祖庙；文物古迹，如珠玑巷、西汉南越王墓博物馆；近现代史迹，如黄花岗七十二烈士墓、中山纪念堂、孙中山故居、锦绣中华微缩景区、中国民俗文化村、世界之窗等游乐园和主题公园等。工艺品有端砚、石湾陶瓷、刺绣等；高尔夫球场有观澜湖高尔夫球场等。

目前，广东有两处世界遗产，分别是韶关丹霞山、开平碉楼与古村落；有12家国家5A级旅游景区，分别是深圳华侨城旅游度假区、广州白云山景区、梅州梅县雁南飞茶田景区、深圳观澜湖高尔夫景区、清远连州地下河景区、韶关丹霞山景区、佛山西樵山景区、孙中山故里旅游区、惠州罗浮山风景区、广州长隆旅游度假区、佛山市德顺区长鹿旅游休博园、海陵岛大角湾海上丝路旅游区；有8个国家级风景名胜区，分别是肇庆星湖风景名胜区、西樵山风景名胜区、丹霞山风景名胜区、白云山风景名胜区、惠州西湖风景名胜区、罗浮山风景名胜区、湖光岩风景名胜区、梧桐山风景名胜区；有国家级历史文化名城8座，分别是广州、潮州、佛山、梅州、中山、惠州、肇庆、雷同；广东省东部华侨城旅游度假区为国家级旅游度假区；有4个项目被列入《人类非物质文化遗产名录》，分别是粤剧、广东剪纸、古琴艺术（岭南派）、陆丰皮影戏。

五、历史沿革

广东，《吕氏春秋》称“百越”，《史记》称“南越”，《汉书》称“南粤”，“越”与“粤”通，简称“粤”，泛指岭南一带。在历史长河中，广州、广东等地名次第出现，逐渐演化成广东省及其辖境。在秦朝以前，广东是越族人聚居之地，称为百越地，并不为化外之地。周夷王八年（公元前887年）建立的楚庭，成为广东地区的中心。秦始皇三十三年（公元前214年）统一岭南后建郡，广东属南海郡。汉初赵佗据岭南三郡称南越国，建都番禺，即今广州。三国吴黄武五年（226年），分交州合浦以北地段，即今广东地区，置为广州。咸通三年（862年）岭南分东、西二道，今广东属岭南东道。唐末诸藩崛起，南汉国在岭南立国，废岭南道。而广东成为南汉政权的中心地区，直辖于南汉朝廷。明洪武二年（1369年）五月改广东道为广东行省。洪武九年（1376年）七月广东行省为广东承宣布政使司，通称广东省。清为广东省，受两广总督管辖。1911年11月9日，广东省宣布独立，成立军政府，成为中华民国辖地。1950年6月27日，中国人民解放军攻占珠海万山群岛，全省解放。1988年，中央政府将海南行政区从广东省划出，另设海南省。

六、文化艺术

（一）民间乐舞曲艺

1. 戏曲

广东的戏曲有粤剧、潮剧、正字戏、广东汉剧、西秦戏、梅山山歌剧、白字戏、花朝戏、陆丰皮影戏、高州木偶戏和潮州铁枝木偶戏等。以粤剧、潮剧、广东汉剧三种流行最广、影响最大、观众最多。

（1）粤剧

又称“广东大戏”或者“广府戏”，汉族传统戏曲之一，源自南戏，流行于珠江三角洲等广府民系聚居地。自明朝嘉靖年间开始在广东、广西出现，是糅合唱念做打、乐师配乐、戏台服饰、抽象形体的表演艺术。粤剧是广东省最大的地方戏曲剧种，随着粤语华人的移民及其对粤剧的喜爱和传唱，被传播到美国、加拿大、英国、东南亚等广府华侨聚集地，如新加坡素有“粤剧第二故乡”之称。也有“南国红豆”

的盛誉。2009年9月30日，粤剧获联合国教科文组织肯定，列入人类非物质文化遗产名录。

（2）潮剧

潮剧因形成于潮汕地区而得名，俗称“潮调”“潮音戏”“白字仔戏”，与梨园戏关系密切，演出剧目的唱白以闽南方言夹杂潮语为主。

（3）音乐

广东音乐（广东非广府人又称其为广府音乐）又称粤乐，是流行于中国广东珠江三角洲一带的器乐曲，音色清脆明亮，旋律流畅优美，节奏活泼欢快。广东音乐也吸收了江南和北方音乐以及中原古乐的因素，结合本地语言的特点而产生。代表性剧目有《旱天雷》《步步高》《平湖秋月》《连环扣》《雨打芭蕉》等。

2. 南狮

南狮起源于广东南海，是一种传统民俗文化，同时也是民间体育艺术的典型代表。民间认为舞狮可以驱邪辟鬼，龙舟和南狮在南海有着深厚的群众基础。每逢节庆或有重大活动（新张庆典、迎春赛会等），必有敲锣打鼓、扒龙舟、舞狮子助兴，从古到今，长盛不衰。南狮狮头有脸谱化的特点，具体表现在红脸为关公狮，代表忠义、胜利；黄脸为刘备狮，代表泽被苍生、仁义及皇家贵气；黑脸为张飞狮，代表勇猛、霸气等。它们均参照了戏曲中的人物脸谱创作出来的，这在其他地方的狮头艺术中是鲜见的，独具艺术特色。

3. 岭南文化

岭南文化是悠久灿烂的汉文化的重要的有机组成部分，包括广府文化、客家文化和潮汕文化三大汉族分支，其中广府文化在岭南文化中个性最鲜明、影响最大。岭南先民遗址的出土材料证明，岭南文化为原生性文化。基于独特的地理环境和历史条件，岭南文化以农业文化和海洋文化为源头，在其发展过程中不断吸取和融汇中原文化和西方文化，逐渐形成自身独有的特点——务实、开放、兼容、创新。

七、民族与宗教

广东省是56个民族齐全的省份，少数民族人口341.07万人，占全省总人口的3.0%。世居少数民族有壮、瑶、畲、回、满族。改革开放以来，迁移或暂住广东的少数民族流动人口主要集中在广州、深圳、佛山、东莞、中山等珠江三角洲地区的各城市。全省有县级范围（含县级）以上少数民族社会团体24个。根据国家宪法和有关法律规定，广东省设立连南瑶族自治县、连山壮族瑶族自治县、乳源瑶族自治县3个自治县和连州市瑶安瑶族乡、三水瑶族乡、龙门县蓝田瑶族乡、怀集县下帅壮族瑶族乡、始兴县深渡水瑶族乡、阳山县秤架瑶族乡，东源县漳溪畲族乡7个民族乡。

广东省是佛教、道教、伊斯兰教、天主教和基督教五大宗教齐全的省份。除中国本土的道教由北往南传入广东外，其他宗教皆由海路经广东传入中国。至2013年底，全省信奉宗教人员415.23万人，其中佛教259.64万人，道教44.12万人，穆斯林27.67万人，天主教31.84万人，基督教51.96万人；全省登记宗教活动场所2 941处，认定宗教教职人员6 068人。全省县级范围（含县级）以上宗教社会团体231个（各地凡设天主教、基督教团体的各按1个统计）。宗教院校2所：广东佛学院、基督教广东协和神学院。

八、美食与风物特产

（一）美食

1. 粤菜

粤菜即广东菜，是中国传统四大菜系、八大菜系之一，发源于岭南。粤菜由广州菜（也称广府菜）、潮州菜（也称潮汕菜）、东江菜（也称客家菜）三种地方风味组成，三种风味各具特色。在世界各地粤菜与法国大餐齐名，由于广东海外华侨数量占全国六成，因此世界各国的中菜馆多数是以粤菜为主。2014年12月1日，联合国教科文组织授予广东顺德“世界美食之都”的称号，成为中国第二个获此殊荣的城市。

广州菜范围包括珠江三角洲和韶关、湛江等地，用料丰富，选料精细，技艺精良，清而不淡，鲜而不俗，嫩而不生，油而不腻。擅长小炒，要求掌握火候和油温恰到好处。还兼容许多西菜做法，讲究菜的气势、档次。潮州菜发源于潮汕地区，汇闽、粤两家之长，自成一派。以烹制海鲜见长，汤类、素菜、甜菜最具特色。刀工精细，口味清纯。东江菜起源于广东东江一带，菜品多用肉类，极少水产，主料突出，讲究香浓，下油重，味偏咸，以砂锅菜见长，有独特的乡土风味。

经典粤菜：白切鸡、红烧乳鸽、蜜汁叉烧、脆皮烧肉、上汤焗龙虾、鲍汁扣辽参、菜胆炖鱼翅、白灼象拔蚌、椰汁冰糖燕窝、麒麟鲈鱼、椒盐濑尿虾、蒜香骨、白灼虾、干炒牛河、广东早茶、老火靓汤、罗汉斋、广式烧填鸭等。

2. 其他

广东人的饮食离不开饮茶，其中以潮汕工夫茶最为出名。潮汕工夫茶讲究茶具器皿配备之精良、烹制之功夫。烹制需按泡器、纳茶、侯汤、冲点、刮沫、淋罐、洒茶等一系列程序严格执行，方能得到工夫茶之“三味”。另外，广式点心堪称一绝，是中国三大特色面点之一。广东粥有鱼生粥、滑鸡粥、及第粥和艇仔粥。广东面以“伊府面”最为出名。

（二）风物特产

广东地域辽阔，特产丰富。广东特产主要有：香蕉、椰子、荔枝、沙田柚、槟榔、杨桃、波罗蜜、荔枝蜜、广式点心、广味腊肠、清平鸡、东江盐焗鸡、沙井鲜蚝、万宁燕窝、潮汕膏蟹、透明及第粥、春饼、盲公饼、油头烙饼、帝一神酒、黑皮冬瓜等。此外还有阳江风筝、粤绣、牙雕、椰雕、香包、陶瓷等等手工艺品。

九、民俗风情

（一）传统节日

广东的传统节日与我国大部分地区相似，包括春节、元宵节、清明节、端午节、“三月三”、重阳节、鬼仔节和冬至节等。

1. “三月三”

“三月三”是指节日时间在农历三月初三，古称上巳节，是纪念黄帝的节日。“三月三”是壮族的传统歌节，也是瑶族、汉族、侗族和苗族等民族的传统节日。这一日，家家户户制作五色饭、染红鸡蛋，时长达两三天。

2. 鬼仔节

鬼仔节，佛教的盂兰盆节，僧道俗三流合一。道教有天官、地官和水官，合称“三官”，是玉帝派驻人间的代表，分别以正月十五、七月十五、十月十五为诞辰；七月十五又是佛教的盂兰盆节，每年的七月十五，施佛及僧，做盂兰盆。

（二）民风民俗

“百里不同风，千里不同俗。”南粤民众在岭南大地上繁衍生息，形成了许多具有地域特点的民风民俗，例如迎春花市、端午赛龙舟、舞狮舞龙艺术、人龙舞、木偶戏、皮影戏、中秋灯会等。

1. 广东迎春花市

广州美称“花城”，其一年一度的迎春花市，已为世人所瞩目。春节前夕，广州的大街小巷都摆满了鲜花、盆橘，各大公园都举办迎春花展，特别是除夕前三天。各区的主要街道上搭起彩楼，拱起花架，四乡花农纷纷涌来，摆开阵势，售花卖橘，十里长街，繁花似锦，人海如潮，一直闹到初一凌晨，方才散去，这就是广州特有的年宵花市。

2. 赛龙舟

赛龙舟活动。赛龙舟，俗称扒龙船，是端午节的一项重要活动，在我国南方十分流行，它最早当是古越族人祭水神或龙神的一种祭祀活动，其起源有可能始于原始社会末期。赛龙舟是中国民间传统水上体育娱乐项目，已流传两千多年，多是在喜庆节日举行，是多人集体划桨竞赛。史书记载，赛龙舟是为了纪念爱国诗人屈原而兴起的。由此可见，赛龙舟不仅是一种体育娱乐活动，更体现出人们心中的爱国主义和集体主义精神。龙舟船的大小因地而异。比赛是在规定距离内，同时起航，以到达终点先后决定名次。我国各族的龙舟赛略有不同。汉族多在每年“端午节”举行，船长一般为20~30米，每艘船上约30名水手。

3. 人龙舞

人龙舞堪称雷州半岛的汉族传统舞蹈之魂，其节奏鲜明，鼓点强劲，气势雄伟，催人奋进，被誉为“东海一绝”。传说龙能行云布雨、消灾降福，象征祥瑞，所以以舞龙的方式来祈求平安和丰收就成为全国各地汉族的一种习俗。

第二节　广西壮族自治区基本概况

一、行政区划与人口

（一）行政区划

广西壮族自治区，简称“桂”，首府是南宁市。

广西壮族自治区行政区划为南宁市、柳州市、桂林市、梧州市、北海市、防城港市、钦州市、贵港市、玉林市、百色市、贺州市、河池市、来宾市、崇左市14个地市级，区内辖7个县级市，64个县（含12个民族自治县），40个市辖区，799个镇。319个乡（含59个民族乡），128个街道办事处。

（二）人口

2016年广西常住人口4838万，比上年增长0.9%，增速比全国平均水平高0.3个百分点；户籍人口5579万，增长1.1%。

二、地理条件与气候特征

（一）地理条件

1. 地理位置

广西壮族自治区地处祖国南疆。东连广东省，南临北部湾并与海南省隔海相望，西与云南省毗邻，东北接湖南省，西北靠贵州省，西南与越南接壤。行政区域土地面积23.76万平方千米，管辖北部湾海域面积约4万平方千米。

2. 地势地貌

广西地处中国地势第二阶梯中的云贵高原东南边缘，两广丘陵西部，南临北部湾海面。西北高、东南低，呈西北向东南倾斜状。四周多被山地、高原环绕，中部和南部多丘陵平地，呈盆地状，有“广西盆地”之称。

地貌总体是山地丘陵性盆地地貌，分山地、丘陵、台地、平原、石山、水面6类。山地以海拔800米以上的中山为主，海拔400～800米的低山次之。盆地中部被两列弧形山脉分割，外弧形成以柳州为中心的桂中盆地，内弧形成右江、武鸣、南宁、玉林、荔浦等众多中小盆地。平原主要有河流冲积平原和溶蚀平原两类，河流冲积平原中较大的有浔江平原、郁江平原、宾阳平原、南流江三角洲等，面积最大的浔江平原达到630平方千米。广西境内喀斯特地貌广布，集中连片分布于桂西南、桂西北、桂中和桂东北。

3. 山脉

受太平洋板块和印度洋板块挤压，山脉多呈弧形。山脉盘绕在盆地边缘或交错在盆地内，形成盆地边缘山脉和内部山脉。盆地边缘山脉中的猫儿山主峰海拔2 141米，是华南第一高峰。

4. 水系

河流大多随地势从西北流向东南，形成以红水河—西江为主干流的横贯中部以及两侧支流的树枝状水系。河流分属珠江、长江、桂南独流入海、百都河等四大水系。珠江水系是最大水系，主干流南盘江—红水河—黔江—浔江—西江自西北折东横贯全境，出梧州经广东入南海，在境内流长1 239千米。长江水系分布在桂东北，主干流湘江、资江属洞庭湖水系上游，经湖南汇入长江。

（二）气候特征

1. 特点

广西属亚热带季风气候区。气候温暖，雨水丰沛，光照充足。夏季日照时间长、气温高、降水多，冬季日照时间短、天气干暖。受西南暖湿气流和北方变性冷气团的交替影响，干旱、暴雨、热带气旋、大风、雷暴、冰雹、低温冷（冻）害气象灾害较为常见。

2. 降水

广西是全国降水量比较多的地区之一，年平均气温17℃～23℃。大部分地区年平均降水量为1200～2000毫米，时空分布差异较大。

三、交通与自然资源

（一）交通

广西壮族自治区内有柳州白莲机场、梧州长洲岛机场、南宁吴圩国际机场、河池金城江机场、北海福成机场、桂林两江国际机场5所机场。广西有北部湾港、合浦港等港口，钦州港位于北部湾畔，处于广西南部沿海南（宁）、北（海）、钦（州）、防（城）城市群的中心位置，面向东南亚，背靠大西南，是广西深入内陆陆路距离最近的海湾，是大西南最便捷的出海口。合浦港是最早记载的中国“海上丝绸之路”始发港之一。贵港港是中国西部地区货物吞吐量最大的内河港。被称为“南疆国门第一路”的南宁—友谊关高速公路，是中国南部边境诸多口岸通道中第一条高速公路，是中国通往东盟各国的主动脉。

（二）自然资源

1. 矿产资源

广西矿产资源种类多、储量大，尤以铝、锡等有色金属为最，是全国10个重点有色金属产区之一，被称为“有色金属”之乡。全自治区发现矿种145种（含亚矿种），探明储量的矿藏有97种，其中64种储量居全国前十位，有12种居全国第一位。

2. 水资源

广西河流众多，水资源丰富。境内河流分属珠江水系、长江水系、桂南独流入海水系、百都河水系四大水系。其中以珠江水系为主。珠江水系干流西江在广西境内总长1 239千米，其中红水河段658千米，滩多水急，水能资源丰富，被誉为中国水电资源的富矿。是中国优先开发的三大水电建设基地之一。

3. 海洋资源

广西南临北部湾，海岸线曲折，溺谷多且面积广阔，天然港湾众多。北部湾不仅是中国著名的渔场，也是世界海洋生物物种资源的宝库，生长有已知鱼类500多种、虾类200多种、头足类近50种、蟹类190多种、浮游植物近140种、浮游动物130种，举世闻名的合浦珍珠产于这一带海域。媒、泥炭、铝、锡、锌、汞、金等海洋矿产资源亦达到20多种。北部湾盆地、莺歌海盆地和合浦盆地三个含油沉积盆地蕴藏丰富的海洋石油、天然气资源。

4. 动植物资源

广西发现陆栖脊椎野生动物1 149种（含亚种），约占全国总数的43%。其中，国家重点保护的珍稀物种149种，约占全国总数量的44.5%。国家一级保护动物24种。发现野生植物288科1 717属8 562种，数量在各省（自治区、直辖市）中居第三位。有国家一级重点保护植物37种，珍贵植物主要有金花茶、银杉、桫椤、擎天树等。

四、旅游资源

广西壮族自治区洞穴众多且景观优美，素有“无山不洞，无洞不奇”之称。据统计广西溶洞约有10万个。在瑰丽多姿的溶洞里，石乳、石笋、石幔、石柱、石花、石莲、石林等琳琅满目，美不胜收。比较著名的有旱洞型的桂林的芦笛岩、七星岩，柳州的都乐岩，武鸣的伊岭岩，北流的勾漏洞、玉林龙泉洞等；有水洞型的桂林冠岩、荔浦丰鱼岩、灌阳龙宫、钟山碧水岩、马山金伦洞等以及考古陈列型的桂林甑皮岩（是中国有代表性的新石器时代古人类洞穴遗址）和龙隐岩（存有唐代至清代摩崖石刻200多件），柳州白莲洞（中国史前人类文化的重要遗址）等。

位于中越交界的归春河上游的德天瀑布闻名遐迩，其瀑面宽100多米，高约80米，呈三叠状飞泻而下，水声轰鸣，势若奔马，非常壮观。其他著名的瀑布还有资源的宝鼎瀑布、隆林的冷水瀑布、靖西的叠岭瀑布、龙州的响水瀑布、上思的应天府瀑布等。在八桂大地上，泉流众多，分布广。冷、热、温、沸四泉均有，其中分布最广的是温泉。比较著名的有龙胜温泉、陆川温泉、象州温泉、全州炎井温泉、平乐仙家温泉。这些温泉流量大，水温适宜，含多种有益人体的矿物质，四周风景宜人，是度假、疗养、休闲的好去处。

广西壮族自治区历史悠久，古人类、古建筑、古文化遗址、古水利工程、石刻、墓葬等古文物及革命斗争纪念遗址众多。经国务院和自治区政府批准的重点文物保护单位就有140余处。比较著名的有年代久远的柳州白莲洞、桂林的甑皮岩、南宁豹子头等古人类遗址，兴安灵渠等古水利工程，宁明花山壁画，著名的古建筑有桂林王城、容县真武阁、桂林山水、柳州柳侯祠、兴安严关、恭城的文庙、合浦的大士阁等。近现代的一些革命活动纪念地，如太平天国的发祥地—桂平金田村、百色红七军军部、龙州红八军军部旧址、钦州刘永福故居、李宗仁故居、抗战时期的八路军驻桂林办事处等都具有考察、参观和瞻仰的价值。

目前，广西共有3处国家级风景名胜区即漓江风景名胜区、桂平西山风景名胜区、宁明花山风景名胜区。还拥有隆安龙虎山风景名胜区、贵港南山——东湖风景名胜区、百色澄碧湖风景名胜区、陆川谢鲁山庄风景名胜区、三江的林溪——八江风景名胜区、鹿寨的香桥岩风景名胜区、北流的勾漏洞风景名胜区、容县的都峤山——真武阁风景名胜区等29处自治区级风景名胜南宁中国——东盟博览会会展中心区。有7处国家级历史文物保护单位，即桂平的太平天国金田起义旧址、容县经略台真武阁、三江的程阳风雨桥、合浦县的大士阁、宁明的花山崖壁画、兴安县的灵渠、中国工农红军红七军司令部及红八军司令部右江革命军事委员会旧址。另有22处自治区级历史文物保护单位，有12个国家级森林公园，即北海的冠头岭国家森林公园、桂林国家森林公园、南宁良凤江国家森林公园、柳州三门江国家森林公园、桂平龙潭国家森林公园、龙胜温泉国家森林公园、上思和防城的十万大山国家森林公园、融水元宝山国家森林公园、八角寨国家森林公园、姑婆山国家森林公园、大桂山国家森林公园、北流大容山国家森林公园。有1个国家级旅游度假区，即北海银滩旅游度假区。

五、历史沿革

据考古发现，今广西地域早在80万年前就有原始人类繁衍生息。约在5万年前，今广西境内古人类进入旧石器时代晚期。距今1万至6 000年前，境内古人逐步走出岩洞与河谷，向平原和滨海地区发展，今广西地区出现原始农业、畜牧业和制陶业。

秦始皇统一岭南后，今广西地域主要分属于桂林郡和象郡，这是广西最早纳入统一的中央王朝版图。初，代行南海尉赵佗击并桂林郡、象郡，建立南越国，今岭南地区包括广西大部分隶属于南越国。元鼎六年（公元前111）汉武帝平定南越，苍梧广信（今梧州）成为交趾刺史部9郡的行政中心。西汉时，合浦是我国“海上丝绸之路”的始发港之一，瓯骆越人从战国时开始绘制的左江崖壁画约完成于此时。唐咸通三年（862），分岭南道为岭南东道和岭南西道，升邕管经略使为岭南西道节度使，这是广西最早成为一级独立政区。五代十国时期，楚与南汉长期争夺广西，社会经济遭受破坏。宋分广南路为广南东路和广南西路，广南西路简称为广西，广西之名始于此；宋代，先后发生了区希范起义、侬智高起兵反宋、李接起义等反抗宋王朝的事件；而交趾上层统治者则于熙宁八年（1075）大规模入侵广西元朝统治广西基本上着重于军事控制，在各主要隘口附近派驻屯兵，实行军事性质的屯田；至正二十三年（1363），设置广西行中书省，为广西建省之始。明初改广西行省为广西承宣布政使司，是当时全国13个布政使司之一。鸦片战争后，我国沦为半封建半殖民地社会。两广是受鸦片走私危害最严重的地区，同时随着封建统治的没落腐朽，阶级矛盾和民族矛盾的激化，把广西人民推向了反帝反封建斗争的最前沿。其中1856年的“西林教案”引发了中法两国的外事交涉，法国以此为借口，与英国联合发动了第二次鸦片战争。19世纪70年代，中国边疆危机日益加深，广西各族儿女奋起抗击法国的觊觎和侵略，民族英雄刘永福率领由广西子弟组成的黑旗军在越南屡创法军，取得著名的纸桥等大捷。

1925年10月，中国共产党在广西最早的地方组织首先在梧州建立。与此同时，曾为旧桂系下级军官的李宗仁、黄绍竑、白崇禧借助广东革命阵营的力量，统一广西，建立了新桂系的统治。1929~1930年，蒋桂连年混战，给社会经济和人民生活带来极大破坏，但客观上也为广西革命造成了有利时机。1949年12月11日，人民解放军将红旗插上了中越边境要塞镇南关（今友谊关），宣告广西全境解放，广西的历史从此翻开了新的一页。

六、文化艺术

（一）乐器

广西各族人民在几千年的历史长河中创造了丰富灿烂的民族文化。铜鼓是一种打击乐器，出现在壮族先民骆越人的生活中。1972年在北流市六靖镇水冲庵发现的云雷纹大铜鼓是广西最大的铜鼓，也是迄今世界上最大的古代铜鼓。该铜鼓体型高大，鼓面直径165厘米，高67.5厘米，重达300千克。鼓面中心是八道光芒的太阳纹，外围用突起的同心圆弦纹分成五道晕圈，晕圈内布满单线旋出的云纹和菱形套叠的雷纹。

（二）崖壁画

左江沿岸有大量的崖壁画，表明广西古代民族在旧石器时代晚期已具有相当高的文化水平。

（三）其他

广西英才辈出，曾有：陈钦，西汉末年出生于苍梧，是广西最早的学者，其著作

《陈氏春秋》今已失传，为我国早期的经学家；莫慧兰，桂林市人，1994年10月，在日本广岛举行的第十二届亚运会上，一人独得女子团体、高低杠、跳马、平衡木、自由体操5枚金牌，这在全国罕见，在广西也成为一次亚运会上获金牌最多的运动员。

20世纪50年代，代表广西文化艺术最高水平的民间歌舞剧《刘三姐》享誉国内外。

七、民族与宗教

广西是多民族聚居的自治区，区内有12个世代居住的民族，如壮族、瑶族、苗族等。在常住人口中，少数民族人口总数在全国居第一位。壮族是中国人口最多的少数民族。仡佬族是广西少数民族中人数最少的民族。

广西现有五种宗教，分别是佛教、道教、伊斯兰教、天主教、基督教。

八、美食与风物特产

广西地处亚热带，气候温暖湿润，阳光充足，利于作物生长。除传统的稻谷、玉米等大宗粮食作物，花生、油茶籽等油料作物，甘蔗、黄红麻等大宗经济作物外，还出产众多著名地方特产。地方名优蔬菜品种有荔浦芋、玉林大蒜、横县大头菜、博白雍菜、扶绥黑皮冬瓜、田林八渡笋、覃塘莲藕、长洲慈菇等。药用植物有田七、肉桂、罗汉果、绞股蓝、血竭、安息香等。著名热带及亚热带水果有荔枝、龙眼、木瓜、香蕉、凤梨（菠萝）、田东杧果、容县沙田柚、阳朔金橘、广西甜橙、波罗蜜等。优良畜禽品种有香猪、都安山羊、德保矮马、三黄鸡、右江鹅等。林产品有松脂、桐油、紫胶等。海产品有珍珠、对虾及红鳍笛鲷等名贵鱼类。

博白县素有“桂圆肉之乡”的美誉，是广西桂圆肉的主要产区。桂林三宝是三花酒、桂林腐乳和桂林辣椒酱，其中三花酒是中国米香型白酒的代表，被誉为米酒之王。钦州坭兴陶作为一种传统民间工艺，被认定为目前广西最具民族特色的二件宝之一，与江苏宜兴紫砂陶、云南建水陶、四川荣昌陶享誉中外，被誉为中国四大名陶之一。广西合浦是南珠之乡，民间盛传珠乡三件宝：珍珠、海牛、东园酒。有“东珠不如西珠，西珠不如南珠”之美誉。壮锦是中国壮族的特色手工织锦。忻城县是广西壮锦的起源地之一，有着悠久的历史和深厚的文化底蕴，忻城壮锦曾经是广西壮锦中的精品，作为贡品进献皇宫。

九、民俗风情

广西境内少数民族分布广，以壮族为代表广西民俗具有鲜明的特色，语言、服饰、建筑物、生活习惯、风土人情、喜庆节日、民间艺术、工艺特产、烹调技术等，构成了多姿多彩的民族风情。壮族的三月三歌节、瑶族的达努节和盘王节、苗族的踩花山、仫佬族的走坡节、侗族的花炮节，以及别有风味的打油茶等，都充满着浓郁的民族风情。

1. 壮族的歌圩节

三月三是壮族的传统节日——歌节。壮族人的歌节历史悠久，大约起源于隋唐时期。1983年，广西壮族自治区人民政府将三月三定为壮族的歌节，并开始在南宁举行歌节。歌节又叫歌圩节，壮语称“窝埠坡”或“窝坡”，原意为去歌场唱歌。歌圩是壮族人民自古就有的风尚。古老的壮族长期在山野从事繁重的农耕劳动，为了打破可怕的寂寞、提高劳动效率，在各个山头劳作的人们开始相互对歌。人们用歌声表达对生活的热爱、对劳动的赞美，随后他们又借助歌声相互表情达意，或结婚姻，或交朋友，增加了生活的乐趣。壮民以歌声显示自己的才华和心灵的高尚。因此，壮族人个个能歌善歌。节日期间，壮族同胞们吃五色糯米饭、会歌、抛绣球……节日气氛浓厚，热闹非凡。

2. 苗族的节日

苗族节日很多，一年之间各地共有数百次，比较普遍的有年节、吃新（谷）节、芦笙节、四月八节、赶秋节、吃姊妹饭节、龙船节等。然而最古老最神奇的是几年不遇的牯脏节。牯脏节又称鼓社节、拉鼓节、祭鼓节，是苗族地区盛大的传统祭祀节日。

3. 侗族的楼和桥

侗家人说：“鼓楼通天，花桥接地”。仔细观察侗寨的整体布局，他们的寨子就是一条“龙”……是鼓楼和风雨桥，把小小的侗寨与大千世界、与宇宙万物接通，联为一体的。这就是侗家人心中“龙”的意象。“天人合一”的整体观，被他们用无与伦比的建筑艺术曲折地展现在世界面前。

4. 瑶族舞蹈

瑶族的舞蹈与狩猎、农事和祭祀等有着密切关系。同时，瑶族传统的鼓、歌、舞又常常融为一体，即鼓之、歌之、舞之。主要有长鼓舞、铜鼓舞和陶鼓舞等。

第三节　海南省基本概况

一、行政区划与人口

（一）行政区划

海南省，简称“琼”，省会是海口市。

截至2015年9月，海南省有27个市、县（区），其中4个地级市、5个县级市、4个县、6个自治县、8个区，218个乡镇（含街道办事处），其中21个乡、175个镇、22个街道办事处。4个地级市分别为海口市、三亚市、三沙市、儋州市，5个县级市分别是五指山市、文昌市、琼海市、万宁市、东方市；4个县分别为安定县、屯昌县、澄迈县、临高县。

（二）人口

根据人口变动情况抽样调查推算，2017年全省常住人口925.76万人，城镇人口比重为58.04%。

二、地理条件与气候特征

（一）地理条件

1. 地理位置

海南省位于中国最南端，北以琼州海峡与广东省划界，西临北部湾与越南相对，东濒南海与台湾省相望，东南和南边在南海中与菲律宾、文莱和马来西亚为邻。海南岛与广东省的雷州半岛相隔的琼州海峡宽约18海里，海南省的行政区域包括海南岛和西沙群岛、中沙群岛、南沙群岛的岛礁及其海域。海南岛形似一个呈东北至西南向的椭圆形大雪梨，总面积3.39万平方千米（不包括卫星岛），是我国仅次于台湾岛的第二大岛。南沙群岛的曾母暗沙是我国最南端的领土。

2. 地貌

海南岛的山脉海拔多在500～800米之间，属丘陵性低山地形。海拔超过1 400米的山脉有五指山、鹦哥岭、霸王岭、吊罗山、尖峰岭、黎母山等。这些大山大体上分为三大山脉，五指山山脉位于岛中部，是海南岛最高的山峰。海南岛地势中部高四周低，比较大的河流大都发源于中部山区，组成辐射状水系。

3. 地形

海南岛四周低平，中间高耸，呈穹隆山地形，由山地、丘陵、台地、平原构成环形层状地貌，以五指山、鹦哥岭为隆起核心，向外围逐级下降，梯级结构明显。

4. 水系

全岛独流入海的河流共154条，其中集水面积超过100平方千米的有38条。南渡江、昌化江、万泉河为海南岛三大河流，集水面积均超过3 000平方千米，三大河流流域面积占全岛面积的47%。南渡江斜贯岛中北部，流经白沙、琼中、儋州、澄迈、屯昌、定安等市县至海口入海，全长331千米，流域面积7 176平方千米；昌化江横贯岛中西部，流经琼中、保亭、乐东、东方等市县至昌江昌化港入海，全长230千米，流域面积5 070平方千米；万泉河上游分南北两支，流经琼中、万宁、屯昌等市县至琼海龙江合口嘴合流，至博鳌港入海，主流全长163千米，流域面积3 683平方千米。

（二）气候特征

1. 特点

海南是我国最具热带海洋气候特色的地方，全年暖热，雨量充沛，干湿季节明显，台风活动频繁，气候资源多样。

2. 气温

海南岛年日照时数为1 750～2 550小时，年平均气温为23～25℃，1月的平均气温为16～23℃，7月的平均气温为26～29℃。

3. 降水

海南省的年平均降水量在1 600毫米以上，东多西少，中部和东部相对湿润，西南部沿海相对干燥。降雨季节分配不均匀，冬春雨少，夏秋雨多。因台风活动频繁，海南省素有“台风走廊”之称。

三、交通与自然资源

（一）交通

海南省的陆上交通以公路和铁路为主，岛外交通以航空和水运为主。公路运输以“三纵四横”为骨架；铁路运输方面，粤海铁路是中国第一条跨海铁路；在航空方面，海口美兰国际机场、三亚凤凰国际机场有200多条航线，与40多个国内外大中城市通航；在水运方面，海南省有24个港口，全省港口已形成北有海口港、南有三亚港、西有洋浦港和八所港、东有龙湾港的“四方五港”格局。全省内河航道里程为343千米，其中等级航道里程76千米。船队的国内航线可到达沿海及长江中下游各港口，国际航线可到达俄罗斯、日本、朝鲜、东南亚、非洲和欧洲等国家和地区。

随着海口美兰和三亚凤凰两个国际机场相继建成，我国第一条跨海铁路粤海铁路通道全线投入运营，如今，在3.4万平方千米的海南岛上，由机场、铁路、港口、公路、管道5种运输方式组成的立体交通网初具规模，把海南岛与祖国大陆及世界各地紧紧连在了一起。其中公路一直是海南的主要交通方式。

（二）自然资源

1. 矿产资源

海南省的矿产资源以石油、天然气和富铁矿为主，矿产资源种类较多，已探明具有发开价值的矿产有57种，其中石碌铁矿品位全国第一。

2. 动物资源

海南陆生脊椎动物有567种，其中两栖类37种，爬行类104种，鸟类344种，哺乳类82种（21种为海南特有）。世界上罕见的珍贵动物有世界四大类人猿之一的黑冠长臂猿和坡鹿、水鹿、猕猴、黑熊、云豹等。1998年5月公布的海南省陆生野生动物调查结果共记录了4个纲、32个目、77个科共320种动物，其中有7种属国家一级保护动物，22种属省级保护动物。发现历史上没记录过的鸟类14种。

3. 水产资源

海南的海洋水产资源具有海洋渔场广、品种多、生长快和渔汛期长等特点，是全国发展热带海洋渔业的理想之地。海洋水产在800种以上，鱼类就有600多种，主要的海洋经济鱼类40多种。许多珍贵的海特产品种已在浅海养殖，可供人工养殖的浅海滩涂约2.5万公顷，养殖经济价值较高的有鱼、虾、贝、藻类等20多种。淡水鱼（不包括溯河性的鱼）有15科57属72种。

4. 植物资源

海南地处热带北缘，地理位置和气候条件独特，是我国热带森林面积最大、热带雨林资源最丰富的省份。海南有独特的热带山地雨林和季雨林生态系统，植被类型复杂，野生动植物十分丰富，生物多样性显著，素有“热带植物大观园”“生物物种基因库”“蝴蝶王国”等美誉。海南省农田终年可以种植，主要作物有水稻、甘蔗、热带水果等，经济价值较高的热带作物有：椰子、橡胶、可可等；海南岛湿地资源丰富，有湿地5类18型，其中最具代表性的是红树林湿地型。

5. 其他资源

（1）海盐资源

海南岛是理想的天然盐场，沿海港湾滩涂许多地方都可以晒盐，主要集中于三亚至东方沿海数百里的弧形地带上。已建有莺歌海、东方、榆亚等大型盐场。

（2）药材资源

海南动植物药材资源丰富，有“天然药库”之称。4 600多种植物中可入药的约2 000种，占全国的40%，药典收载的有500种，经过筛选的抗癌植物有137种，南药30多种，最著名的是四大南药：槟榔、益智、砂仁、巴戟。动物药材和海产药材资源有鹿茸、猴膏、牛黄、穿山甲、玳瑁、海龙、海马、海蛇、琥珀、珍珠、海参、珊瑚、哈壳、牡蛎、石决明、鱼翅、海龟板等近50种。

四、旅游资源

1. 海岸带景观

在海南岛长达1 823千米的海岸线上，沙岸占50%～60%，多数地方风平浪静，海水温度一般为18~30℃，海水清澈，沙白如絮，清洁柔软，阳光充足明媚，一年中多数时间可进行海浴、日光浴、沙浴和风浴。自海口至三亚东岸线就有60多处可辟为海滨浴场。在东海岸线上还有特殊日出景观、红树林以及珊瑚礁，均具有较高的观赏价值。目前，已在文昌市清澜港和琼山区东寨港等地建立了4个红树林保护区。

2. 山岳、森林景观

海南岛有海拔1 000米以上的山峰81座，颇负盛名的有五指山、鹦哥岭、东山岭、太平山、七仙岭、尖峰岭、吊罗山、霸王岭等，均是登山旅游和避暑的胜地。海南的山岳最具特色的是密布热带原始森林，最著名的有乐东尖峰岭、昌江霸王岭、陵水吊罗山和琼中五指山，其中以乐东尖峰岭最为典型。从1992年至今，海南已先后建立了9个国家级森林公园、16个省级森林公园、2个市县级森林公园。

3. 珍禽异兽

海南已建立若干个野生动物自然保护区和驯养场，其中有昌江霸王岭黑冠长臂猿保护区、东方大田坡鹿保护区、万宁大洲岛金丝燕保护区、陵水南湾半岛猕猴保护区、屯昌养鹿场等。

4. 大河、瀑布、水库风光

南渡江、昌化江、万泉河等河流中，尤以万泉河风光闻名全国。大山深处的小河或山间小溪密布，瀑布众多，尤其是五指山太平山瀑布和琼中百花岭瀑布久负盛名。海南岛上还有不少水库，特别是松涛、南扶、长茅、石碌等水库具湖光山色之美，不是湖泊胜似湖泊。

5. 火山、溶洞、温泉

历史上的火山喷发，在海南岛留下了许多死火山口。最为典型的是位于海口的石山，石山有海拔200多米的双岭，形似马鞍，又名马鞍岭。石山附近的雷虎岭火山口、罗京盘火山口也保存得十分完整。海南有不少喀斯特溶洞，形态各异，其中著名的有三亚的落笔洞、保亭的千龙洞、昌江的皇帝洞等。岛上温泉分布广泛，且所在区域景色宜人，有兴隆温泉、官塘温泉、南平温泉、蓝洋温泉等。

6. 古迹名胜

具有历史意义的古迹主要有：五公祠，为纪念唐、宋两代被贬谪来海南岛的李德裕等5位历史名臣而修建，北宋大文豪苏东坡居琼遗址——东坡书院以及为纪念苏氏而修建的苏公祠，琼台书院为巡雷琼兵备道焦映汉所修建，海瑞（明朝大清官）之墓，丘濬（明代名臣）之墓，受汉武帝派遣率兵入海南的伏波将军为拯救兵马而下令开凿的汉马伏波井，还有崖州古城、韦氏祠堂、文昌阁等等。革命纪念地有琼崖纵队司令部旧址、嘉积镇红色娘子军纪念塑像、金牛岭烈士陵园、白沙起义纪念馆、宋氏祖居及宋庆龄陈列馆等。

7. 民族风情

海南是全国唯一的黎族聚居区。黎族颇具特色的民族文化和风情，有独特的旅游观光价值。

8. 文化遗产

海南有十大最值得关注的文化遗产：黎族树皮布制作技艺、黎族打柴舞、黎族钻木取火、黎族传统纺染织绣技艺、昌江黎族泥条盘筑法制陶技艺、黎族骨簪、临高人偶戏、黎族茅草屋、南洋骑楼和秀英炮台。

9. 旅游系统

为合理地开发利用海南旅游资源，防止区域和项目开发的雷同，必须按区域结构和旅游功能的差异，进行总体布局，有重点地分片开发，建立六大旅游中心系统，以强化其功能，取得整体规模经济效益。六大旅游中心系统：海口旅游中心系统、三亚旅游中心系统、石梅湾旅游中心系统、五指山旅游中心系统、尖峰岭旅游中心系统、西沙海洋旅游中心系统。6个国家5A级旅游景区分别是三亚南山文化旅游区、三亚南山大小洞天旅游区、三亚市蜈支洲岛旅游区、分界洲岛旅游区、保亭县呀诺达雨林文化旅游区、海南槟榔谷黎苗文化旅游区，还有国家级风景名胜区及国家级历史文化名城。

五、历史沿革

海南岛是一个美丽富饶、历史悠久的海岛。在地质时期，海南岛原与大陆相接，大约在人类出现的第四纪，由于地壳断裂才与大陆分离，其间形成15~30千米宽的琼州海峡，此岛孤悬南中国海域中，因而得名“海南岛”。历史上海南岛有三种古称——珠崖、儋耳、琼台。据文献资料，“珠崖”源于“郡在大海崖岸之边，出珍珠”，故名“珠崖”；“儋耳”源于海南岛古部落的绣面习俗（在脸面上刻上花纹，涂以颜色，耳朵上戴有装饰用的耳环而下垂），因而得名；“琼台”源于“境内白石有琼山，土石皆白而润”，宋神宗熙宁年间琼州置琼管安抚都监台，遂称为琼台。

而根据考古工作已发现的新石器时代的200处遗址和历史文献来推断，至少在6000年以前就有海南岛，并有人类活动。据《琼州府志》记载，秦代海南属其遥领的范围，没有任何建制。西汉元封元年（公元前110年）始设儋耳、珠崖两个郡。到元帝初元三年（公元前46年）撤郡仅设一个县叫“朱卢县”。南北朝梁武帝时，设制为州，称“崖州”。隋朝时设临振、珠崖两郡，唐代设崖州、琼州、振州、儋州、万州五个州。到宋代，设一州和三个军，琼州领五县，南宁军领3县，万安军领2县，吉阳军领3镇。在元代，海南建制多仿宋代，无大变更。明代海南设琼州府，领儋、万、崖三州10个县。清代海南建制仍沿袭明代。民国初期，海南废道设公署，后经改行政督察区、特别行政区。新中国成立后，海南改为行政区，设行政区公署，1988年建省，称为海南省。海南建制的演变，自汉初在琼崖置郡县到1988年建省，历时2098年。

随着朝代变更，地名也常有改变，故海南地名有称“崖州”“琼州”“琼崖”。在诗文和题词中有称“海南极”“天涯”“海角”“南天”等。“海南”一名在宋代才常有出现，民国之后普遍使用，其正式作为海南地方政区的称谓是1951年，称“海南行政公署”，1988年建制升格为省，称海南省。同年，划定海南岛为海南经济特区。

六、文化艺术

（一）语言

海南居民语言种类多，主要使用的方言有海南话、黎话、临高话、儋州话、军话等10种。此外，还有三亚市、陵水县等沿海渔民使用船上话，港口、铁路、矿山、国有农场职工使用白话、客家话、潮州话、浙江话、云南话、福建话等。

（二）民间艺术

1.民间音乐

（1）崖州民歌

崖州民歌是海南的古老民歌歌种之一，流行地区为三亚、乐东黄流及古崖州的属地。至今仍在传唱，没有修饰，演唱者将热情的曲调注入吟唱中，借着质朴的语言酣畅淋漓地释放对生活的热爱。

（2）儋州调歌

儋州调歌仅流传于海南省儋州一带，具有独特的地域风格，用儋州方言演唱，节奏明快、旋律优美、可歌可舞，被誉为“南国艺苑奇葩”。其主要的特色是男女集体对唱，将歌唱与舞蹈融为一体，是优秀的民间文化遗产。每年中秋的儋州民间歌节，歌节的主要活动内容包括儋州山歌、调声对歌比赛和“赏月”等项目。

2. 特色文化

漫长的海南历史展示出具有海南特色的古代贬官文化、海南革命文化。现拥有众多文物古迹及人文景观。有著名的唐代以后帝王流放“逆臣”的南荒之地——崖州古城及纪念名人的五公祠、海瑞墓、海瑞故居、宋庆龄祖居；还有与天津大沽口、上海吴淞口、广州虎门炮台并称中国清末四大炮台的秀英炮台等历史古迹和中共琼崖“一大”旧址和金牛岭烈士陵园、李硕勋烈士纪念亭等革命名胜。

七、民族与宗教

海南省的汉族、黎族、苗族、回族是世居民族，黎族是海南岛上最早的居民。世居的黎、苗、回族，大多数聚居在中部、南部的琼中、保亭、白沙、陵水、昌江等县和三亚市、五指山市；汉族人口主要聚集在东北部、北部和沿海地区。

海南省是一个有着多种宗教的省份，现有道教、佛教、伊斯兰教、基督教和天主教。全省信奉宗教人数约8万人，依法登记的宗教活动场所有122个，依法成立和依法登记的宗教团体共35个。

八、美食与风物特产

（一）美食

海南作为中国唯一的热带海洋大省，得天独厚的自然资源优势，风情浓郁的少数民族，坚持大开放的经济特区，使海南的“吃”表现出几大特点：一是新鲜、二是天然、三是奇特、四是丰富。在海南吃山珍海味，讲究清淡鲜活、原汁原味。来海南旅游，特别要吃海鲜，鱼类肉嫩味鲜，为宴席首选；各种虾如基围虾、对虾、龙虾及各种贝类如鲍鱼、扇贝、鸡腿螺、剪刀贝等也是必食之珍。文昌鸡、加积鸭、东山羊、和乐蟹是海南四大名菜，另有临高乳猪、石山壅羊、曲口海鲜和“三亚三绝”名吃。海南美食家也有品位，不光是张口猛咽，而是在吃中吃出文化，吃出民俗，吃出特色，吃出海南。海南餐馆注重环境，力求生态化：大海边、温泉旁、椰林中、榕树下，哪里风景美，就在哪里吃。

（二）风物特产

1. 椰子糕、椰子糖果、椰糯糕、椰香酥饼、椰片糖、椰子酱等椰子食品。
2. 生煮咖啡粉、速溶咖啡粉、椰奶咖啡粉等咖啡类饮品。
3. 海水珍珠、琼珠、天然水晶等金饰品和珠宝。
4. 海南红豆、木画、木雕、根雕、牛角雕、藤器、椰雕系列产品等民族工艺品。
5. 波罗蜜、橙子、芭蕉、菠萝、番荔枝、番石榴、海南柚子等热带果脯及鲜果，
6. 海产鱼干、鱿鱼干、贝类、海参、虾仁、海蛇干以及琼脂等各种海产干品类。

九、民俗风情

海南岛有丰富的民间文化，衍生了许多独特的民间节庆活动。每逢农历正月十五的晚上，在海南琼山举行一年一度风情独具的海南岛换花节。每年农历二月初九至十九，琼山等地举行一次为期四天的冼夫人文化节（原称军坡节）。这是纪念冼夫人而举行的民间奉祀活动。

每年农历三月初三是黎族青年男女追求爱情和幸福的传统佳节。海南黎族、苗族都有欢度“三月三”的习俗。每年3月下旬或4月上旬（农历“三月三”期间）均举行海南国际椰子节，它是融旅游、文化、民俗、体育、经贸于一体的大型旅游文化节庆活动。每年中秋为儋州民间歌节。歌节的主要活动内容是儋州山歌、调声对歌比赛和“赏月”等项目。

每年十一月下旬举办“海南岛欢乐节”。另外海南的节日还有：万宁文灯节、南山长寿文化节、海南热带雨林节、三亚国际啤酒节、三亚国际广告电视艺术节、天涯海角国际婚庆节、保亭七仙温泉嬉水节等。海南省最具特色的是黎族和苗族的民俗风情。

第六章　西南地区

学习目标： 1. 熟悉西南地区各省市自治区的基本概况。

2. 了解西南地区各省市自治区的旅游资源。

3. 了解西南地区各省市自治区的历史文化和民俗风情。

4. 了解西南地区各省市自治区的饮食特点、主要美食和风物特产。

第一节　云南省基本概况

一、行政区划与人口

（一）行政区划

云南省，简称“云”或“滇”，省会是昆明市。

现有16个州（市），分别为昆明市、曲靖市、玉溪市、保山市、昭通市、丽江市、普洱市、临沧市、楚雄彝族自治州、红河哈尼族彝族自治州、文山壮族苗族自治州、西双版纳傣族自治州、大理白族自治州、德宏傣族景颇族自治州、怒江傈僳族自治州、迪庆藏族自治州；全省有129个县（市、区），其中，16个市辖区，15个县级市，69个县，29个民族自治县。

（二）人口

截至2016年末，云南省常住人口4 770.5万人。

二、地理条件与气候特征

（一）地理条件

1. 地理位置

云南省总面积39.4万平方千米，占全国总面积的4.1%。东与广西壮族自治区和贵州省毗邻，北以金沙江为界与四川省隔江相望，西北隅与西藏自治区相连，西部与缅甸唇齿相依，南部和东南部分别与老挝、越南接壤，共有陆地边境线4 061千米。云南是全国边境线最长的省份之一。

2. 地貌

云南属山地高原地形。地形以元江谷地和云岭山脉南段宽谷为界，分为东西两大地形区。东部为滇东、滇中高原，是云贵高原的组成部分，平均海拔2 000米左右；西部高山峡谷相间，地势险峻，山岭和峡谷相对高差超过1 000米。全省最高点海拔6 740米，在滇藏交界处德钦县境内怒山山脉的梅里雪山主峰卡瓦格博峰；最低点海拔76.4米，在河口县境内南溪河与红河交汇的中越界河处，两地直线距离约900千米，海拔相差6 000多米。

3. 地形

全省地势呈现西北高、东南低，自北向南呈阶梯状逐级下降，从北到南的每千米水平直线距离，海拔平均降低6米。北部是青藏高原南延部分，海拔一般在3 000～4 000米之间，有高黎贡山、怒山、云岭等巨大山系和怒江、澜沧江、金沙江等大河自北向南相间排列，三江并流，高山峡谷相间，地势险峻；南部为横断山脉，山地海拔不到3 000米，主要有哀牢山、无量山、邦马山等，地势向南和西南缓降，河谷逐渐宽广；南部、西南部边境，地势渐趋和缓，山势较矮、宽谷盆地较多，海拔在800～1 000米之间，个别地区下降至500米以下，主要是热带、亚热带地区。

4. 水系

全省境内径流面积在100平方千米以上的河流有889条，分属长江（金沙江）、珠江（南盘江）、元江（红河）、澜沧江（湄公河）、怒江（萨尔温江）、大盈江（伊洛瓦底江）6大水系。红河和南盘江发源于云南境内，其余为过境河流。除金沙江、南盘江外，均为跨国河流，这些河流分别流入南中国海和印度洋。全省有高原湖泊40多个，多数为断陷型湖泊，大体分布在元江谷地和东云岭山地以南，多数在高原区内。湖泊中滇池面积最大，洱海次之。抚仙湖深度全省第一，泸沽湖次之。

（二）气候特征

1. 特点

基本属于亚热带高原季风型，立体气候特点显著。滇西北属寒带型气候；滇东、滇中属温带型气候；滇南、滇西南属低热河谷区。在一个省区内，同时具有寒、温、热（包括亚热带）三带气候，一般海拔高度每上升100米，温度平均递降0.6～0.7℃，有“一山分四季，十里不同天”之说。

2. 气温

7月最热，1月最冷，年温差一般只有10～12℃。全省无霜期长，南部边境全年无霜，偏南地区无霜期为300～330天，中部地区约为250天，比较寒冷的滇西北和滇东北地区也长达210～220天。

3. 降水

全省降水在季节上和地域上的分配极不均匀。干湿季节分明，湿季（雨季）为

5～10月；干季（旱季）为11月至次年4月。全省降水的地域分布差异大，最多的地方年降水量可达2 200～2 700毫米，最少的仅有584毫米，大部分地区年降水量在1 000毫米以上。

三、交通与自然资源

（一）交通

云南是中国通往东南亚、南亚的窗口和门户。拥有国家一类口岸16个、二类口岸7个。历史上著名的"史迪威公路"和"驼峰航线"就经过云南境内。云南公路、铁路、航空和水运交通网络日趋完善，初步形成通往东南亚、南亚国家的三条便捷的国际大通道。一是西路通道，沿滇缅（昆畹）公路、中印（史迪威）公路和昆明至大理的铁路西进，有多个出境口岸，可分别到达缅甸密支那、八莫、腊戍等地，并直达仰光；还可经密支那到印度雷多，与印度铁路网连接后通往孟加拉国的达卡、吉大港和印度的加尔各答港。二是中路通道，由澜沧江—湄公河航运、昆明至打洛公路、昆明至曼谷公路和西双版纳机场构成，通往缅甸、老挝、泰国并延伸至马来西亚和新加坡。2008年3月21日，昆明至曼谷国际大通道中国路段全线贯通。三是东路通道，以现有滇越铁路、昆河公路及待开发的红河水运为基础，通往越南河内、海防及其南部各地。2009年11月1日，中越双方联合设计建造的中越红河公路大桥正式通车。红河公路大桥将与中越铁路大桥、南溪河公路大桥一起，中越红河公路大桥与新河高速、蒙新高速相连接，构成连接中越两国交通网络的重要枢纽。2013年5月30日，中国第四条能源进口战略通道中（滇）缅油气管道全线贯通，同年9月30日，中（滇）缅油气管道开始输送天然气。

（二）自然资源

1. 矿产资源

云南地质现象种类繁多，尤以有色金属及磷矿著称，被誉为"有色金属王国"。云南矿产资源的特点：一是矿种全；二是分布广；三是共生、伴生矿多。云南有61个矿种的保有储量居全国前十位，其中，铅、锌、锡、磷、铜、银等25种矿产含量分别居全国前三位。

云南能源资源尤以水能、煤炭资源储量较大。云南河流众多，全省水资源总量和蕴藏量居全国第三位。水能资源主要集中于滇西北的金沙江、澜沧江、怒江三大水系；可开发装机容量居全国第二位。煤炭资源储量居全国第九位。

2. 植物资源

云南是全国植物种类最多的省份，被誉为"植物王国"。全省有国家级自然保护区16个，省级自然保护区44个。列入国家一、二、三级重点保护和发展的树种云南有150多种。云南森林面积为1817.73万公顷，居全国第三位。云南还有"药物宝库”“香料之乡”“天然花园”之称。

3. 动物资源

云南省动物种类数为全国之冠，素有“动物王国”之称。脊椎动物达1 737种，占全国的58.9%。有国家一类保护动物46种，如蜂猴、滇金丝猴等。国家二类保护动物154种，如穿山甲、麝、小熊猫、绿孔雀等。

4. 地热资源

云南省地热资源以滇西腾冲地区最为集中，自西向东分布有腾冲—高黎贡山高温地热带、保山—孟连中低温地热带、临沧—景洪高温带、兰坪—普洱低温带及剑川—下关—金平高温带。全省有出露地面的天然温热泉约700处，居全国之冠。水温最低的为25℃，高的在100℃以上。

四、旅游资源

云南省有景区、景点200多个，其中列为国家级风景名胜区的有石林、大理、西双版纳、三江并流、昆明滇池、丽江玉龙雪山、腾冲地热火山、瑞丽江—大盈江、宜良九乡、建水等12处，列为省级风景名胜区的有陆良彩色沙林、禄劝轿子雪山等53处。有昆明、大理、丽江、建水、巍山5座国家级历史文化名城，有禄丰县黑井镇、会泽县娜姑镇白雾街村、剑川县溪镇、腾冲县和顺镇、云龙县诺邓镇诺邓村、石屏县郑营村、巍山县永建镇东莲花村、孟连县娜允镇8座国家历史文化名镇名村，丽江古城、三江并流、石林被列入《世界遗产名录》。

五、历史沿革

云南省是人类重要的发祥地之一，生活在距今170万年前的云南元谋猿人，是迄今为止发现的我国和亚洲最早人类。夏、商时期，云南属中国九州之一的梁州。秦朝以前，曾出现古滇王国。秦汉之际，中央王朝在云南推行过郡县制。西晋时期，云南改设为宁州，是全国十九州之一。唐宋时期，曾建立过南诏国、大理国等地方政权。1276年，元朝在云南设立行中书省，“云南”正式成为全国省级行政区划名称。1382年，明朝在云南设承宣布政使司、提刑按察使司、都指挥使司，管辖全省府、州、县。清朝沿袭明朝制度，在云南设承宣布政使司，下设道、府、州、县。1950年2月24日，云南完全获得解放。2013年，设置现行政区划。

六、文化艺术

（一）语言文字

云南省是一个多民族的省份。云南的汉族语言属北方语系，日益接近普通话。其他各民族的语言分别属于汉藏语系和南亚语系，语言使用主要有母语型、双语型、多语型和母语转用型四种类型。现在使用的民族文字共22种。其中，纳西族的东巴文化历史悠久，东巴文字是居于西藏东部及云南省北部的少数民族纳西族所使用的文字。东巴文字源于纳西族的宗教典籍兼百科全书的《东巴经》。东巴文是一种兼备表意和表音成分的图画象形文字。其文字形态十分原始，甚至比甲骨文的形态还要原始，属于文字起源的早期形态，但亦能完整记录典藏。被誉为文字的“活化石”。

（二）特色文化资源

云南省特色文化资源丰富，其中较为著名的有丽江壁画、香格里拉、沧源崖画、茶马古道、哈尼梯田等。

1. 丽江壁画

丽江壁画是滇西北少数民族艺术的奇葩，它以其独特的艺术风姿，吸引着中外艺术家和游客。丽江壁画系明代木氏土司聘请汉、藏、纳西等族的画匠绘制的，分布在玉龙关的觉显寺、护法堂等十余处。由于年代久远，现仅存大宝积宫、琉璃殿、大定阁及来河大觉宫四处。大宝积宫，是丽江壁画收藏最多的地方，现存壁画558幅。壁画共55堵，总面积139.22平方米，规模最大的是大宝积宫的12壁。其中一壁高2.07米，宽4.48米，共画人物600尊，人物形态各异，栩栩如生。丽江壁画多系宗教题材，表现汉传佛教、藏传佛教和道教的内容为主，用笔细腻，设色精丽，对比强烈，特点突出，是中华文化艺术的瑰宝之一。

2. 沧源崖画

是我国目前发现的最古老的崖画之一，产生于3 000多年前的新石器时代晚期。岩画是用手指或羽毛等蘸抹红色颜料绘成。颜料可能是用动物血调和赤铁矿粉制作的。一般均在海拔1 500米左右的山崖上。图像多有一定的中心内容，其中有狩猎、放牧、舞蹈、归家、娱乐等内容，真实生动地记录了先民们生产、生活的各种场面。还有战争凯旋图，绘制房屋建筑以及手持兵器的人们。所画风格，是研究我国南方古代民族历史的重要资料。

3. 茶马古道

指存在于中国西南地区，以马帮为主要交通工具的民间国际商贸通道，是中国西南民族经济文化交流的走廊，茶马古道是一个非常特殊的地域称谓。川藏茶马古道始于唐代，东起雅州边茶产地雅安，西至西藏拉萨，最后通到不丹、尼泊尔和印度，全长近4 000余千米，是古代西藏和内地联系必不可少的桥梁和纽带。滇藏茶马古道大约形成于公元6世纪后期，它南起云南茶叶主产区思茅、普洱，中间经过今天的大理白族自治州和丽江市、香格里拉进入西藏，直达拉萨。普洱是茶马古道上独具优势的货物产地和中转集散地，具有悠久的历史。

4. 梯田景观

元阳梯田位于云南省元阳县的哀牢山南部，是哈尼族人世世代代留下的杰作。

元阳梯田是红河哈尼梯田的核心区。元阳哈尼族开垦的梯田随山势地形变化，因地制宜，坡缓地大则开垦大田，坡陡地小则开垦小田，甚至沟边坎下石隙也开田，因而梯田大者有数亩，小者仅有簸箕大，往往一坡就有成千上万亩。2013年（癸巳年）6月22日在第37届世界遗产大会上红河哈尼梯田被成功列入世界遗产名录，成为中国第45处世界遗产，使中国超越西班牙成为第二大世界遗产国，仅次于意大利。

（三）民间乐舞曲艺

1. 戏曲

滇剧是戏曲剧种。滇剧包括丝弦、襄阳、胡琴等3种声腔和部分杂调。如《春秋配》《花田错》《高平关》等都广泛流传。反映白、傣、佤、哈尼等少数民族斗争生活的剧目，如《蝴蝶泉》《望夫云》《版纳风光》《独手英雄》等，已摄制成影片的如《借亲配》等。新中国成立前后，活动在滇剧舞台上的著名演员就有罗香圃、张禹卿、栗成之、戚少斌、碧金玉、彭国珍、万象贞、周惠依、李廉森、邱云苏、李少虞、王玉珍等。

2. 曲艺

云南被称为“民族曲艺之乡”“曲艺富省”。彝族的民间说唱艺术最为丰富，彝族民间和彝文古籍记载有《种荞歌》《撵山歌》《盖房歌》等。大理地区白族曲艺发展比较成熟，产生了“三腔”“九板”“十八调”。哈尼族曲艺有“哈巴”“腊苔”“优历克”等，分布在哈尼族不同的支系民众中。

3. 民间音乐和舞蹈

纳西古乐由白沙细乐、洞经音乐和皇经音乐组成（皇经音乐现已失传），融入了道教法事音乐，儒教典礼音乐，甚至唐宋元的词、曲牌音乐，形成了它独特的灵韵，被誉为“音乐化石”。纳西古乐最具欣赏性的地方是其“稀世三宝”。第一件宝贝是古老的曲子；其次就是古老的乐器，乐师们手上所持乐器，皆有上百年历史；再有就是古老的艺人。据考证，这种古乐起源于14世纪，它是云南省最为古老的音乐，也是中国或世界最古老的音乐之一。洞经音乐，民间器乐乐种，流行于云南汉族地区和丽江、楚雄等纳西族、彝族地区，源于古代中原道教的丝竹乐。发源于四川省蓬溪县，其创始者为刘安胜和卫琪。洞经音乐是音乐的活化石，已被联合国教科文组织认定为全人类宝贵的非物质文化遗产。

《云南映象》是一台将云南原创乡土歌舞与民族舞重新整合的大型歌舞集锦。演出服装全部是少数民族生活着装的原型。有“舞神”美誉的著名舞蹈家杨丽萍出任总编导及艺术总监，并领衔主演，演出时间长达100分钟。

（四）名人

云南籍音乐家聂耳。1933年初，聂耳由田汉介绍加入中国共产党，创作了中华人民共和国国歌《义勇军进行曲》。还创作了《大路歌》《毕业歌》《卖报歌》等数十首革命歌曲，他的一系列作品影响中国音乐几十年。他的音乐创作具有鲜明的时代感、严肃的思想性、高昂的民族精神和卓越的艺术创造性，为中国无产阶级革命音乐的发展指出了方向，树立了中国音乐创作的榜样。

郑和，明朝太监，云南人，小名三宝，又作三保。一说本姓马，云南昆阳（今晋宁昆阳街道）人。中国明朝航海家、外交家。1405～1433年间，七下西洋，完成了人类历史上伟大的航海壮举。

七、民族与宗教

云南是我国民族种类最多的省份，除汉族以外，人口在6 000人以上的世居少数民族有彝族、哈尼族、白族、傣族、壮族、苗族、回族、傈僳族等25个。彝族、回族在全省大多数县均有分布。全省少数民族人口数在6 000～10 000的有水族、独龙族两个。云南少数民族的居住表现为大杂居与小聚居。其中（按人口数多少为序），哈尼族、白族、傣族、傈僳族、拉祜族、佤族、纳西族、景颇族、布朗族、普米族、阿昌族、怒族、基诺族、德昂族、独龙族共15个民族为云南特有。

云南是中国宗教种类最多、分布最广的省份。各民族信奉的宗教有佛教、基督教、道教和原始宗教等。有信徒340余万人（不包含汉传佛教和原始宗教信徒），占全省人口总数的8.4%，其中少数民族信徒达90%以上，有宗教活动场所4789座（处），宗 教教职人员9000余人，爱国宗教团体96个。云南一方面由于各少数民族不同程度地保存着原始宗教的诸多因素，另一方面与缅甸、老挝、越南接壤，有16个民族跨境而居，为世界三大宗教的传播创造了有利条件，于是形成了多元、多层次的宗教文化，其内容和形式具有地域性、民族性特征，使云南成为别具特色的“世界宗教博物馆”。

八、美食与风物特产

（一）美食

1. 云南菜

又称滇菜。云南菜选择材料广，风味多，以烹制山珍、水鲜为特点。云南菜的口味特点是新鲜、清香回甜，酸辣程度适中，味道偏酸辣微麻，讲究本味和原汁原味，香酥脆口，重油醇厚，熟而不烂，嫩而不生。其代表菜有丽江粑粑、竹筒鸡、云南春卷、腾冲坛子鸡等。

2. 云南过桥米线

过桥米线是米线中的上品，它主要以汤、肉片、米线和佐料做成，用料考究，制作精细，吃法特殊，营养丰富。

（二）风物特产

有小粒咖啡、宣威火腿、户撒刀、饵块、珠宝玉石、三七、鸡枞、竹荪、天麻、松茸、云南贡米、虫草、沱茶、普洱茶、滇红茶等。

1. 户撒刀

户撒刀也叫“阿昌刀”，至今已有600多年的历史。有“柔可绕指，削铁如泥”之誉。工匠们还喜欢在刀鞘上镌刻“龙飞凤舞”“猛虎长啸”“东方日出”等风格多样的图案，并对刀柄精心镶嵌装饰。户撒刀的品种有生产生活用刀、匕茸、长刀、景颇刀、藏刀、维吾尔族刀等120多个品种，远销西藏、甘肃、内蒙古等省区及缅甸、泰国、印度等国。

2. 珠宝玉石

云南形成了以昆明为中心，以腾冲、瑞丽、盥江、芒市等地为依托的珠宝玉石集散地。南非、泰国、缅甸等世界各地所产的珠宝玉石大多数也都可以在昆明买到，其中尤以翡翠最有名气。翡翠的制品有戒面、鸡心、马眼、杏子、元宝、玉镯、宝塔珠项链、灯笼、花件、“五色星”（即红、绿、蓝、黄、白五种颜色的手箍心）“八宝”（象征福、禄、寿、喜，吉祥如意的玉雕片）“九老”（象征长寿和富贵的9片玉雕佛像）等。

除此之外，最能反映云南地方特色的就是“云南十八怪”。其主要怪异之处在于牛奶做成扇子卖、竹筒当锅煮饭卖、过桥米线人人爱、来把草帽当锅盖、鸡蛋用草拴着卖、米饭粑粑叫饵块、土锅通洞蒸鸡卖、三个蚂蚱一碟菜、谈情说爱用歌代、竹筒用来做烟袋、星云湖里鱼分界、大理石头当画卖、新娘要把墨镜带、娃娃出门男人带、四季服装同穿戴、火车没有汽车快、四季鲜花开不败、石头生在云天外。

九、民俗风情

（一）傣族

1. 居住

干栏式建筑。

2. 服饰

傣族按分布地区有“旱傣”“水傣”“花腰傣”之分，其服饰各有地区性特点。男子一般常穿无领对襟或大襟小袖短衫，下着长管裤，以白布、水红布或蓝布包头。傣族妇女均爱留长发，束于头顶，有的以梳子或鲜花为饰，有的包头巾，有的戴高筒形帽，有的戴一顶尖顶大斗笠。

3. 礼俗

傣族人把镶牙和染齿视为人生的成年礼俗。

4. 婚俗

“赶摆黄焖鸡”是西双版纳男女青年以食传言的求恋方式。“吃小酒”，在男女订婚时，男方挑着酒菜去女方家请客，当客人散去后，男方由三个男伴陪同和女方及女方的三个女伴，共摆一桌共饭。“吃小酒”讲究三道菜：第一道是热的；第二道要盐多；第三道要有甜食。婚礼之日双方家里都要举行婚礼，大都先在女家进行。

5. 重要节日

泼水节是傣族最隆重的节日，泼水节是傣历新年，相当于公历的4月中旬，节日一般持续3～7天。

（二）彝族

1. 居住

土掌房是彝族独特的民居建筑。住房多为三间或五间，靠墙壁左侧，设一火塘，火塘边立石三块成鼎状，锅支其上，称为“锅庄”。

2. 服饰

凉山、黔西一带，男子通常穿黑色窄袖右斜襟上衣和多褶宽裤脚长裤，有的地区穿小裤脚长裤，并在头前部正中蓄小绺长发头帕，右方扎一钳形结。妇女通常头上缠包头，有围腰和腰带。男女外出时身披擦尔瓦。

3. 饮食

男女老少皆能饮酒，喝酒方式为“转转酒”。

4. 重要节日

主要有“火把节”“彝族年”“跳歌节”等。“火把节”是彝族地区最普遍而最隆重的传统节日，一般多在农历六月廿四日或廿五日。

（三）白族

1. 居住

“长三间”或“一正两耳”“三方一照壁”“四合五天井”的瓦房。

2. 饮食

平坝地区白族人食稻米、小麦，山区的则以玉米、荞麦为主。喜吃酸、冷、辣等口味，善于腌制火腿、弓鱼、油鸡棕、猪肝酢等，又喜吃一种别具风味的“生肉”或“生皮”，即将猪肉烤成半生半熟，切成肉丝，佐以姜、蒜、醋等拌而食之。白族人民还喜喝烤茶。

3. 重要节日

“三月街”又名“观音市”，是白族盛大的节日和佳期。每年夏历三月十五至二十日在大理城西的点苍山脚下举行。

第二节　贵州省基本概况

一、行政区划与人口

（一）行政区划

贵州省，简称“黔”或“贵”，省会是贵阳市。

贵州省辖贵阳、六盘水、遵义、安顺、毕节、铜仁6个地级市，黔东南、黔南、黔西南3个自治州，1个国家级新区（贵安新区），8个县级市和88个县（区、特区），其中少数民族自治县11个。

（二）人口

截止2017年末，贵州省常住人口3 580万人。

二、地理条件与气候特征

（一）地理条件

1. 地理位置

贵州位于我国西南地区东部，东毗湖南、南邻广西、西连云南、北接四川和重庆，是一个内陆省份。贵州省国土面积约18万平方千米，占全国国土面积的1.8%。

2. 地势地貌

贵州地势西高东低，自西部和中部向北、东、南三面倾斜6°，西部赫章县珠市乡境内的韭菜坪海拔2 900.6米，为全省最高点；东南部黎平县地坪乡水口河出省界处海拔147.8米，为全省最低点。贵州的地貌类型有高原、山原、山地、丘陵、台地、盆地和河流阶地。贵州是世界上喀斯特地貌发育最典型的地区之一。贵州北部、中部和西部均有丹霞地貌分布，但以北部的赤水和习水分布最集中，发育最典型。

3. 水系

贵州河流处在长江和珠江两大水系上游交错地带，河网密布，是长江、珠江上游地区的重要生态屏障。全省水系顺地势由西部、中部向北、东、南三面分流。以中部的苗岭山脉为界，以北属长江流域，流域面积115 747平方千米，占全省面积的65.7%。苗岭以南属珠江流域，流域面积60 420平方千米，占全省面积的34.3%。

（二）气候特征

贵州属亚热带湿润季风气候区，境内气候温暖湿润，年平均气温15℃左右，降水多集中在夜晚，白天仍以多云为主，年降雨量在1 000～1 400毫米；年无霜期在

250～300天。冬无严寒，夏无酷暑，最冷的1月平均气温4～6℃，最热的7月平均气温24～28℃。总之，贵州气候的特点是：夏无酷暑，冬无严寒；夜雨较多，轻风拂面；气候复杂多样，垂直差异明显，“一山有四季，十里不同天”；旅游季节长，全年可游览。

三、交通与自然资源

（一）交通

贵州是连接丝绸之路经济带和21世纪海上丝绸之路的重要门户，在我国区域发展战略中具有南来北往、承东接西的重要地位。贵州是西南地区的铁路交通枢纽。贵昆、川黔、湘黔、黔桂4条铁路干线在贵阳交会，贯穿全省；南宁——昆明铁路穿越贵州西南部。新建成的贵广高速铁路、株六复线贵州段、内昆铁路贵州段、水柏铁路和渝怀铁路均已投入运营。贵州的公路已基本形成“6横7纵8连线”的高速公路网格局。2015年，贵州省成为西部地区第一个县县通高速的省份，形成15条高速公路出省大通道，基本形成了覆盖全省、通达全国、内连外通的高速公路骨架网络。

贵阳龙洞堡国际机场与遵义新舟、铜仁凤凰、兴义、黎平、荔波、安顺、毕节、黄平、六盘水9个支线机场，形成“一枢九支”格局，9个市（州）实现通航机场全覆盖，机场旅客吞吐量达到1 563万人次，贵州民航进出港旅客增速全国第一，通航航线达到134条，通航城市达到81个。2015年12月31日贵州首家本土航空多彩贵州航空首飞。贵阳龙洞堡国际机场三期扩建工程、仁怀机场开工建设，威宁机场获国家批复立项。

贵州内河航运主要集中在赤水河、乌江和南、北盘江等少数河流上。目前，贵州有85条河流通航，南可顺珠江出海，北可达长江。

（二）自然资源

1. 矿产资源

贵州是矿产资源大省，矿种多、储量大，优势矿种集中分布在交通方便的铁路沿线和水资源丰富的乌江干流附近，利于开发。全省已发现各类矿产137种，查明有资源储量的矿产87种，其中有41种矿产资源储量排名全国前十位。查明矿产地3 189处，其中能源矿产810处，金属矿产1 146处，非金属矿产1 233处。煤、磷、铝土、锑、金、锰、重晶石、稀土等矿产资源优势明显，其中磷矿、锰矿、汞矿、重晶石、化肥用砂岩、砖瓦用砂岩等保有资源储量居全国第一位。全国1/3的重金石集中在贵州，为建立亚洲最大的钡盐基地提供了资源保证。煤的保有储量排全国第五位。金矿位居全国第十位，目前已成为新的黄金生产基地。

2. 能源资源

贵州能源资源主要由水能资源和煤炭资源组成，具有煤电结合、水火互济的优势。全省水资源总量达1 062亿立方米，水能资源蕴藏量为1 874.5万千瓦，居全国第六位，横贯全省的乌江是水能“富矿”。全省煤炭保有资源储量573.54亿吨，居全国第五位，被誉为“江南煤海”。

3. 生物资源

贵州多类型的土壤、独特的山地环境与气候条件结合，繁衍出种类繁多的生物资源。贵州森林植被完好，到2013年年底，森林面积达到845万公顷，森林覆盖率达到48%。贵州列入国家重点保护植物名录的珍稀植物有69种。全省有维管束植物9 982种，列入国家一级保护的珍稀植物有冷杉、银杉、珙桐、贵州苏铁等16种。

野生动物资源丰富，有脊椎动物1 053种，已列入国家重点保护的珍稀野生动物有86种。列入国家一级保护的珍稀动物有黔金丝猴、黑叶猴、黑颈鹤等15种。“夜郎无闲草，黔地多良药”，贵州是中国四大中药材产区之一。全省有药用植物4 419种、药用动物301种。天麻、杜仲、黄连、吴萸、石斛是贵州五大名药。

四、旅游资源

贵州省与江南的秀丽玲珑，塞北的豪气冲天，青藏的舒展圣洁等相比，另有一种独特韵味。贵州的山层峦叠嶂，秀峰林立，各具风姿。贵州的水蜿蜒于崇山峻岭，奔腾穿泻于深峡幽谷。石灰石溶积岩是贵州省地貌的主要特点，喀斯特溶洞遍布全省各地，可谓“无山不洞，无洞不奇”。风化的石灰岩和白云岩，挺拔林立，千姿万态。湖泊给这个山区省份增添了几分妩媚。贵州西部的草海，绿如碧玉，风景优美，被誉为“高原上的明珠”。看壮观的黄果树瀑布、“大自然的奇迹”龙宫、别有洞天织金洞、湖光山色红枫湖、山水名胜舞阳河、风光秀丽的赤水十丈洞瀑布，以及以瑰丽多姿的“小七孔”。

贵州有着悠久的历史，灿烂的文化，一代代勤劳勇敢的贵州人民留下了众多叹为观止的古迹名胜。安顺云山屯古建筑群位于安顺城东七眼桥，是明代汉族移民的古村寨，保存着较为完好的屯门、屯墙和哨棚。雷山郎德上寨古建筑群：位于雷山县城北门15千米，是苗族古老村寨，以吊脚楼为特色。雷山县郎德上寨始建于元末明初。石阡万寿宫：位于石阡县城，始建于明万历初年。在贵州高原为数众多的江西会馆中，石阡万寿宫是始建年代较早、建筑规模较大、装修工艺较精、民族特点较浓、文物价值较高的一座。福泉明城墙：位于福泉市城区，始建于明洪武十四年（公元1381年），后一扩再扩，逐渐形成城中有河、河外有城的特殊形制，当地民谚谓之曰：“里三层，外三层，城墙围水小西门。”内外三城城城相连，上下贯通，气势壮观。平坝天台山伍龙寺：位于平坝县天龙镇天台山之巅，是典型的山地石建筑寺庙。杨粲墓：位于遵义县皇坟嘴，建于南宋淳佑年间（公元1241年—1251年），为夫妻分室合葬石墓。

目前，贵州已经形成贵阳、安顺、荔波、凯里—镇远、黎平—从江—榕江、兴义—安龙、梵净山、遵义、赤水—习水—仁怀、织金—黔西、威宁—六盘水、乌江峡谷等综合旅游区和特色旅游区；正逐步推出高原喀斯特生态、丹霞桫椤生态、苗侗文化生态和民族文化、屯堡文化、长征文化、国酒文化、阳明文化、洞穴文化、夜郎文化等特色文化品牌；以民俗体验为特色的乡村旅游，已成为贵州旅游新的亮点。从产品空间分布上，现已形成以贵阳为中心向东南西北延伸的跨省精品旅游线：沿贵阳至黄果树高速公路与云南连接的，以观赏喀斯特景观和体验多民族文化为特色的西线黄金旅游线；向东延伸至广西、湖南的黔东南苗侗体验原生态民族文化及自然生态的特色旅游线；向南延伸至广西的荔波绿色喀斯特和布依、水、瑶民族文化旅游线；向北延伸至重庆、长江三峡的长征文化、酒文化和丹霞风光旅游线。

贵州旅游资源富集，是名副其实的自然风光“大公园”和民族文化“大观园”。截至2016年7月，全省拥有A级旅游景区143家，其中国家5A级旅游景区4家（黄果树、龙宫、百里杜鹃、荔波樟江），4A级旅游景区60家；世界自然遗产4个（荔波、赤水、施秉云台山、梵净山），世界文化遗产地1个（遵义海龙屯），人类非物质文化遗产代表作名录1项（侗族大歌），国家生态旅游示范区4个，国家级风景名胜区18个，国家级自然保护区10个，国家森林公园25个，世界地质公园1个（织金洞），国家地质公园9个，国家湿地公园36个，国家级水利风景区26个，国家级历史文化名城（镇、村）25个，中国优秀旅游城市7个。

五、历史沿革

贵州是中国古人类的发祥地和中国古文化的发源地之一。距今五六十万年前，就有人类在这片土地上栖息繁衍，现已发现黔西观音洞、盘县大洞等旧石器时代的文化遗址40多处。观音洞对研究中国旧石器时代的起源和发展具有重要的科学价值，被正式命名为“观音洞文化”。大量出土的石器、陶器、青铜器、铁器等文物还表明，贵州具有悠久的开发历史。春秋以前，贵州黔东北地区属于荆楚，其余地区泛称南蛮。战国、秦汉时期，夜郎国崛起于中国西南部，贵州成为夜郎的中心。宋代，“贵州”作为地名始见于文献。明永乐十一年（1413年），设置贵州布政使司，贵州正式建立行省。抗战时期，贵州成为支持全国的大后方，大量机关、工厂、学校内迁，对贵州经济社会的发展起到了促进作用。1949年11月15日，中国人民解放军二野五兵团解放贵阳，贵州的历史从此翻开新的一页。

六、文化艺术

（一）特色文化资源

1. 夜郎文化

夜郎文化是贵州最为独特而又具有代表性的历史文化。夜郎国是春秋至西汉时期，西南少数民族地区最强大的两个国家之一，曾被汉武帝赐予王印。有资料显示，夜郎古国的疆域范围极广，在西汉昭帝（公元前76年）时，夜郎共辖17个县，面积达20余万平方千米。现在贵州省的绝大部分地区以及邻省（区）的部分地区，都属于当时夜郎的管辖范围。不管是哪段史书，都有夜郎王与竹的传说，说明“夜郎”与竹子有关，夜郎王即竹王，以竹为姓。目前贵州省内各地和贵阳附近的少数民族如仡佬族、苗族、布依族以及彝族等少数民族，都有奉竹为神灵的传统，贵州不少地方建有“竹王祠”，以此来祭祀夜郎王。可以说，夜郎文化是贵州文化的源头，现代的贵州人既受夜郎文化的熏陶，也创造和发展了夜郎文化。

2. 文化名人

贵州省是古人类发祥地之一，物华天宝，人杰地灵。在贵州不仅仅拥有宜人的气候，还有绚丽多彩的喀斯特地貌以及贵州文化历史涌现出了无数历史名人。这些名人为贵州文化的发展和进步都做出了很大贡献。汉代的最早的两位文化名人是盛览和尹珍，被称为“贵州文坛之祖”。周起渭，他既是著名的诗人，又是《康熙字典》的编纂人之一。王阳明一生中写过许多文章，被收入《古文观止》作范文的有三篇，其中有两篇是在贵州所作。

（三）民间乐舞曲艺

1. 戏曲

贵州的民间戏剧历史悠久，在汉族地区流行着黔戏、黔剧、花灯剧、地戏等，在少数民族聚居地区流行侗戏、布依戏等。

黔戏，又称为“贵州梆子”，是贵州的地方剧种，唱腔丰富，由贵州弹词发展而成，主要剧目有《秦娘美》《张秀眉》等。花灯剧，又称“灯戏”，剧目有《蛇郎》《典型人家》等。

傩戏，中国戏曲剧种，是在民间祭祀仪式基础上吸取民间歌舞、戏剧而形成的一种戏曲形式。又称“傩堂戏”“端公戏”“傩”，是在汉族民间祭祀仪式基础上吸取民间戏曲而形成的一种戏曲形式。汉代就开始有“方相舞”和“十二神舞”的名称。后来傩逐步向娱人悦众方面演变，加强了其娱乐成分。傩戏大致可分为巫傩和军傩两大类。傩戏演出剧目：《薛丁山征西》《孟姜女》《薛仁贵征东》《庞氏女》《龙王女》《桃源洞神》《梁山土地》等，此外还有一些取材于《目连传》《三国演义》《西游记》故事的剧目。傩戏用反复的、大幅度的程序舞蹈动作表演，多在固定的节日演出。

2. 民间音乐和舞蹈

贵州民族歌舞绚丽多姿。苗族群众的“飞歌”热情奔放，有低回委婉的“游方歌”和质朴庄重的“古歌”“酒歌”。侗族“大歌”的歌声洪亮，音域宽阔。布依族舞蹈有几十种，歌有大调、小调、大歌、小歌等，并且都注意押韵，有“有歌都有韵，无韵不成歌”之说。水族有颇有特色的铜鼓舞、斗牛舞、狮子舞、龙舞等。黔东北的土家族有哭嫁歌、伴嫁歌、酒歌、劳动歌、情歌、祝福歌等。其代表性的舞蹈有：土家族摆手舞、苗族板凳舞、苗族踩鼓舞。

七、民族与宗教

贵州是一个多民族省份，汉族、苗族、布依族、侗族、土家族、彝族、仡佬族、水族、回族、白族、瑶族、壮族、畲族、毛南族、满族、蒙古族、仫佬族、羌族18个民族世代居住在这块土地上。人口超过10万的少数民族有侗族、仡佬族、水族、回族、苗族、布依族、白族共9个。贵州少数民族主要分布在黔东南苗族侗族自治州、黔南布依族苗族自治州、黔西南布依族苗族自治州以及11个民族自治县和233个民族乡。少数民族人口占全省总人口的比重排名全国第五位，仅次于广西和云南，居全国第三位。

贵州主要有佛教、道教、伊斯兰教、天主教、基督教五种宗教，信奉群众约有60余万人。贵州的佛教属于大乘佛教，信教群分布在全省各地，现有僧、尼500余人。佛教由汉代传入中国，贵州佛教的派别主要有密宗、唯识宗、天台宗、禅宗、净土宗、华严宗等派别。道教是中国土生土长的宗教，贵州道教有全真道龙门派、正一道龙虎宗和神霄派（萨祖派），贵州的伊斯兰教包括哲赫林耶、格底目、伊赫瓦尼三个教派、学派。

八、美食与风物特产

（一）美食

贵州美食，顾名思义就是指贵州省各地的特色美食，比如说贵阳的素粉、豆花粉等，兴义的耳块粑、三合汤、独山盐酸菜、青岩状元蹄、镇宁波波糖等，都是贵州知名的特色美食。黔菜既有原生态的地域、民族个性，又有传统的普遍性和极强的适应性，凸显出酸、鲜、辣、野的风格特色。

（二）风物特产

贵州省由于多民族、多文化、多特色的特殊环境，孕育了很多的地方特产，如中国名酒茅台、董酒，贵州名茶都匀毛尖、湄江茶、贵定云雾茶，贵州三宝天麻、杜仲、灵芝，以及传统手工艺品刺绣、蜡染、剪纸等。

1. 茅台

贵州仁怀县茅台镇是“国酒”茅台的产地。茅台酒厂位于著名的红军三渡赤水的赤水河边，特有的赤水河水质，形成了世界上独一无二的最佳酿酒微生物环境。贵州名酒以白酒为主体，品种多、种类齐，自成体系。茅台酒具有的特点是酱香突出，酒体醇厚，优雅细腻，回味悠长，空杯留香。

1954年的日内瓦会议、万隆会议，1956年的中缅芒市联欢会议上，周恩来总理用茅台酒招待国际友人，茅台酒声名鹊起。1957年，世界青年联欢会期间，港、澳同胞称茅台酒为“祖国之光”。

2. 都匀毛尖

都匀毛尖产地在贵州南部的都匀市。该地区气候温和，土壤肥沃，雨水充足，是茶树生长的好地方。都匀毛尖以优美的形态，独特的风格列为中国名茶之一。贵州是茶树原产地之一，主要茶叶品种有娟江翠茶、贵定云雾茶、凤岗富锌富硒有机茶、雷山银球茶、余庆小叶苦丁茶和台江苦丁茶等名茶。

3. 蜡染

蜡染也被称作“贵州蜡花”，最早可追溯到2 000多年前的西汉时期，是一种古老的防染工艺，古称“蜡缬”，与夹结、绞缬一起被称为我国古代染缬工艺的三种基本类型。蜡染工艺品除了图案精美的魅力外，还在于蜡冷却后在织物上产生龟裂，色料渗入裂缝中，得到多种多样的色纹，俗称“冰纹”。同一图案设计，做成蜡染之后可以得到不同的“冰纹”。

4. 药材

贵州是中药资源大省，特定的气候条件适宜多种药用动植物的生长繁殖，享有“药材基地”的美誉。据中药资源普查统计，全省现有中药品种4 802种，其中植物药材4 419种、动物药材301种、矿物药材82种，中药材种类数位居全国首列。贵州杜仲的特点是细皮肉厚、药力强劲、质量特佳；麝香有芳香开窍、活血化瘀、止痛催产的功效，也是一种主要的工业原料。

九、民俗风情

（一）布依族

1. 居住

多为吊脚楼，古称干栏。

2. 服饰

布依族的服饰很有特色。服饰多为青、蓝、白几种颜色。男子的服装式样各地差异不大，多包头帕。衣服为对襟短衣，一般是内白外青或蓝。老年人多穿大袖短衣或青、蓝长衫。各地布依族妇女的服饰各有差异，妇女穿大襟短衣，部分穿百褶长裙。

3. 婚俗

实行自主婚。接亲时，要对歌，俗称“对姐妹歌”。新娘嫁到男方家的那天晚上，要举行唱荷包歌和要荷包的活动，有“一夜荷包一夜歌”的说法。

4. 饮食

布依人主食以大米、玉米为主，辅食多为小麦、高粱、薯芋和豆类。品种很多，其中以糯米制的汤圆、花米饭和芝麻油团粑最为知名，多用于祭祖或宴客。

5. 重要节日

传统节日有跳花会、三月三、六月六、吃新节、七月半等。吃新节是布依族的具有代表性的传统节日，时间是每年农历七月初七，是为了感谢祖先的恩德，保佑来年风调雨顺。祭祀当日，各家主妇到田间摘新粮，做好食品，祭祀祖先。

（二）土家族

1. 服饰

男子穿琵琶襟上衣，缠青丝头帕。妇女穿着左襟大褂，滚两三道花边，衣袖比较宽大，下面镶边筒裤或八幅罗裙，喜欢佩戴各种漂亮美观的金、银、玉质饰物，但是不同于苗族的银头饰、银项圈。

2. 饮食

土家族日常主食以米饭和包谷饭最为常见，也会在包谷饭里适量地掺一些大米用鼎罐煮，或用木甑蒸而成。

3. 重要节日

牛王节是在每年的农历四月十八，为了歌颂牛的功德，节日当天各地都要举办牛王节歌会，搭起歌台，将牛头像悬挂在歌台中央。

第三节　四川省基本概况

一、行政区划与人口

（一）行政区划

四川省，简称“川”或“蜀”，省会是成都市。

四川省辖21个市（州），183个县（市、区），是我们国家的资源大省、人口大省、经济大省。21个市（州）分别是成都市、绵阳市、自贡市、攀枝花市、泸州市、德阳市、广元市、遂宁市、内江市、乐山市、资阳市、宜宾市、南充市、达州市、雅安市、阿坝藏族羌族自治州、甘孜藏族自治州、凉山彝族自治州、广安市、巴中市、眉山市。

（二）人口

据2016年全国1%人口抽样调查资料测算，年末四川省常住人口8 262万人。

二、地理条件与气候特征

（一）地理条件

1. 地理位置

四川省位于中国西南，地处长江上游。总面积48.6万平方千米，次于新疆、西藏、内蒙古、青海，居中国第五位。东西长1 075余千米，南北宽900多千米。东连湘、鄂，南邻滇、黔，西接西藏，北界青、甘、陕三省。全省地貌东西差异大，处于中国大陆地势三大阶梯中的第一级和第二级，即处于第一级青藏高原和第二级长江中下游平原的过渡带，西高东低特点特别明显。全省可分为四川盆地、川西北高原和川西南山地三大部分。

2. 地势地貌

四川省有山地、丘陵、平原和高原4种地貌类型。土地利用以林牧业为主，林牧地集中分布于盆周山地和西部高山高原；耕地则集中分布于东部盆地和低山丘陵区；园地集中分布于盆地丘陵和西南山地，占全省园地的70%以上；交通用地和建设用地集中分布在经济较发达的平原区和丘陵区。

3. 水系

水资源丰富，居全国前列。水资源以河川径流最为丰富，境内共有大小河流近1 400条，号称“千河之省”。境内主要河流有金沙江、 雅砻江、岷江等大小支流。四川的江河大多穿切山岭造成峡谷，水流湍急。水资源总的特点是总量丰富，人均水资源量高于全国，有时形成区域性缺水和季节性缺水。

（二）气候特征

四川气候总的特点是季风气候明显，雨热同季；区域间差异显著，东部冬暖、春早、夏热、秋雨、多云雾、少日照、生长季长，西部则寒冷、冬长、基本无夏、日照充足、降水集中、干雨季分明；气候垂直变化大，气候类型多；气象灾害种类多，发生频率高且范围大，主要有干旱，其次是暴雨、洪涝和低温等。

三、交通与自然资源

（一）交通

四川交通便利，截止到2015年，高速公路、铁路通车里程分别达到了6 000千米和4 600千米，成渝高铁建成通车。双流国际机场已开通200多条国内航线，通往119个城市，支线机场12个。“四行六港”建设加快，港口吞吐量突破1亿吨。

（二）自然资源

1. 矿产资源

全省已查明资源储量的矿种有100多种，有43种矿产排位进入全国同类矿产查明资源储量的前五位。煤炭种类比较齐全，有无烟煤、贫煤、瘦煤、烟煤、褐煤、泥炭。

2. 植物资源

四川省植物资源十分丰富，保存有许多珍稀、古老的动植物种类，是中国及世界重要的生物基因宝库。野生植物资源种类繁多，有高等植物1万余种，仅次于云南居全国第二位。松、杉、柏类植物87种居全国之首。

四川省是全国最大的中药材基地和全国最大的芳香油产地；野生果类植物中以猕猴桃资源最为丰富，居全国之首。

3. 动物资源

全省有国家重点保护野生动物144种，居全国之冠。据第三次全国大熊猫调查，四川野生大熊猫种群数量居全国第一位。雉类资源极为丰富，其中有许多珍稀濒危雉类，如国家一类保护动物雉鹑、四川山鹧鸪和绿尾虹雉等。

4. 其他资源

主要以水能和天然气为主。

四川水能资源是中国最大的水电开发和西电东送基地。集中分布于川西南山地的大渡河、金沙江、雅砻江三大水系，约占全省水能资源蕴藏量的2/3，是全国最大的水电“富矿区”。雅砻江上的二滩水电站是中国已建成的最大水电工程，也是亚洲最大的水电站。油、气资源以天然气为主。

四、旅游资源

四川是著名的旅游资源大省，旅游资源极其丰富。九寨沟、黄龙、峨眉山—乐山大佛、青城山—都江堰、大熊猫栖息地5处列入了联合国教科文组织《世界遗产名录》。加入世界人与生物圈保护网络的保护区有4处（九寨、卧龙、黄龙、稻城亚丁）。已建立国家级风景名胜区14处。截至2016年底，已有十大5A级旅游景区，在全国排第三。有中国优秀旅游城市21座。有自然保护区169个，其中国家级自然保护区30个。有湿地公园43个，其中国家湿地公园24个。森林公园126处，其中国家级森林公园37处，森林公园总数位列全国第七。四川地质构造复杂、地质地貌景观丰富，已发现地质遗迹220余处，其中有兴文和自贡2处世界级地质公园，有国家级地质公园16处，其数量居全国前列。有国家历史文化名城8座。有博物馆222个，全国重点文物保护单位230处。有国家级非物质文化遗产名录139项。

四川是闻名世界的“熊猫故乡”。全国的大熊猫大部分生活在四川，四川宝兴提升了西方世界对大熊猫的认知。四川有世界最大的大熊猫保护机构，中国（卧龙）保护大熊猫研究中心。同时，四川成都大熊猫繁育研究基地，也是世界最大的大熊猫人工繁育机构。

四川盆地是著名的外流盆地，盆地中多紫红色砂、页岩，故又称“紫色盆地”。盆地内平原约占7%，丘陵约占50%，低山地约占40%。砂、页岩风化后形成的肥沃土壤使得气候温湿的盆地成为中国农业史上的常青树。盆地底部龙泉山以西为川西平原区，由成都平原、眉山—峨眉平原组成。其中，成都平原面积达6200平方千米，是西南地区最大的冲积平原和粮仓。

五、历史沿革

四川享有“天府之国”的美誉。优越的地理条件和经济条件，使四川成为中国经济开发最早的地区之一。据考古证明，旧石器时期今四川境内就有人类活动，在距今4 000 ~ 5 000年，成都平原地区是长江上游区域文化的起源中心。其中，广汉三星堆和成都金沙遗址是古蜀国政治经济和文化中心。农业文明和城市文明很早兴起，历史上四川的农业、冶金、丝织、建筑等都得到一定发展。

在商周时期，四川地区建立了两个国家：一个是在今川西地区，由古蜀族为中心建立的蜀国；另一个是在今川东地区（包括今重庆市），由古巴族为中心建立的巴国。故四川地区古称“巴蜀”。公元前316年，秦灭巴蜀，置巴蜀二郡，汉属益州，唐属剑南道及山南东、西等道，宋置川陕路，后分置益、梓、利、夔四路，总称四川路，至此始有四川之名。元设四川行中书省，简称“四川行省”。明置四川布政使司，辖区内还包括今贵州省遵义市和云南东北部及贵州西北部。清为四川省，并对川、滇、黔3省省界进行较大调整，基本确定了现在四川的南部省界。

民国时期，今四川西部分治为西康省，1955年西康省划归四川。1997年将四川分为今重庆直辖市和四川省，川渝分治。四川省辖18个市、3个民族自治州。

六、文化艺术

（一）文化

四川文明在夏商时代为神权文明，西周至春秋战国时期为礼乐文明。秦统一巴蜀后，巴蜀文化逐步转型为秦汉文化的一支重要地域亚文化。汉魏之际为中国道教的发源地，隋唐五代为文学繁荣之地，佛教也取得了令人瞩目的成就。宋代经济文化高度繁荣，出现了全世界最早的纸币“交子”。

四川主要属于巴蜀文化区，区域文化自成体系。四川语言文化、戏曲文化、茶文化、酒文化、饮食文化、织锦文化、盐文化等都具有浓郁的地方风格，如四川方言、川戏、川茶、川酒、川菜、川药及蜀绣、蜀锦、川派盆景等文化品牌都带有强烈的地方特色。四川悠久的历史和丰厚的人文积淀，留下了一批珍贵稀有的高品位文化。峨眉山—乐山大佛是世界自然与文化双遗产，都江堰—青城山是世界文化遗产，九寨沟—黄龙为世界自然遗产，广汉三星堆和成都金沙遗址出土的大量金器、铜器、玉器和陶器都属于文物精品。其中，金沙遗址出土的“太阳神鸟”被国家文物局批准成为“中国文化遗产”标志。川菜位居中国四大菜系之列，五粮液等川酒为国宴珍品，竹叶青、蒙顶茶、峨眉毛峰等名茶享誉全国。

兼容多元文化。除了境内本土的巴蜀文化和西部藏区文化外，只要跨出盆地，便与楚文化、秦陇文化、滇文化、夜郎文化、藏彝文化区域路途相接，促成了与四方经济文化的交流渗透，形成巴蜀文化多元兼容开放的明显特点。

（二）名人及作品

四川作为中华文明的重要发源地之一，历史文化积淀深厚，名人巨匠灿若星辰。特别是历史上涌现出的一大批杰出的政治家、文学家、思想家、科学家、艺术家等，承载着中华民族优秀的精神品格，闪烁着四川人民独特的气质风范，在中华历史文化长河中占有独特而重要的地位，其中十大杰出历史文化名人是大禹、李冰、落下闳、扬雄、诸葛亮、武则天、李白、杜甫、苏轼、杨慎。

扬雄（公元前53年—公元18年），字子云，蜀郡成都（今四川成都郫都区）人。西汉末年经学家、哲学家、语言文字学家、文学家。青少年在成都师事道家学者严君平等，好深湛之思，喜辞赋，著《反离骚》等，40岁后，以赋知名被征召入京为给事黄门郎，王莽时以资历转为大夫。扬雄的汉赋与司马相如齐名，位列汉赋四大家之一。他潜心经学著述，以经莫大于《周易》，传莫大于《论语》，仿著《太玄》《法言》。《太玄》以方州部家四重三分而成81首，构建了以天文历法为基础，以“玄”为最高范畴，以阴阳五行为骨架的独特哲学体系。

诸葛亮（181—234年），字孔明。三国时期著名的政治家、军事家，著有《诸葛亮集》。东汉琅琊阳都（山东沂南）人。年少因战乱避难荆州，17岁时寓居隆中（今湖北襄阳），结庐勤耕苦读十年。因才智卓绝，志向远大，被时人誉称“卧龙”。公元207年，刘备三顾茅庐，27岁的诸葛亮献上《隆中对》，提出“兴复汉室”的战略规划；然后出使江东，联孙抗曹。刘备在取得赤壁之战的胜利后，占据荆州大部；既而进军益州，夺取汉中，于公元221年在成都称帝建国，诸葛亮被任为丞相。

李白（701—762年）唐代诗人，字太白，号青莲居士。自称祖籍陇西成纪（今甘肃静宁西南），隋末其先人流寓碎叶（唐时属安西都护府，在今吉尔吉斯斯坦北部托克马克附近）。父李客举家迁居绵州昌隆（今四川江油）青莲乡，生李白。与杜甫齐名，世称“李杜”。《蜀道难》《将进酒》《宣州谢朓楼饯别校书叔云》《月下独酌》《静夜思》《早发白帝城》等诗，广为世人传诵。有《李太白集》。

杜甫（712—770年），字子美，郡望京兆杜陵，故自称“杜陵布衣”“杜陵野老”。祖籍襄阳（今湖北襄樊），出生于河南巩县（今河南巩义市）。今存《杜工部集》二十卷，存诗一千四百余首。主要贡献中国古典诗歌的集大成者，被尊为“诗圣”，是中国文学史乃至文化史中地位崇高、影响深远的诗人。他的诗歌被称为诗史，艺术上继承诗骚、古诗十九首，炉火纯青，登峰造极。

苏轼（1037—1101年），北宋最杰出的文学艺术家、中国历史上少有的文化巨人。字子瞻，号东坡居士，眉州眉山（今属四川）人。与父洵弟辙，合称“三苏”。忠心报国，勤政爱民，实事求是，敢说真话，故屡遭打击，生前死后都大起大落。为“唐宋八大家”之一。就宋代而言，散文、诗歌、词、书法，苏轼皆为第一。其绘画突出强调写意性与抒情性，对后世文人画有极深远影响。名作《念奴娇》《水调歌头》等开豪放词派的先河，后人常把他和另一个豪放词人辛弃疾一起并称为“苏辛”，并尊其为“词圣”。

杨慎（1488—1559年），字用修，号升庵。别号博南山人、博南逸史等。四川新都人。被誉为“明代著述第一人”，代表作有《宿金沙江》《竹枝词》《临江仙》等。

除此之外，川剧脸谱，是川剧表演艺术中重要的组成部分，是历代川剧艺人共同创造并传承下来的艺术瑰宝。川剧变脸，是川剧表演艺术的特殊技巧之一。它是剧中人物内心思想感情的一种浪漫主义表现手法。变脸的方法大体分为三种——抹脸、吹脸、扯脸。变脸在川剧中是很绝的一门技艺，现在已被其他许多剧种所借鉴，并且已经流传国外。

七、民族与宗教

四川为多民族聚居地，有55个少数民族，490.8万人。彝族、藏族、羌族、苗族、回族、蒙古族、土家族、傈僳族、满族、纳西族、布依族、白族、壮族、傣族为省内世居少数民族。四川是全国唯一的羌族聚居区、最大的彝族聚居区和全国第二大藏区。少数民族主要聚居在凉山彝族自治州、甘孜藏族自治州、阿坝藏族羌族自治州及木里藏族自治县、马边彝族自治县、峨边彝族自治县、北川羌族自治县。

四川的宗教资源极为丰富。道教是中国土生土长的宗教，四川作为道教的发祥地，其主要道观有：青城山的福建宫、成都的青羊宫、二王庙等。东汉时期佛教就已传入四川，明代万历年间佛教开始盛行，并兴建了大量的寺、庙和宝塔。目前现存建筑有乐山大佛寺、成都文殊院、峨眉山的报国寺、伏虎寺等。除此次之外，四川还拥有众多的石窟造像、摩崖石刻与绘画艺术，如乐山大佛、广元千佛崖等石刻造像，以及成都大慈寺、蓬溪宝梵寺的古代壁画等。

八、美食与风物特产

（一）美食

川菜是四川菜肴，中国八大菜系之一。以“一菜一格，百菜百味”的鲜明个性著称于世。川菜在选材上广泛，调味多变，菜式多种多样，口味清鲜醇浓并重，以善用麻辣调味方式著称。川菜的三大主流派系为上河帮、小河帮、下河帮。

川菜中最负盛名的菜肴有鱼香肉丝、宫保鸡丁、夫妻肺片、麻婆豆腐、回锅肉、东坡肘子等。它的十大经典菜是川味火锅、水煮鱼、回锅肉、麻婆豆腐、鱼香肉丝、水煮肉片、辣子鸡、酸菜鱼、宫保鸡丁、毛血旺。在国际上享有“食在中国，味在四川”的美誉。

四川名小吃有2 000多种，著名的有龙抄手、赖汤圆、夫妻肺片、钟水饺、担担面、珍珠元子、韩包子、龙眼包子、陈麻婆豆腐、蛋烘糕、樟茶鸭等。

四川火锅是四川饮食文化的杰出代表。火锅花色品种繁多，下锅的涮料更是数不胜数。四川人又在传统火锅的基础上派生了串串香，这股“麻辣烫”的风潮迅速风靡全国。

（二）风物特产

四川的十大特产是云顶明参、蒙顶茶、蜀锦、青城茶、仿真大熊猫、屏山茶、蜀绣、郫县豆瓣、全兴大曲、中华吕艺彩陶。

川酒源远流长且名酒辈出。五粮液、泸州老窖、剑南春等川酒，几乎占据中国名酒的半壁河山。

九、民俗风情

四川是一个多民族聚居的地区，是我国民族种类最多的省份之一，素有“民族走廊”之称。因其特殊的地理因素，有两种不同的民俗风情，即东部的农耕民俗和西部的少数民族民俗。其中以彝族、藏族、羌族等最具有代表性。

羌族自称“尔玛”“尔麦”“日玛”或“日麦”，集中分布在阿坝藏族羌族自治州茂县、绵阳北川羌族自治县等地。

1. 居住

羌族的建筑具有独特的艺术形式和精湛的技术水准，尤其是碉楼和索桥，最能体现羌族的建筑艺术特色。

2. 服饰

羌族的服饰特色鲜明，大抵是“服”的部分即衣服款式不分男女，而以“饰”即装饰上加以区分。羌族无论男女都穿自织的麻布长衫，外套羊皮褂子，包头帕，裹绑腿，束腰带。男子不着任何饰物，妇女衣服绣有花边，衣服上镶一颗梅花形图案的小银饰物，腰带绣花，喜欢带银耳环、圈子、管子、银牌等饰物，脚上穿勾尖绣花鞋，俗称“云云脚”。

3. 婚俗

婚姻首先必须征得母亲的同意，结婚年龄一般是女大于男，姑舅表亲优先婚，新婚一年以内，新娘一般住在娘家。具有突出特点的习俗是寡妇再嫁被视为正常，并不受任何歧视，这是原始社会母系社会制度在民俗中的孑遗。

4. 宗教

羌族是一个多神信仰的民族。在羌族大约30多种神灵信仰中，包括了自然崇拜、图腾崇拜、祖先崇拜和劳动工艺神等崇拜。羌族宗教信仰的最大特色是羌族尚白，“以白为善”，崇拜白石（乳白色的石英石，羌语称“阿渥尔”）。在羌族诸多祭神仪式中，最为经常的是祭天神，最为隆重的是祭山神。

5. 重要节日

羌历年是羌族人民最为隆重的节日之一，每年农历十月初一举行，一般5~10天。古老的羌历是十月太阳历，每至十月初一即新的一年开始，收获已毕，皆杀猪宰羊庆祝丰收。秦时羌历改为农历，所以现在农历十月初一过新年。羌历年主要活动有祭天神、祭牛神，以祝祭降福、禳灾庆吉。祭天神、祭牛神有一天集体祭礼，同时各户还要各自祭祀礼拜，还要饮酒、轮流宴客（以寨为单位），跳沙朗舞，举行各种欢庆活动。此外还有祭山会、成人礼、妇女节等。

第四节　重庆市基本概况

一、行政区划与人口

（一）行政区划

重庆市，简称“巴”或“渝”，1997年成为我国第四个直辖市。

重庆市辖38个行政区县（自治县）。有26个区，包括万州区、黔江区、涪陵区、渝中区、大渡口区、江北区、沙坪坝区、九龙坡区、南岸区、北碚区、渝北区、巴南区、长寿区、江津区、合川区、永川区、南川区、綦江区、大足区、璧山区、铜梁区、潼南区、荣昌区、开州区、梁平区、武隆区；12个县（自治县），包括城口县、丰都县、垫江县、忠县、云阳县、奉节县、巫山县、巫溪县、石柱土家族自治县、秀山土家族苗族自治县、酉阳土家族苗族自治县、彭水苗族土家族自治县。

（二）人口

截止2017年末，重庆市常住人口3 343万人。

二、地理条件与气候特征

（一）地理条件

1. 地理位置

重庆市总面积8.24万平方千米，位于中国西南部，地处较为发达的东部地区和资源丰富的西部地区的结合部，东邻湖北、湖南，南靠贵州，西接四川，北连陕西。

2. 地形地貌

重庆是著名的“山城”“江城”，境内大山环绕，主要山脉有大巴山、巫山、武陵山、大娄山，以沉积岩为主。

地貌复杂，有中山、低山、高丘陵、中丘陵、低丘陵、缓丘陵、台地和平坝等八大类，90%为山地、丘陵。地势起伏大，东部、南部、东南部地势高，西部地势低，海拔落差2 720多米。喀斯特地貌广泛分布，石林、峰林、洼地、溶洞、暗河、峡谷、天坑地缝众多，长江三峡和世界自然遗产武隆仙女山、南川金佛山等喀斯特奇观享誉世界。

3. 水系

重庆市水系丰富，主要河流有长江、嘉陵江、乌江、涪江、綦江、大宁河、阿蓬江、酉水河等。长江干流自西向东横贯全境，流程长达665千米，横穿巫山三个背斜，形成著名的瞿塘峡、巫峡和湖北的西陵峡，即举世闻名的长江三峡。嘉陵江于渝中区汇入长江，乌江于涪陵区汇入长江。

（二）气候特征

1. 特点

重庆市的主要气候特点是冬暖春早，夏热秋凉，四季分明；空气湿润，降水丰沛；太阳辐射弱，日照时间短；多云雾，少霜雪；光温水同季，立体气候显著，气候资源丰富，气象灾害频繁。

2. 气温

重庆市属亚热带季风性湿润气候，年平均气温16 ~ 18℃，长江河谷的巴南、綦江、云阳等地达18.5℃以上。东南部的黔江、酉阳等地14 ~ 16℃，东北部海拔较高的城口仅13.7℃。最热月份平均气温26 ~ 29℃，最冷月平均气温4 ~ 8℃。

3. 降水

重庆市年平均降水量较丰富，大部分地区在1 000 ~ 1 350毫米之间，降水多集中在5 ~ 9月，占全年总降水量的70%左右，春夏之交夜雨频繁，素有“巴山夜雨”之说。重庆素有“雾都”之称，年平均雾日104天，而有“世界雾都”之称的英国伦敦年平均雾日仅有94天。

三、交通与自然资源

（一）交通

重庆是中国西部唯一集水陆空运输方式为一体的综合交通枢纽。交通基础设施建设突飞猛进。全市公路通车里程迅猛增加，路面等级和通行状况显著改善，水运基础设施建设全面提速，铁路、民航等运输方式协调发展。

公路方面，骨架高速公路建设快速推进、运输大通道内畅外联。近年来，重庆高速公路开工项目之多、通车里程之长、在建规模之大前所未有。形成“二环八射”“一环七射”的高速公路骨架网，地方干线公路网加快完善、通行服务能力明显提高。实施了“八小时重庆”建设工程，三峡库区和渝东南地区的交通条件得到极大改善。农村公路建设成为社会主义新农村建设的最大亮点、农村交通面貌得到根本改变。

铁路方面，重庆拥有成渝铁路、川黔铁路、襄渝铁路、渝怀铁路、遂渝铁路（中国西部地区第一条高速铁路）五条电气化铁路干线和达万铁路。另还有地方铁路三万铁路（綦江三江至万盛）和万南铁路（万盛至南川）。“渝新欧”国际货运班列开通，实现了铁海联运、国际直达。

民航方面，重庆有三座民用机场，分别是重庆江北国际机场、重庆万州五桥机场、重庆黔江舟白机场。江北机场成为国家区域枢纽机场，共有两个航站楼，分别用于国内和国际候机。重庆市区内曾有一座机场，位于白市驿地区（军用机场），在重庆江北国际机场建成前，进出重庆的航班都在此起降。目前重庆航空运输已覆盖国内大中城市。

（二）自然资源

1. 矿产资源

重庆是全国大中城市中矿产资源最富集的地区之一，已发现矿产资源69种，其中查明资源储量的有54种，以沉积矿产为主，重要矿产有天然气、页岩气、锶矿、煤、铝土矿、锰矿、钡矿、粉石英、石膏、水泥用灰岩、岩盐、地热等。页岩气勘探开发在国内率先取得重大突破，中石化涪陵焦石坝页岩气勘探区块探出了我国首个千亿立方米级储量的大规模页岩气田。

2. 能源资源

重庆具有丰富的地热水资源，相继荣获“中国温泉之都”“世界温泉之都”称号，年平均水资源总量5 000亿立方米，其中地表水资源占绝大部分，具有重要的开发利用价值。另外，重庆还有丰富的地下热矿泉水和饮用矿泉水，开发前景良好。

3. 植物资源

重庆市有维管植物2 000种以上。仅号称“巴渝峨眉”的缙云山，亚热带树木就达1 700多种。国家级自然保护区南川金佛山，是重庆市的天然植物园之一，有名贵树种30多种，有乔木1 000多种，竹类17种，尤以“金山四绝”银杉、杜鹃王树、大叶茶、方竹笋享誉中外。具有原始森林特色的江津四面山自然保护区植物资源颇为丰富。

野生植物繁多，有6000多种，其中列为国家级保护和珍稀濒危植物63种。食用、药用、工业用等植物达2200多种。

4. 动物资源

重庆地区有各类动物资源约580多种，其中野生珍稀动物主要有毛冠鹿、大灵猫、林麝、水獭、猕猴、云豹、红腹锦鸡等，有江河鱼类约120多种，鱼类养殖遍及各区县，长寿湖、大洪湖是重庆的鱼类主要养殖基地。

四、旅游资源

重庆市旅游资源丰富，既有集山、水、林、泉、瀑、峡、洞等为一体的壮丽自然景色，如长江三峡、世界文化遗产大足石刻、世界自然遗产武隆喀斯特、南川金佛山等壮丽景观，又有融巴渝文化、民族文化、移民文化、三峡文化、陪都文化、都市文化于一体的浓郁文化景观。万州太白岩有晋代道教遗迹“绝尘龛”，亦为唐代诗人李白访道之处。雄伟壮阔的长江三峡、璀璨多彩的重庆夜景、秀丽怡人的芙蓉江、火爆刺激的重庆火锅都是重庆重要的旅游资源。

截止到2016年，全市共有自然、人文景点300余处。其中，世界文化遗产1个（大足石刻）、全国重点文物保护单位13个、国家重点风景名胜区6个。

五、历史沿革

重庆是中国著名历史文化名城，有文字记载的历史3000多年，是巴渝文化的发祥地。北宋崇宁元年（1102年），改渝州为恭州。南宋淳熙十六年（1189年）正月，孝宗之子赵惇先封恭王，二月即帝位为光宗皇帝，称为“双重喜庆”，遂升恭州为重庆府，重庆由此而得名。1891年，重庆成为中国最早对外开埠的内陆通商口岸。1929年，重庆正式建市。抗日战争时期，国民政府定重庆为陪都，重庆同华盛顿、伦敦、莫斯科一道被列为世界反法西斯四大指挥中心，为世界反法西斯战争做出了巨大贡献。抗日战争时期和解放战争初期，以周恩来同志为代表的中共中央南方局在重庆负责领导国统区、港澳及海外地区的党组织和统一战线工作，形成的“红岩精神”是激励重庆人民的巨大精神动力，是我们国家和民族的宝贵精神财富。民盟、民建、九三学社和民革前身之一的“三民主义同志联合会”均在重庆成立。

新中国建立初期，重庆为中央直辖市，是中共中央西南局、西南军政委员会驻地和西南地区政治、经济、文化中心。1954年，西南大区撤销后改为四川省辖市。1983年，党中央、国务院批准成为全国第一个经济体制综合改革试点城市，实行计划单列。1997年3月14日，第八届全国人大五次会议批准设立重庆直辖市，6月18日正式挂牌。

六、文化艺术

（一）语言

重庆方言，亦称重庆话，属西南官话。

狭义的重庆言子，专指重庆人的“展言子儿”，即歇后语，于风趣幽默中见智慧。明代的时候，大量湖南、广东籍居民涌入重庆，曾经占重庆市区人口的40%以上。重庆郊县依然保留着移民的方言，渝西有大片客家话区和老湘语区，因此在语言上，重庆方言与西南官话方言相比发音较为硬、直、平。

（二）巴渝文化

巴渝文化是长江上游最富有鲜明个性的民族文化之一。巴渝文化起源于巴文化，是指巴族和巴国在历史的发展中所形成的地域性文化。巴人一直生活在大山大川之间，练就一种顽强、坚韧的性格，以勇猛、善战而称。巴人的军队参加周武王讨伐商（殷）纣王战争，总是一边唱着进军的歌谣，一边跳着冲锋的舞蹈，勇往直前，古代典籍谓之“武王伐纣，前歌后舞”。

古代巴族能歌善舞，其歌舞内容主要是从“战舞”发展演变而成的巴渝舞，后来逐步成为一种专供表演的宫廷舞蹈。巴渝舞是集体舞蹈。到了汉代，巴渝舞被列为宫廷宴乐，在宫廷庆典时进行演示。以后，巴渝舞不断演变，其分支为僚人的“羽人舞”、江南的“盾牌舞”、土家族的“摆手舞”以及川东的“踢踏舞”。

旧社会，江上船只多靠人力推挠或拉纤航行，少则数十人多则上百人的江上集体劳动，一般用号子来统一指挥。因此，在川江上，产生了许多歌咏船工生活的水上歌谣——川江号子。

（三）文化名人

重庆是中国著名的历史文化名城，具有3000多年的悠久历史和光荣的革命传统，以重庆为中心的古巴渝地区是巴渝文化的发祥地，这片土地孕育了重庆悠久的历史。被评为重庆十大历史文化名人的有：道隆（1213—1278年）南宋僧人，秦良玉（1574—1648年）明代爱国女英雄，李惺（1785—1863年）清代教育家，竹禅（1825—1901年）晚清书画家，杨裕勋（1837—1921年）清末画家，程琪芝（1841—1914年）清末医学家，张森楷（1858—1928年）实业家、史学家，张培爵（1876—1915年）辛亥革命先烈，向楚（1877—1961年）辛亥革命志士、教育家。巴金（1904—2005年），原名李尧棠，《激流三部曲》包括《家》《春》《秋》，巴金的早期代表作，在中国现代文学史上占据着重要的地位和起着巨大的作用。

七、民族与宗教

重庆市是我国唯一辖有民族自治地方的直辖市，据全国第六次人口普查数据，全市共有少数民族人口193.71万。渝东南民族地区一区四县是全市少数民族人口聚居区，主要是土家族和苗族，辖区面积1.7万平方千米。以汉族为主体，有土家族、苗族、回族、满族、壮族、藏族、布依族、彝族、蒙古族、白族等55个少数民族。

重庆市有佛教、道教、伊斯兰教、天主教、基督教五大宗教，市佛教协会、市道教协会、市伊斯兰教协会、市天主教爱国会、市天主教教务委员会、市基督教三自爱国运动委员会、市基督教协会7个市级宗教团体。全市有宗教活动场所548处，其中佛教活动场所279处，道教活动场所33处，伊斯兰教清真寺8处，天主教活动场所66处，基督教活动场所162处。

八、美食与风物特产

（一）美食

1. 重庆火锅

重庆火锅，又称为毛肚火锅或麻辣火锅，起源于明末清初的重庆嘉陵江畔、朝天门等码头船工纤夫的粗放餐饮方式，原料主要是牛毛肚、猪黄喉、鸭肠、牛血旺等。重庆火锅是以锅为器具，以热源烧锅，以水或汤导热，来涮煮食物的烹调方式，同时亦可指这种烹调方式所用的锅具。其特色为边煮边吃，或是锅本身具有保温效果，吃的时候食物仍热气腾腾，汤物合一。2016年5月，“重庆火锅”当选为“重庆十大文化符号”之首。

2. 涪陵榨菜

涪陵榨菜历经百年沧桑，是涪陵区乃至重庆市农村经济中产销规模最大、品牌知名度最高、辐射带动能力最强的传统支柱产业、优势产业。涪陵榨菜含有的营养成分有膳食纤维、胡萝卜素和维生素等，是老少皆宜的食品。涪陵榨菜曾获得巴拿马万国商品博览会金奖，1970年，在法国举行的世界酱香菜评比会上，中国涪陵榨菜与德国甜酸甘蓝、欧洲酸黄瓜并称世界三大名腌菜。作为中国对外出口的三大名菜之一，其传统制作技艺被列入第二批国家级非物质文化遗产名录。

（二）风物特产及小吃

重庆风物特产及小吃主要有：茶叶：巴山银针、永川秀芽、缙云毛峰等。工艺品：大足石刻、荣昌折扇、荣昌工艺陶等。中药：石柱黄连、天麻、巫山党参、南川杜仲等。小吃：担担面、灯影牛肉、酸辣粉、芙蓉江野鱼、泡椒凤爪、香脆椒等。调料品：火锅底料、涪陵榨菜、忠县豆腐乳等。

九、民俗风情

（一）传统节日

1. 赶年

土家族过春节，一般比汉族提前一两天，也有提前六七天的，称为“赶年”。土家族人提前过年一种说法是为了抵御外国的侵略；另一种说法是，为了打败异族的骚扰；还有一种说法，土家族人祖先贫困，给财主当长工，不能阖家团圆，只好提前一天“团年”。

2. 赶秋节

赶秋节是渝黔湘边区苗族的节日。每年“立秋”之日，苗寨人举家盛装出席，汇聚秋场。场上锣鼓喧天，歌声萦绕，打秋千、上刀梯、舞狮子、玩龙灯、歌台赛歌等令人应接不暇。

（二）传统庙会

1. 重庆磁器口庙会

重庆磁器口古镇位于重庆城西的嘉陵江畔，是重庆江州古城的缩影和象征，而庙会所在地是在磁器口码头旁边的一个沙洲上。每逢农历初一、十五，以及释迦牟尼生日、观音菩萨生日、春节、放生日时，四乡八场的人都来磁器口赶庙会。

重庆磁器口庙会是融合民间艺术、宗教信仰、物资交流、文化娱乐为一体的中国传统民俗文化盛会。

2. 丰都庙会

丰都庙会是流行于丰都县一带的民俗文化活动。以前每至宇主神的诞辰，都会举行庙会，后来就成为当地人日常经济交往的重要形式。1988年4月18日，丰都县举办首届鬼城庙会，在保留原有庙会特色的基础上，增加了经贸洽谈、物资交流等内容。2014年，“丰都庙会”被列入国家级非物质文化遗产名录。

（三）重庆十八怪

房如积木顺山盖，三伏火锅逗人爱；坐车没得走路快，空调蒲扇同时卖；背起棒棒满街站，女士喜欢露膝盖；龟儿老子随口带，不吃小面不自在；光着膀子逛大街，街边打望好愉快；办报如同种白菜，崽儿打赌显豪迈；矮小伙高姑娘爱，摊开麻将把客待；公交车上摆擂台，宝气处处都存在；人名没得地名怪，丧事当作喜事办。

重庆民间还流传着另样“重庆十八怪”的说法，即七十岁叫“女娃儿”不为怪，八十岁喊“崽儿”很自在，男人染发装“老外”，女人的肚脐眼在衣服外，说话着急像比赛，“言子儿”又多又古怪，“麻辣烫”越热越要卖，不吃小面不自在，爬坡上坎当小菜，坐车没得走路快（堵车），路边打望（东张西望）好愉快，棒棒（力夫）满街找买卖等。

第五节　西藏自治区基本概况

一、行政区划与人口

（一）行政区划

西藏自治区，简称“藏”，首府是拉萨市。

西藏有5个地级市、2个地区，即拉萨市、日喀则市、山南市、林芝市、昌都市、那曲地区、阿里地区；74个县级行政单位。

（二）人口

截至2015年末，全区常住人口为323.97万人。

二、地理条件与气候特征

（一）地理条件

1. 地理位置

西藏地处祖国西南边陲，全区面积120.22万平方千米，居全国各省（区、市）第二位。北与新疆维吾尔自治区及青海省毗邻，东隔金沙江与四川省相望，东南与云南省山水相连，南面和西面与印度、尼泊尔、不丹、缅甸四国及克什米尔地区接壤，边境线长4 000多千米，占全国陆地边境线的1/6，是我国西南边疆的重要门户和屏障，全区南北最宽900多千米，东西最长达2 000多千米，境内群山巍峨，河流、湖泊广布，高寒缺氧，地广人稀，资源丰富。

2. 地势地貌

西藏位于青藏高原的西部和南部，占青藏高原面积的一半以上，海拔4 000米以上的地区占全区总面积的85.1%。青藏高原素有“世界屋脊”和“地球第三极”之称，是世界上海拔最高的地方。全区地形可分为藏北高原、雅鲁藏布江流域、藏东峡谷地带三大区域。境内山脉大致可分为东西向和南北向，主要有喜马拉雅山脉、喀喇昆仑山—唐古拉山脉、昆仑山脉、冈底斯—念青唐古拉山脉和横断山脉，境内超过8 000米的高峰有5座。其中，海拔8 844.43米的世界第一高峰珠穆朗玛峰就耸立在中尼边界上。西藏的平原主要分布在西起萨嘎、东止米林的雅鲁藏布江中游若干河段以及拉萨河、年楚河、尼洋河中下游河段和易贡藏布、朋曲、隆子河、森格藏布、朗钦藏布等的中游河段。

3. 水系

西藏水资源丰富，是中国水域面积最大的省级行政区，地表水包括河流、湖泊、沼泽、冰川等多种存在形式，其中河流、湖泊是最重要的部分。西藏境内流域面积大于10 000平方千米的河流有28条，大于2 000平方千米的河流多达100余条，是中国河流最多的省区之一。亚洲著名的长江、怒江（萨尔温江）、澜沧江（湄公河）、印度河、恒河、雅鲁藏布江（布拉马普特拉河）都发源或流经西藏。西藏湖泊众多，共有大小湖泊1 500多个，总面积达2.4万平方千米，居全国首位，其中超过1 000平方千米的有3个，即纳木措、色林措和扎日南木措。西藏有冰川11 468条，冰川面积达28 645平方千米，占全国的49%，冰储量约25 330亿立方米，占全国的45.32%，年融水量310亿立方米，占全国的53.4%，均居全国之首。

（二）气候特征

1. 特点

西藏空气稀薄，气压低，含氧量少，平均空气密度为海平面空气密度的60%～70%，高原空气含氧量比海平面少35%～40%。气候类型复杂，垂直变化大，自东南向西北依次为热带、亚热带、高原温带、高原亚寒带、高原寒带。区域气候变暖明显，尤其是1991—2010年西藏增温强烈，升温率每10年达0.79℃，明显高于全国其他区域。气象灾害种类多，发生频率高，干旱、洪涝、雪灾、霜冻、冰雹、雷电、大风、沙尘暴等灾害性天气频繁发生。

2. 气温

太阳辐射强烈，日照时间长，年日照时数为1 443.5～3 574.3小时，其中阿里地区大部、日喀则市西部在3 000小时以上，那曲地区中西部、日喀则市东部、山南市西部为2 800～3 300小时，那曲地区东部、昌都市西部、拉萨河河谷、年楚河河谷为2 500～3 000小时。气温低，积温少，昼夜温差大，年平均气温为-2.4～12.1℃，自东南向西北递减，月平均气温6～7月最高，1月最低，大部分地区气温日较差在15℃以上，气温日较差冬季大、夏季小。

3. 降水

降水少，季节性明显，夜雨率高，年降水量在66.3～894.5毫米之间，呈东南向西北递减分布规律，年内降水高度集中在5～9月，占年降水量的80%～95%。干季时间长，多大风，夏季多冰雹和雷暴，大部分地区年大风日数在30天以上，西部和北部高达100～160天，以冬、春季最多，西藏冰雹多，居全国之首。

三、交通与自然资源

（一）交通

1954年12月25日，修通了闻名世界的青藏、川藏公路，从此西藏第一次出现了现代意义上的公路汽车运输，结束了无一条正式公路的历史。从那时起，国家先后投资近百亿元巨额资金，修建了青藏、川藏、新藏、滇藏、中尼公路以及区内干线和众多的县乡公路、边防公路。目前，西藏已形成109、317、318、 214、219五条国道为主干，14条省道为支架，20条县道，57条乡道，12 条专用公路和79条边防专用公路的公路网络。同时还基本形成了由公路、航空、管道运输组成的交通运输网，运输能力大大增强。

青藏铁路是西部大开发的标志性工程。青藏铁路被誉为“天路”。全长1956千米，是重要的进藏路线，是世界上海拔最高、在冻土上路程最长的高原铁路，是中国新世纪四大工程之一，2013年9月入选“全球百年工程”，是世界铁路建设史上的一座丰碑。

为加快推进国省干线、经济干线、边防公路、农村公路建设，川藏公路西藏段、新藏公路全线黑色化，拉林高等级公路开工路段、林芝米林机场快速通道、嘎拉山隧道和雅江特大桥建成通车，高等级公路达到300千米。全区路网结构显著改善，布局更加合理。

贡嘎、米林、邦达机场改扩建工程进展顺利，规划一批支线机场和通用机场，区内支线航空网络初步形成，国内外航线增至63条，通航城市40个，拉萨贡嘎机场高峰期日突破130架次，2008年，从“东方明珠”到“世界屋脊”的航线已正式开通，这是华东地区与西藏间架设的第一座空中桥梁，2015年旅客吞吐量突破700万人次。西藏航空公司已拥有15架飞机，开通航线36条，通航城市30个。

（二）自然资源

1. 光照资源

西藏太阳年总辐射值达到140～200千卡/平方厘米，是我国东部沿海地区的近2倍。

2. 风力资源

西藏是全国大风（≥8级或17米/秒）最多的地区之一，年平均大风日数多达100～150天，最多可达200天，比同纬度的我国东部地区多4～30倍。

3. 水资源

据统计，全区水资源总量4 394.65亿立方米（不含地下水），占全国河川径流总量的16.21%，居全国第一位；人均水资源占有量和亩均占有水量也均居全国第一；全区水能资源理论蕴藏量2.1亿千瓦、技术可开发量1.4亿千瓦，均居全国首位。

4. 土地资源

全区有天然草地0.89亿公顷，约占全区总面积的74.11%，位居全国第一位，其中可利用天然草地面积0.75亿公顷；耕地面积44.2万公顷（实控区36.7万公顷），其中水田4.15万公顷、水浇地26.5万公顷、旱地13.5万公顷，农作物播种面积稳定在25.13万公顷。

5. 森林资源

全区林地面积1 783.64万公顷，森林面积147.56万公顷。人均森林面积达49 000平方米，居全国第一。活立木总蓄积量为22.88亿立方米，居全国之首。人均拥有活立木蓄积量达762立方米，森林覆盖率为11.98%，为全国第五大林区。

6. 植物资源

全区有野生植物9 600多种，其中855种为西藏特有；高等植物6 600多种，其中苔藓植物700余种，蕨类和种子植物5 900余种。食用菌有松茸等415种，药用菌有灵芝等238种。农作物方面，全区有青稞、小麦、玉米、油菜、豆类等品种及约20个科、110余种的蔬菜。

7. 动物资源

全区有野生脊椎动物795种（其中125种为国家重点保护野生动物，占全国重点保护野生动物种类的1/3以上，196种为西藏特有），其中哺乳类145种，鸟类492种（其中22种为西藏特有），爬行类55种，两栖类45种，鱼类58种；有昆虫4 200余种、水生浮游动物760多种。

全区大中型野生动物数量居全国第一位，藏羚羊数量占世界上整个种群数量的80%以上，黑颈鹤越冬数量占世界上整个种群数量的80%，野牦牛数量占世界上整个种群数量的78%。

8. 湿地资源

西藏拥有各类湿地面积652.9万公顷，占全区国土面积的5.3%，湿地面积居全国第二，是我国湿地类型齐全、数量最为丰富的省区之一。90%以上的湿地保持原生状态，其中玛旁雍措、麦地卡被列入《国际重要湿地名录》。

9. 矿产资源

西藏目前已发现的矿种（亚种）有103种，有查明矿产资源储量的矿种49种，矿床、矿点及矿化点3 000余处。其中发现能源矿产5种，有查明资源储量的3种；发现金属矿产32种，有查明资源储量的19种；发现非金属矿产64种，有查明资源储量的26种；发现水气汽矿产2种，有查明资源储量的1种。全区已发现的优势矿产资源主要有铜、铬、铅锌银多金属、钼、铁、锑、金、盐湖锂硼钾矿、高温地热、天然矿泉水等，均具有广阔的找矿前景。在查明矿产资源储量的矿产中，铬、铜保有资源储量，盐湖锂矿资源远景及高温地热储量在全国排名第一。

10. 能源资源

西藏能源资源丰富，能源资源主要有水能、太阳能、地热能、风能等可再生能源，2005年，地质勘测部门在藏北西部探明油漆远景资源为1亿~1.5亿吨的中型油田。目前有关开采规划正在制定中。

四、旅游资源

西藏独特的高原地理环境和历史文化，催生了数量众多、类型丰富、品质优异、典型性强、保存原始的旅游资源。全国165个旅游资源基本类型中，西藏有110个，占2/3，在全国旅游资源系统中处于不可替代的重要地位。西藏共有各级各类风景名胜资源点1 424处，优良以上资源点99处，目前可供游览的景点300多处。已开发A级旅游景区76处，其中，国家5A级2处、4A级14处、3A级18处、2A级28处、A级14处。世界文化遗产1处，即布达拉宫—大昭寺—罗布林卡；国家地质公园3处，即易贡、札达土林、羊八井；国家级风景名胜区3处，即纳木措—念青唐古拉山、雅砻河、唐古拉山—怒江源；国家森林公园9个，即巴松措、色季拉、玛旁雍错、然乌湖、姐德秀、班公湖、热振、尼木、比日神山；中国优秀旅游城市1座，即拉萨市；国家历史文化名城3座，即拉萨、日喀则、江孜；历史文化名镇2处，即山南市昌珠镇、日喀则市萨迦镇；自治区级风景名胜区16处；各级自然保护区47个，其中国家级9个、自治区级14个、地县级24个，保护区面积占全区国土面积的35%，居全国首位。

西藏人文旅游资源丰富，西藏境内分布着众多的文物古迹，截至2015年底，全区共有包括古遗址、古建筑、古丧葬在内的不可移动文物点4 277处，已登记各类文物保护单位1 424处，其中全国重点文物保护单位55处，布达拉宫是西藏现存最大、最完整的古堡建筑群，曾是历世达赖的冬宫，1994年被列入世界文化遗产名录。大昭寺是2000年列入世界文化遗产布达拉宫的扩展项目。哲蚌寺为藏传佛教格鲁派在拉萨三大寺中的最大寺庙。罗布林卡曾为历代达赖的夏宫，2001年列入世界文化遗产布达拉宫的扩展项目。噶丹寺是藏传佛教格鲁派创始人宗喀巴所建。扎什伦布寺是历代班禅额尔德尼驻锡寺。藏王墓是吐蕃王朝时期藏王的墓葬群。桑耶寺是西藏的第一座寺院。卡若遗址属新石器时代文化遗址，距今已有四五千年的历史。

藏族独特的人文景观，按照景观内容可以分为五大类。人文景观区，主要包括：拉萨布达拉宫、大昭寺、罗布林卡为代表的藏民族政治、经济、宗教、历史、文化中心；藏文化发祥地人文景观区，代表景观有：山南雍布拉康、桑耶寺、昌珠寺、藏王墓群；后藏宗教文化人文景观区，其代表景观有：日喀则扎什伦布寺、萨迦寺；文物古迹人文景观区，以藏北“古格王朝古都遗址”为主；历史文化人文景观区，以昌都康区文化为代表的“茶马古道”。

五、历史沿革

西藏自古以来就是中国的领土。中央政权始终对西藏行使有效管辖。西藏古称“蕃”，简称“藏”。早在公元前，西藏地区就有人类居住，直到后来逐渐演化为藏族。先秦时期，西藏属于羌、戎之地；唐宋期间，西藏属于吐蕃之地，被称为“吐蕃”；在元朝时，西藏被元朝政府宣政院所辖，并设立乌斯藏、纳里、速古鲁孙等三路宣慰使司地；明朝则设立多干、乌斯藏两个都郡指挥使司；到了清朝，西藏与中央的关系进一步加强，清政府分别在1652年和1713年册封达赖和班禅，并正式确定其封号。1791年清政府派军进驻西藏，规定驻藏大臣与达赖和班禅共同掌管西藏事务。1792—1793年清政府制定《钦定藏内善后章程》，对西藏地方政府的政治、军事、财政、外交、宗教等方面进行了规范，加强了中央的管理。1951年西藏和平解放，1965年西藏自治区成立。

六、文化艺术

（一）语言文字

藏族有自己的语言文字，属汉藏语族藏语支，藏文通行整个西藏地区。历史悠久，在国内仅次于汉文。

（二）特色文化艺术

1. 医药

藏医是藏民族医药学的简称。藏医学已1 600多年的历史，历史记载藏医已有2 300多年的历史，他对世界屋脊上的藏族人民的生存、繁衍生息、生产力发展等方面做出了巨大贡献。藏药《月王药诊》是较早的一部藏药史籍，收载的药物包括植物类440种、动物类260种、矿物类80种，其中300多种药物为青藏高原特产，多数药物沿用至今。

藏医学鼻祖宇妥云丹贡布（708—833年）集古代藏医之大成，吸收四方医学的精华，编著了《四部医典》该巨著是80幅唐卡的最早来源。公元8世纪初，吐蕃王朝侍医比吉赞巴希拉，编绘《尸体图鉴》26章。《尸体分布图》《活体及尸体测量》等藏医腹腔图画见于许多藏医历史典籍。公元1730年圆满完成了《四部医典系列挂图》79幅藏医唐卡画图的绘制。史籍记载，唐卡画图是为了使四部医典通俗易懂，从学识渊博者到初学的童龄均能理解，犹如一颗掌上透明珠宝，一目了然。

藏医80幅唐卡是祖国医学宝库的璀璨明珠，是藏族人民智慧的结晶。1998年由强巴赤来教授担任主编，编写了藏、汉、英《四部医典80幅彩色挂图释难蓝琉璃之光》著作，作为注解的小圆圈图表5000多幅，为系列挂图起到了画龙点睛的作用。

2. 藏文古籍

藏文古典非常丰富。著名的《甘珠尔》《丹珠尔》是藏文大藏经的两大组成部分，两大部类下又分为10种，即“十明学”，包括书籍达4 500种，堪称藏族文化的百科全书。

3. 文学历史

《格萨尔王传》是中国著名史诗之一，也是世界历史上最长的史诗之一，被联合国教科文组织列入人类非物质文化遗产代表名录。与蒙古族的《江格尔》、柯尔克孜族的《玛纳斯》并称为中国“三大史诗”。藏族文学经典《仓央嘉措情歌》也已享誉世界。著名史书如《布顿佛教史》《西藏王统记》《巴协》《红史》《青史》等，传记文学有《米拉日巴传》等。

4. 藏历

藏历是藏族先民所创造的属于藏族的历法，是不同于汉族的历法，已经有了1 000多年的历史。现有史可证的藏族历书，最早出现在13世纪，19世纪藏族历书的编定已经趋于完善。藏历是阴阳合历，全年354日，将一年分为以冬、春、夏、秋为序的四季。12个月以寅月为岁首，以月球圆缺周期为1个月。大小月相间，大月30日，小月29日。一个闰月，用来调整月份与文殊金轮季节的关系。置闰时间，又与农历有所不同。

5. 藏戏

藏族人称藏戏为“阿吉拉姆”，意思是“仙女姐妹”。这个名称来自于一个传说，相传藏戏是由七个姐妹最早演出的，因此得名。藏戏发端于8世纪，经过多年发展，逐渐形成以唱为主的表演形式，包括西藏藏戏（阿吉拉姆）、安多藏戏（南木特）、德格藏戏、昌都藏戏4个剧种。其剧目内容多取自佛经中的神话故事，代表曲目有《文成公主》《苏吉尼玛》等。

6. 藏族舞蹈

藏族舞蹈有“谐”和“卓”两类。“谐”是流行于藏族民间的集体歌舞形式，分为果谐、锅庄、堆谐、谐四类。藏族舞蹈极具民族特色，题材广泛，内容丰富，其中又蕴含了多重宗教信仰气息，所以藏族舞蹈又有着宗教舞蹈这一旁支。

七、民族与宗教

（一）民族

西藏是以藏族为主体的少数民族自治区，全区还有汉族、门巴族、珞巴族、回族、纳西族等45个民族及未识别民族成分的僜人、夏尔巴人，其中藏族和其他少数民族占91.83%。

（二）宗教

藏族绝大部分人信仰藏传佛教，只有少数人信仰本教。著名的寺庙：拉萨大昭寺，拉萨三大寺——哲蚌寺、甘丹寺、色拉寺，拉萨堆龙县的楚布寺，山南市的桑耶寺，日喀则市的扎什伦布寺。拉萨的三大寺与扎什伦布寺被称为藏传佛教格鲁派的“四大寺”。“四大寺”与青海的塔尔寺、甘肃的拉卜楞寺合称为藏传佛教格鲁派的“六大寺”。

八、美食与风物特产

（一）美食

西藏自治区地处青藏高原，饮食习惯受当地气候影响，其中酥油、茶叶、糌粑、牛羊肉被称为西藏饮食的“四宝”。同时酥油茶和青稞酒也是当地农牧民的主要食品，尤其是酥油茶，深受藏民喜爱，民间有句俗话：“宁可三日无肉，不可一日无酥油茶。”西藏名吃极具有民族特色。尽管糌粑是藏人的主食，但也是有名的小吃。同时酸奶、血肠、藏式面条、麻森、干酪、奶渣包子都是当地有名的小吃。

1. 藏餐

藏餐又叫藏族菜，历史悠久，种类丰富，分为主食、菜肴、汤三大类。食材主要是牛、羊、猪等肉食，同时也会涉及土豆、萝卜等蔬菜。代表菜有松茸高汤、烤藏香猪、土豆包子、虫草炖鸭等。

2. 酥油

酥油是以驯养的犁牛的产乳制成的奶油。它是中亚南部和青藏高原的放牧人家最重要的主食和贸易食品之一，以夏季牦牛奶里面提炼的金黄色酥油为最佳，从羊奶里提炼的则是纯白色。酥油一向都被冠以“拉撒雅纳”的称号，意为这是一种能够促进全面健康、使人长寿的食物。

3. 青稞酒

青稞酒，藏语叫做“羌”，是用青藏高原出产的一种主要粮食——青稞制成的。它是藏民族最喜欢喝的酒，逢年过节、结婚、生孩子、迎送亲友，必不可少，是藏族人待客的最佳饮料。

（二）风物特产

1. 藏刀

藏刀刻工细致，刀鞘装饰有精致的银饰，既可以用于日常生活，也可以用来防身，也可以作为装饰品，是藏族人随身必备之物。

2. 宗教纪念品

藏族信仰的宗教是藏传佛教，而与宗教有关的工艺纪念品，可以说是西藏地区的特有民族特产，比如唐卡、佛像、哈达等。

3. 藏毯

藏毯是藏族的传统手工艺品，享誉海内外，是世界三大名毯之一。藏毯色泽鲜艳协调，毯面柔顺，能保暖，能防潮，并且耐用，是一种理想的家居饰品。

除此之外，西藏地区还有藏药、羊皮画、藏香等风物特产。

九、民俗风情

在西藏自治区，以藏族为主的少数民族占全区总人口的大部分，所以这里的民俗风情主要介绍藏族的民俗风情。

（一）居住

农区多垒石建房，房屋平顶多窗，形如碉房。牧区则多住帐篷。

（二）服饰

藏族服饰的基本特点是长袖、宽腰、长裙、长靴。藏族人喜穿藏袍。藏袍肥腰、长袖、大襟。为劳作方便，常常把右手脱出袖外，人称“穿一手，露一手”。男女都爱戴藏式金花帽，均穿氆氇或牛皮的藏靴。头饰质地多样，多为自然状态，是藏族服饰的点睛之笔。

（三）丧葬

藏族的葬仪分为塔葬、火葬、天葬（鸟葬）、水葬、土葬五种。

（四）礼仪

互献哈达是最普遍的一种礼节。除此之外还有敬青稞酒、唱酒歌、弹酒的礼俗。

（五）节日

1. 藏历新年

藏历新年是藏族人民的传统节日。进入藏历十二月份，藏族家家户户就开始置办年货。男人准备过年时向神灵“煨桑”的原料；妇女们则在家酿造青稞酒，炸油果，制酥油奶糕等。同时，男女老幼都要进行梳洗打扮，以祈盼来年吉祥如意。新年期间，藏族人民也会进行拜年，互献哈达。

2. 花灯节

藏历正月十五是藏族的花灯节。节日期间，藏民们用五彩酥油塑造花卉、人物、鸟兽，再加上细致的灯架，格外玲珑剔透，吸引了万千观众。人们在塑花之下，起舞狂欢，节日氛围热烈而浓厚。

3. 雪顿节

雪顿节是藏族人民的传统宗教节日，多数在藏历二月初、四月中旬或六月中旬举行。在藏语里，“雪”是酸奶的意思，“顿”是吃的意思，所以雪顿节又称为吃酸奶的节日。雪顿节期间会有盛大的晒佛仪式。

除此之外，西藏自治区还有沐浴节、赛马节、望果节等传统民族节日。

（六）民间习俗

春季播种的时候，日喀则农区都要举行隆重的春播仪式，被称为春播节，时间是在藏历正月初五。春播节有两项内容，即在地里安放白石头和围绕白石犁播种五谷，以求风调雨顺、五谷丰登。

除此之外，藏族的信仰民俗、昌都地区的民俗、藏族的婚礼习俗都独具民族特色。

（七）禁忌

1. 饮食禁忌

忌吃狗、驴、马肉，忌吃尖嘴动物、奇蹄类兽肉、飞禽、有爪动物及鱼虾等水生动物的肉；忌用脚蹬踩灶台或坐于灶台上；忌把骨头扔在火中；忌用有裂缝或豁口的碗、碟等器皿待客；饮食用的碗或茶具忌扣着放；互不熟悉的男女忌讳同在一个碗内揉、吃糌粑。

2. 宗教禁忌

藏族人遇到寺院、嘛尼堆、佛塔等佛教设施，都必须下马并从左往右绕行。佛像、佛寺里的经书、钟鼓及喇嘛随身佩戴的护身符、念珠等宗教器物，忌别人随便触摸；忌在参观寺庙时吸烟和大声喧哗；转经筒、转寺庙、叩长头要按顺时针方向转动。

3. 社交禁忌

忌男女混坐，男女入室后男坐左、女坐右，就座时忌双脚伸直，脚底朝人；忌在家中吹口哨、拍巴掌；忌别人对自己的孩子过分夸奖；忌当着当事人的面谈及婚事；家有病人或产妇时，忌生人来访；忌扫地时直接从对方手中接过扫帚，亲人出门后忌马上扫地。

第七章　西北地区

学习目标： 1. 熟悉西北地区各省自治区的基本概况。
2. 了解西北地区各省自治区的旅游资源。
3. 了解西北地区各省自治区的历史文化和民俗风情。
4. 了解西北地区各省自治区的饮食特点、主要美食和风物特产。

第一节　陕西省基本概况

一、行政区划与人口

（一）行政区划

陕西省，简称“陕”或“秦”，省会是西安市。

全省设10个省辖市和杨凌农业高新技术产业示范区，有3个县级市、73个县和30个市辖区。其中10个省辖市为西安市、宝鸡市、咸阳市、铜川市、渭南市、延安市、榆林市、汉中市、安康市、商洛市。

（二）人口

截至2017年末，全省常住人口3 835.44万人。性别比为106.73（女性为100）。

二、地理条件与气候特征

（一）地理条件

1. 地理位置

陕西省地域狭长，全省总面积为20.58万平方千米。居全国第十一位。陕西省位于中国西北部，地处中国内陆腹地、黄河中游，处于我国第二阶梯上。陕西省与山西、河南、湖北、四川、甘肃、宁夏、内蒙古、重庆8个省市接壤。是国内邻接省区数量最多的省份，具有承东启西、连接西部的区位之便。

2. 地势地貌

陕西地势的总特点是南北高、中间低，有高原、山地、平原和盆地等多种地形。南北长约870千米，东西宽200～500千米，呈现南北长，东西窄的特点。按照地貌类型划分指标，将陕西省划分为风沙过渡区、黄土高原区、关中平原区、秦岭山地区、汉江盆地区和大巴山地区6个地貌类型区域。其中高原926万公顷，山地面积为741万公顷，平原面积391万公顷。主要山脉有秦岭、大巴山等。秦岭在陕西境内有许多闻名全国的峰岭，如华山、太白山、终南山、骊山。

3. 水系

陕西省地跨黄河、长江两大流域，总面积20.56万平方千米。全省平均年降水量702.1毫米，水资源总量416.49亿立方米。全省最大年水资源量可达847亿立方米，最小年只有168亿立方米，丰枯比在3.0以上。水资源时空分布严重不均，时间分布上，全省年降雨量的60%～70%集中在7～10月份，往往造成汛期洪水成灾，春夏两季旱情多发；地域分布上，秦岭以南的长江流域，面积占全省的36.7%，水资源量占到全省总量的71%；秦岭以北的黄河流域，面积占全省的63.3%，水资源量仅占全省的29%。

（二）气候特征

1. 特点

陕西横跨三个气候带，南北气候差异较大。陕南属北亚热带湿润气候，关中及陕北大部属暖温带气候，陕北北部长城沿线属中温带干旱半干旱气候，整体属大陆季风气候。其总特点是春暖干燥，降水较少，气温回升快而不稳定，多风沙天气；夏季炎热多雨，间有伏旱；秋季凉爽较湿润，气温下降快；冬季寒冷干燥，气温低，雨雪稀少。

2. 气温

全省年平均气温13.7℃，自南向北、自东向西递减。陕北7～12℃，关中12～14℃，陕南14～16℃。1月平均气温-11～3.5℃，7月平均气温21～28℃，极端最低气温-32.7℃，极端最高气温42.8℃。

3. 降水

陕西省年平均降水量340～1 240毫米。降水受地形影响较大，春季少于秋季，春季降水量占全年的13%～24%。冬季降水稀少，只占全年的1%～4%。暴雨始于每年4月，于11月结束，主要集中在7~8月。降水南多北少，陕南为湿润区，关中为半湿润区，陕北为半干旱区。

三、交通与自然资源

（一）交通

陕西省是我国重要的交通枢纽之一。其连接中国东、中部地区和西北、西南。铁路是陕西省的骨干交通工具，整个铁路的营运里程是4 524.12千米。其中主要的铁路干线有陇海、宝成、西太、西康等。陕西省的公路建设以西安为中心，公路的通车里程有170 069千米，高速公路总计5 093千米。目前已建成通车的公路有西宝高速、西康高速、西铜高速等，向东向南呈“米”字形辐射。截至2011年，陕西全省航线里程达到89.86万千米，航线373条，国际航线44条，港澳航线8条，通航城市165个，国际航线通航城市44个，港澳航线通航城市5个，运输网密度每平方千米4.367千米。西北最大的空中交通枢纽是咸阳机场，开通的国内外航线总计100多条。陕西省的内河航运里程有1 066千米。

（二）自然资源

1. 矿产资源

陕西省矿产资源的主要特点是：资源分布广泛，金属、非金属矿产特大型、大型矿少，中小型矿多，富矿少，中低档矿多，单一矿少，共伴生矿多。陕西地质成矿条件优越，陕北蕴藏优质煤、石油、天然气等矿产；关中有煤、钼、非金属建材、地热等矿产；陕南出产有色金属、贵金属、黑色金属及各类非金属矿产。全省已发现各类矿产138种（含亚矿种），已查明有资源储量的矿产94种。陕西保有资源储量居全国前列的重要矿产是盐矿、石油、煤、天然气等。不仅资源储量可观，而且品级、质量好，在国内及省内的市场具有明显的优势。

2. 植物资源

陕西省野生植物资源中，有37种属于国家规定保护的珍稀植物。其中属于二类保护植物的有连香树、星叶草、光叶珙桐、翅果油树、香果树、杜仲、独叶草、太白红杉、鹅掌楸、窄叶瓶儿小草、大果青杆、山白树和水青树13种。三类保护植物有秦岭冷杉、庙台槭、沙冬青、羽叶丁香、天麻、桃儿七、紫斑牡丹等24种。这些植物中有些孑遗种，如独叶草、水青树、沙冬青等，对于研究植物的系统演化、植物区系、古地理和古气候，都具有重要的科学价值。

3. 动物资源

陕西省在动物地理上横跨古北与东洋两大界，动物种类比较丰富。目前，陕西境内已知有野生脊椎动物共计813种，占全国脊椎动物总数的15.5%。其中，鱼类132种、两栖类28种、爬行类49种、鸟类430余种、哺乳类149种，分别占全国该类总种数的4.7%、12.7%、12.9%、34.2%和29.3%。陕西省拥有较多的珍稀濒危保护动物，是全国珍稀濒危野生动物分布的重要省份之一。以大熊猫、羚牛、金丝猴和朱鹮四大国宝为代表的国家重点保护动物共计81种。其中，国家一级保护野生动物17种，二级保护野生动物64种。陕西省重点保护野生动物47种。

4. 其他资源

（1）地热

陕西省有着优厚的地热资源条件，主要用于发电、务农、旅游疗养等。

（2）太阳能

陕西省太阳能资源丰富。太阳能空间分布特征是北部多于南部，陕北北部、渭北东部地区年总辐射量是陕西省太阳能资源分布最丰富的地区，汉中、安康较陕西省其他地区太阳能资源较低。

四、旅游资源

陕西旅游资源丰富，是一座历史悠久的文化名城。陕西省有华山风景名胜区、临潼骊山—秦兵马俑风景名胜区、宝鸡天台山风景名胜区、黄帝陵风景名胜区和合阳洽川风景名胜区5处国家级风景名胜区；有陕西洛川黄土国家地质公园、陕西翠华山山崩国家地质公园、陕西洛川黄土国家地质公园、陕西延川黄河蛇曲国家地质公园、陕西商南金丝峡国家地质公园、陕西岚皋南宫山国家地质公园、黄河壶口瀑布国家地质公园和陕西耀州照金丹霞国家地质公园8处国家地质公园；有宝鸡市太白县太白山旅游景区、商洛市商南县金丝峡景区、渭南市华阴山华山风景区、宝鸡市扶风县法门寺佛文化景区、西安市雁塔区大雁塔—大唐芙蓉园景区、延安市黄陵县黄帝陵景区、西安市临潼区华清池景区、西安市临潼区秦始皇兵马俑博物馆8家国家5A级旅游景区；有西安、咸阳、延安、韩城、榆林和汉中6个中国历史文化名城。

陕西省的旅游景观也十分丰富，有华清池、太白山、终南山等。截至2017年，拥有世界文化遗产3项，分别是秦始皇陵及兵马俑坑、长城（陕西段）、丝绸之路（陕西段）。西安鼓乐被列入《人类物质文化遗产代表名录》。

陕西省仅古代帝王陵墓就有72座，在陕西可参观到一系列的古建筑物，有古寺庙、古建筑、宫殿遗址、古代城阙遗址等等。比较出名的有秦始皇兵马俑、乾陵、长城等。在陕西省的博物馆里，还可以看到西周的青铜器、汉代石雕、宋代瓷器等珍宝。

五、历史沿革

陕西是人类先祖的发源地之一。早在距今580万年前，“蓝田猿人”就在关中平原的灞河上游繁衍生息，用旧石器为工具，与大自然做斗争。1963年发现的“蓝田猿人”，是全国发现的时间最早、最为完整的猿人头盖骨化石。到距今三四万年时，关中地区的原始人类逐步进入氏族公社时期，他们活动在西安附近和整个渭河流域。1953年发现的西安东郊半坡村遗址，原是六七千年前母系公社的一座村落。大约又过了一两千年，西安附近的母系氏族公社逐渐发展到了父系氏族公社，沣河流域发现有许多这个时期的遗址。

“秦”源于春秋战国时期，秦国的辖区主要在这一带。人们又称陕西为“三秦”，一般是从陕西的地理特征分为关中、陕北、陕南三个自然区域来理解的。其实，“三秦”得名源于项羽分封诸侯，让秦的三个降将分治秦之故地：章邯为雍王，领有咸阳以西；司马欣为塞王，领有咸阳以东；董翳为翟王，领有陕陌以西。“三秦”即由此得名。陕西地方行政区划，始于春秋战国时期。

战国时，魏国在洛河下游设上郡，楚国在汉江中游设汉中郡，秦在陕北也设上郡。秦始皇统一六国后，普遍推行郡县制，分天下为36郡。陕西境内除保留上郡和汉中郡外，在渭河流域另设内史，与郡同级。西汉沿袭秦制，保留上郡与汉中郡，另将秦的内史分为3个相当郡的政区：京兆尹（分管今西安以东、渭河以南地区）、左冯翊（分管渭河以北、洛河中下游地区）、右扶风（分管咸阳以西地区），称为“三辅”，治所均在长安城。汉武帝时，为了加强中央集权，设13州刺史部，监察各郡。后来改刺史部为州，州牧或州刺史为行政长官，形成州、郡、县三级制。现今的陕西在西汉中期涉及3个州。

三国时期，现今陕西地区的大部分由雍州、荆州、益州管辖。西晋时大致和三国相仿。东晋至隋统一的二百多年间，南北分裂，战争频繁，行政区划十分混乱。唐初对州、郡、县加以改革，全国共设10道，道辖州、郡。今关中、陕北属关内道，陕南属山南道。宋改道为路，今陕西的大部分属于永兴军路，治所在今西安市；今麟游、周至以西，南至凤县、留坝，另属秦凤路，治所在今甘肃天水市。

元代的政治中枢称中书省，在各地的分设机构称行中书省，简称行省。陕西行省的辖地包括今陕西全境及甘肃兰州以东和内蒙古鄂尔多斯中部以南各地。明在元行省基础上，除北京、南京外，在全国设13个布政使司，陕西布政使司所辖地区包括今陕西全境、甘肃嘉峪关以东各地、宁夏和内蒙古鄂尔多斯的大部、青海湖以东部分。清代废去布政使司的称号，仍称行省或省，嘉庆年间全国有18个省。清初陕西仍辖今甘肃、宁夏和青海东部。康熙二年（1663年）移陕西右布政使驻巩昌，五年改为甘肃布政使，移驻兰州。从此，陕、甘两省分治。

六、文化艺术

（一）语言

陕西省地处中国内陆地区，陕西分为三大方言区：关中方言区（属中原官话区）、陕北方言区（属晋语区）、陕南方言区（属西南官话区）。陕西是远古文化的摇篮之一，在陕西地区发现的最早使用记事文字的是周人，周是陕西关中一个部族，周人时期把卜辞和占卜有关的记事文字刻在骨片上。周代的古阴阳历，就是我国最早的历法。秦始皇兵马俑坑，号称世界第八大奇迹。

（二）文化名人

陕西历史悠久，人文荟萃，英才辈出，仅名列《二十五史》和其他史书中的人物就有一千多人。他们或生于此，或者长期生活于此，都创造了辉煌的历史，对中华民族的发展做出巨大的贡献。被鲁迅称为史家之绝唱无韵之离骚的作品是司马迁《史记》（中国第一部纪传体通史），被称为“二十五史”之首，陕西在古代曾经是中国政治、经济、文化的中心地区，仅西安一地就前后有11个封建王朝建都。出现过许多杰出的政治家、军事家、科学家、史学家、艺术家。明清两代全省崇拜乡贤的风气甚炽，在各县城中都建有乡贤祠，每年定期受到祭祀。一些在陕西建立过不朽业绩的外籍历史名人，也成为民众祭祀的对象。“花间派”代表作家韦庄与温庭筠，著有长诗《秦妇吟》，与《孔雀东南飞》《木兰诗》并称“乐府三绝”。现当代文学史上有曾先后获得茅盾文学奖的是贾平凹的《秦腔》和陈忠实的《白鹿原》。

（三）民间曲艺与音乐

1. 秦腔

秦腔也被称为“乱弹”，是陕西地方戏的主要剧种之一，也是我国现存戏曲艺术中最古老的剧种，同时也是京剧、豫剧、川剧、河北梆子等剧种的鼻祖，其唱腔、道白、脸谱、身段、角色、门类和演技均自成体系。它有着慷慨激昂、宽音大嗓等特点。

2. 皮影戏

皮影戏是中国民间广为流传的道具戏之一，它通过灯光把雕刻精美的皮影戏照在屏幕上，艺人们在幕后操作影人，以音乐和歌唱为伴，是一种广受人民喜爱的古老而又奇妙的戏曲艺术。皮影起初萌芽于汉，发展于唐，兴盛在宋朝。传统剧目有《会阵招亲》《游西湖》等。

3. 眉户

眉户在陕西关中地区最为流行，并且也广受外省如甘肃、宁夏、青海、河南、山西等地区群众的喜欢，它是由民歌演变发展而来的。唱腔委婉动听，优美细腻。眉户的唱腔音乐有50多个曲牌，可以表现人物在舞台上丰富的情感和曲折的剧情。

陕西民间曲艺种类繁多，其中还有安塞腰鼓、牛拉鼓、云垛、三山刀、霸王鞭活动等比较出名。

4. 唐三彩

它是在汉代单色釉陶的基础上创造出来的新品种，是在白底的陶胎上刷上一层无色釉，再用黄、绿、青等色加以装饰烧制而成，其色彩鲜丽、光泽柔和、形象逼真。

5. 农民画

所画内容多取材于人物、动物、花鸟等，构图简洁美观，注重色彩数量，追求强烈的直观效果，乡土风情浓厚，内容健康朴实，给人积极向上的激情。

七、民族与宗教

陕西省民族呈全省杂居、散居的状态。陕西省除了汉族之外，有42个少数民族分布。少数民族中，回族人口最多。此外，千人以上的少数民族有蒙古族、壮族、满族、藏族；百人以上的有朝鲜族、侗族、土家族、白族、苗族、锡伯族；其他少数民族均在百人以下。

陕西省主要有五大宗教，包括佛教、道教、伊斯兰教、天主教、基督教。陕西省共有209个爱国宗教团体，其中包括5个全省性宗教团体、4所宗教院校，分别是陕西省基督教圣经学校、陕西天主教神学院、陕西天主教神哲学院西安备修院、陕西法门寺佛学院。

八、美食与风物特产

陕西菜又称秦菜，以关中菜、 陕南菜、陕北菜为其代表。陕西在中国文化发展史上具有重要地位，其烹饪发展可以上溯至仰韶文化时期。虽然八大菜系中没有陕西菜的名字，但其实秦菜是中国最古老的菜系之一。它的形成发展对别的菜系或多或少都产生了一定影响。其风味总的特色是“三突出”。一为主料突出：以牛羊肉为主，以山珍野味为辅；二为主味突出：一个菜肴所用的调味品虽多，但每个菜肴的主味却只有一个，酸辣苦甜咸只有一味出头（包括复合味），其他味居从属地位；三为香味突出：除多用香菜作配料外，还常选干辣椒、陈醋和花椒等。干辣椒经油烹后拣出，是一种香辣，辣而不烈。

目前仍然保留并且为人们熟知的菜品，如家喻户晓的臊子面在唐代叫作长命面，是皇亲国戚庆祝寿辰的寿面；关中石子馍就保留先民的石烹遗风等食材。另外还有很多的创新菜，如仿唐宴、饺子宴、宫廷宴、蝎子宴等。具有地方代表性的特色小吃有牛羊肉泡馍、腊汁肉夹馍、凉皮、锅盔等。

九、民俗风情

1. 腰鼓

陕西的民间艺术源远流长，影响广泛，种类繁多，秦腔、秧歌、民间锣鼓、皮影、泥塑等闻名国内外。它们与陕西久远的历史人文组成了陕西独具魅力的特色。陕西锣鼓节奏明快、粗犷雄劲，表演气氛热烈，场面壮观。陕西锣鼓又分为多种，其中陕北安塞腰鼓、洛川蹩鼓、宜川胸鼓、咸阳牛拉鼓最为有名。安塞县素有“鼓之乡”的美称，被称为“天下第一鼓”。打腰鼓的人数可多可少，人少的时候可以单打、双打或者对打；人数多的时候叫多人打，可以多至数百人。打腰鼓时要求鼓手挥腿有股狠劲，踢腿有股蛮劲，转身有股猛劲，跳跃有股虎劲；其舞蹈动作有“十字步”“三角阵”“四方阵”等，看了叫人带劲，听了给人鼓劲。

2. 婚俗

陕西地区的婚俗习惯，包括见面、看屋、扯衣服、坐喝、择吉、完婚、迎亲、婚仪、入洞房、宴客、耍房、送饭、回门、贺礼。

3. 重要节日

陕西省地域特征明显，陕北地区，每年春节，就会有各式各样的娱乐活动涌现，比较有代表性的有大场秧歌、小场秧歌，其中还有一些像“狮舞”“龙灯”“水船”等道具舞，表演形式丰富多彩，舞蹈动作豪迈大方、舞姿多样。

第二节　甘肃省基本概况

一、行政区划与人口

（一）行政区划

甘肃省，简称“甘”“陇”（雍梁、陇原）。省会是兰州市。

甘肃省辖12个地级市，包括兰州市、白银市、天水市、金昌市、武威市、平凉市、酒泉市、庆阳市、定西市、嘉峪关市、陇南市、张掖市；2个自治州，包括临夏回族自治州和甘南藏族自治州；所辖17个市辖区、4个县级市、58个县、7个自治县。

（二）人口

截止2016年末，全省常住人口为2 609.95万人。

二、地理条件与气候特征

（一）地理条件

1. 地理位置

甘肃位于中国西北内陆腹地。处于黄河上游，南界祁连山，地处中国的西北部。它东接陕西，南控四川、青海，西倚新疆，北扼内蒙古、宁夏，并与蒙古人民共和国接壤，是古丝绸之路的锁匙之地和黄金路段。全省土地总面积42.59万平方千米。取甘州（今张掖）、肃州（今酒泉）二地的首字而成。

2. 地势地貌

地貌复杂多样，山地、高原、平川、河谷、沙漠、戈壁，类型齐全，交错分布，地势自西南向东北倾斜。地形呈狭长状，复杂的地貌形态，大致可分为陇南山地、陇中黄土高原、甘南高原、河西走廊、祁连山地、河西走廊以北地带六大地形区域。山地、高原、平川、河谷、沙漠、戈壁等交错分布。地形呈狭长状，东西长1655千米，南北宽530千米，最窄处仅25千米。山地约占总面积20.2%，中山占20.6%，高原和中低山占59.2%。

3. 水系

水资源总量为198.81亿立方米。内陆河流域水资源总量为66.92亿立方米，黄河流域水资源总量为68.79亿立方米，长江流域水资源总量为63.11亿立方米，地下水资源量23.16亿立方米。全省供水量中，地表水供水量占75.6%，其他水源供水占1.8%。内陆河流域以蓄、引为主，黄河流域以引、提为主。

甘肃省甘肃境内主要河流有黄河、洮河、湟水、大夏河、庄浪河、渭河、泾河、白龙江、石羊河、黑河、疏勒河等。甘肃湖泊主要有大苏干湖、小苏干湖、文县天池、金塔鸳鸯湖、达尔宗湖、鸭鸣湖、干海子、柳湖、尕海等。全省有29座大中型水库。

（二）气候特征

1. 特点

甘肃省各地气候类型多样，从南向北包括了亚热带季风气候、温带季风气候、温带大陆性气候和高原高寒气候四大气候类型。主要气象灾害有干旱、暴雨洪涝、冰雹、大风、沙尘暴和霜冻等。

2. 气温

甘肃省年平均气温0～15℃。由于各地海拔不同，气温差别太大，日温差大，日照充足。

3. 降水

大部分地区气候干燥，年平均降水量在40～750毫米之间，干旱、半干旱区占总面积的75%。

三、交通与自然资源

（一）交通

铁路、公路是甘肃省的主要运输方式。以民航、普通国省干线、内河河运为补充的综合交通网络格局。在此交会的铁路干线有兰新、包兰、陇海、兰青等。公路纵横交错。铁路营运里程总计3 403.44千米，高速公路通车里程为3 600千米。随着中欧班列、中亚班列相继开通运行，兰州铁路枢纽地位将进一步提升。铁路网络覆盖达到12个市州。

公路方面，实现所有市州政府驻地以高速公路贯通、所有县市区政府驻地以二级及以上公路贯通，所有乡镇以沥青（水泥）路贯通。

航空交通方面，兰州为航空运输的中心，有9个民用机场，即兰州中川机场、嘉峪关机场、敦煌机场、天水机场、庆阳机场、酒泉机场、金昌金川机场、夏河机场、张掖机场。已开通的航班线路有兰州至迪拜、圣彼得堡、中国香港等国际（地区），以及甘肃省至国内大中城市航线，航空运营市场初具规模。

内河航运里程为914千米，以黄河航道为主。

（二）自然资源

1. 矿产资源

甘肃省是矿产资源丰富的省份之一，矿业开发是甘肃省的重要经济支柱。其中镍、钴、铂族金属10种资源储量名列全国第一位。其他的还有煤炭、石油、天然气、金、铁、锰、钒、铬、铜等。

2. 植物资源

粮食作物以小麦为主，约占全省粮食作物的50%以上；甘肃是全国药材主要产区之一，野生药材951种，有大黄、当归、甘草等；现有药材品种9 500多种，居全国第二位。主要经营的药材有450种，如当归、大黄、党参、甘草、红芪、黄芪、冬虫夏草等，特别是“岷归”“纹党”产量大、质量好，是闻名中外的出口药材。经济作物主要有蓖麻、芝麻、甜菜、苏子、棉花、油料、向日葵、大蒜、茶叶、烟草、啤酒花等品种；果树资源丰富，有1000多个品种。

3. 动物资源

甘肃养殖的牲畜主要有马、驴、骡、牛、羊、骆驼等。禽种除对静宁鸡、太平鸡、临洮鸡等杂交改良外，现主要有来航鸡、澳洲黑、芦花洛克等优良品种。水禽有北京鸭、麻鸭、中国白鹅、灰鹅和狮头鹅等品种。甘肃境内共有野生动物650多种。其中，两栖动物24种，爬行动物57种，鸟类441种，哺乳动物137种。出产大熊猫、金丝猴、麝、猞猁、扫雪等世界珍贵动物，并对梅花鹿、马鹿、麝进行人工饲养。

4. 其他资源

（1）太阳能资源

作为中国太阳能最为丰富的三个区域之一，甘肃省各地年太阳总辐射为4 800～6 400兆焦/平方米，甘肃省的河西西部、甘南西南部是中国太阳能资源最丰富的地区。

（2）风能资源

甘肃省的风力资源居全国的第五位，风能资源丰富。主要的风能资源集中在省内部分山口地区和河西走廊地区，河西的瓜州有“世界风库”之称。

四、旅游资源

甘肃省旅游资源种类丰富，有3处国家级风景名胜区，包括麦积山国家级风景名胜区、崆峒山国家级风景名胜区、鸣沙山—月牙泉国家级风景名胜区；有4处国家历史文化名城，包括张掖、敦煌、武威、天水；有9处国家地质公园，包括敦煌雅丹国家地质公园、刘家峡恐龙国家地质公园、景泰黄河石石林国家地质公园、平凉崆峒山国家地质公园、和政古生物化石国家地质公园、天水麦积山国家地质公园、张掖丹霞国家地质公园、宕昌官鹅沟国家地质公园、临潭冶力关国家地质公园；有7处世界文化遗产，包括敦煌莫高窟、万里长城—嘉峪关（部分）、麦积山石窟、炳灵寺石窟、锁阳城遗址、悬泉置遗址、玉门关遗址。有5A级旅游景区4处，包括麦积山、鸣沙山—月牙泉、嘉峪关、崆峒山。甘肃花儿、甘南藏戏（部分）被列为“人类口头与非物质文化遗产代表作”。甘肃是秦、汉、明三代修筑长城的起点，省内保存的长城总计超过3 600千米，占全国现存总量的60%以上，沿线遗迹丰富，在河西走廊，嘉峪关被誉为“天下第一雄关”、阳关、玉门关、汉长城、“长城第一墩”等古长城遗存，都已成为历史的缩影。

甘肃的旅游资源十分丰富，具有沙漠戈壁、名刹古堡、草原绿洲、佛教圣地、冰川雪山、红色胜迹和民族风情等独特景观。神奇的土地、悠久的历史、灿烂的文化和众多的民族，成就了“文化甘肃、山水甘肃、民俗甘肃、现代甘肃”的旅游品牌。如果说出土于甘肃武威的中国旅游标志“铜奔马”和最早的邮政图标“驿使图”，印证了这里曾经拥有的繁华与辉煌，那么今天，经过多年发展形成的四条黄金旅游线路和以兰州为中心的周边旅游圈，将带给世人以全新的感受与激情畅想。马踏飞燕，又名马超龙雀、铜奔马，1983 年被国家旅游局确定为中国旅游标志，并一直沿用至今。

丝绸之路旅游线。饱经沧桑的古丝绸之路，遗留下许许多多令人感慨不已的遗址遗迹。丝绸之路这一“永不衰落的旅游产品”，被国家列为对外推出的十二大经典旅游线路之首。丝绸之路甘肃段被誉为“丝绸之路的黄金路段”。漫步丝绸之路，可以欣赏到“东方雕塑馆”麦积山石窟、华夏民族祭祀人文始祖的伏羲庙，领略气势恢宏的武威雷台汉墓、“石窟鼻祖”天梯山石窟、举世无双的西夏碑和西藏纳入中国版图的见证地百塔寺，观赏世界最大的室内卧佛张掖大佛寺、河西走廊富饶的绿洲、牧马人的乐园山丹马场和马蹄寺石窟群，走近“天下第一雄关”嘉峪关、“世界艺术宝库”莫高窟，以及鸣沙山、月牙泉、玉门关和雅丹国家地质公园等一批世界级的旅游景点，还可以体验戈壁沙漠、雪峰冰川等独特的自然风光。藏回风情草原风光旅游线，源远流长的民族传统文化和奇丽多姿的民俗风情，形成了甘肃旅游的又一特色。

从兰州南行，经临夏回族自治州，到达被称为“九色香巴拉”天堂之地的甘南藏族自治州，可以欣赏临夏浓郁的穆斯林风情、风格各异的清真寺、和政古生物化石博物馆、永靖黄河三峡；欣赏亚洲最美的甘南玛曲草原风光、被誉为“东方小瑞士”的碌曲郎木寺、纯朴豪放的藏族民俗风情、藏传佛教格鲁派六大学府之一的拉卜楞寺和唐蕃古道遗迹。

甘肃省是全国红色旅游资源大省，著名的特色旅游文化资源有红色旅游经典景区、百里黄河风情旅游线、九色香巴拉等。

1. 红色旅游经典景区

甘肃省是中国西部最早红色革命政权的诞生地，同时也是二万五千里长征胜利的结束地。甘肃省有许多宝贵的革命遗址，其中红军会师纪念地会宁、陕甘边区苏维埃政府旧址、腊子口战役纪念地、红军西路军烈士陵园、哈达铺会议纪念地、“岷州会议”纪念馆、榜罗镇革命遗址、八路军办事处旧址8个景区被纳入了全国重点打造的100个“红色旅游经典景区”建设目录。

2. 百里黄河风情旅游线

“百里黄河风情旅游线”位于兰州，兰州是全国唯一一座黄河穿越而过的城市，游客可以观赏到拥有400多年历史的黄河水车、黄河母亲雕像、羊皮筏子，领略到气势磅礴的雷台汉墓、天梯山石窟、白塔寺、西夏碑，欣赏到河西走廊的绿洲、“天下第一雄关”嘉峪关、马蹄寺景区、莫高窟等旅游景观，还可以观赏雪峰冰川、体验戈壁沙漠。酒泉东风航天城也位于“百里黄河风情旅游线”上。

3. 九色香巴拉

甘南藏族自治州被称为“九色香巴拉”。具有藏族和回族草原风光的旅游线路经过临夏回族自治州，到达甘南藏族自治州，沿途风景秀丽，可以游览到清真寺、炳灵寺石窟、和政古生物化石博物馆、临夏永靖黄河三峡、中国魅力名镇甘南曲郎木寺镇、甘南玛曲黄河首曲等旅游景观，还可以体验到临夏浓厚的穆斯林风情。

五、历史沿革

甘肃是一个历史悠久、文化底蕴浓厚的省份，是中华民族和华夏文化的重要发祥地之一。中华民族的人文始祖伏羲、女娲和黄帝相传诞生在甘肃，故有“羲轩桑梓”之称。商周之际，周秦部族先后在今甘肃东部崛起并向东发展，对国家政治生活产生了重大影响。汉代的开边政策和张骞通西域成功开通了丝绸之路，武帝至昭帝间陆续设武威、张掖、敦煌、天水、安定、武都、金城诸郡。隋唐时期，甘肃成为我国联系西域各国和欧洲的重要通道，武威、张掖、敦煌成为经济文化繁荣的国际性贸易城市，整个河陇地区农桑繁盛、士民殷富，《资治通鉴》有“天下称富庶者，无如陇右”的记载。至元，全国创设省制，甘肃正式设省。至清朝乾隆年间，甘肃辖区除今省境外，尚辖西宁府、宁夏府及新疆东境一部。清光绪十年（1884年），新疆建省。民国十八年（1929年）分置宁夏、青海省，其行政区域大体与今相同。海陆开通以后，随着全国政治、经济、文化重心的东移南迁，特别是由于气候和生态条件的变化，甘肃渐渐成为荒僻之地。

六、文化艺术

1. 戏剧

根据2016年底普查结果统计，甘肃省现存活态地方戏曲剧种13个，其中本土剧种10个，分别是秦腔、陇剧、曲子戏、民勤曲子戏、陇南影子腔、玉垒花灯戏、灵台灯盏头剧、高山戏、半台戏、“南木特”藏戏；有外来剧种3个，分别是眉户、京剧和豫剧。另外，现存剧种与《中国戏曲志·甘肃卷》所列入剧种相比，消亡3个，分别是蒲剧、越剧和评剧。此次共普查到地方戏曲演出团体（含皮影戏、木偶戏）701个，涉及各类从业人员1.9万余人。这些团体中，秦腔演出团体最多为410个，占团体总数的58.5%。令普查人员担忧的是，有些剧种的生存状况不容乐观，比如半台戏、灵台灯盏头剧、陇南影子腔这3个地方剧种，现各只有1个演出团体在演出。

2. 文学

现代文化：甘肃文艺创作、文娱演艺业等近年来发展较快，有发行量亚洲第一、世界第三的期刊《读者》杂志。《丝路花雨》自1979年上演以来，长演不衰，被评为20世纪华人经典剧目。《大梦敦煌》和陇剧《官鹅情歌》荣登“国家舞台艺术精品工程精品剧目”。《丝路花雨》和《大梦敦煌》还入选文化部“全国优秀保留剧目大奖”，京剧《丝路花雨》、秦剧《百合花开》、电视连续剧《老柿子树》荣获第十一届“五个一工程”优秀作品奖。

3. 佛窑艺术

石窟寺：甘肃现存各类石窟寺337座，数量居全国之首，素有“石窟艺术之乡”的美名。敦煌莫高窟、天水麦积山石窟位列全国四大石窟第一和第三位，武威天梯山石窟被称为“中国石窟之祖”，陇东一带的历代石窟群绵延达100多千米，号称“中国石窟长廊”。敦煌莫高窟被称为东方世界的艺术博物馆，它保存了公元4~10世纪的洞窟492个，彩塑2 400余身，壁画4.5万平方米；莫高窟藏经洞发现的数以万计的古代文献，内容涉及政治、经济、军事、哲学、宗教、文学、历史、科技等广泛领域，被称为文献的宝库，代表着中国古代文明的辉煌。此外，还有炳灵寺、北石窟、榆林窟、马蹄寺等众多的知名石窟和很多中小型石窟寺。甘肃石窟基本代表了中国石窟寺的发展演变过程。

七、民族与宗教

1. 宗教概况

甘肃自古以来就是个多民族聚居的省份。据2010年第六次人口普查统计，少数民族人口241万人。在少数民族中，人口较多的民族有回、藏、东乡、土、裕固、保安、蒙古、撒拉、哈萨克、满等16个民族，此外还有38个少数民族成分。东乡、裕固、保安为3个特有少数民族。

甘肃现有伊斯兰教、佛教、天主教、基督教、道教5种宗教。信仰人口较多的有伊斯兰教和藏传佛教。信仰伊斯兰教的民族主要是回族、东乡族、撒拉族、保安族、哈萨克族；信仰藏传佛教的有藏族、蒙古族、土族、裕固族。天主教、基督教、道教在各民族中都有信仰，但人数不多。

2. 著名寺院

夏河拉卜楞寺：世界最大的藏学学府、藏传佛教格鲁派六大宗主寺之一、全国重点文物保护单位、国家4A级旅游景区。是藏书最多的寺院，是甘、青、川地区最大的藏族宗教和文化中心。

泾川大云寺：历史上是武则天敕令珍藏《大云经》的皇家寺院。1964年，随石函、铜匣、银椁、金棺、琉璃瓶“五重套函”发掘出盛装14枚佛祖真身舍利的金棺、银椁等，被称为当年中国“十大考古发现”之一。

张掖大佛寺：现为全国文物重点保护单位、国家4A级旅游景区，因寺内有中国最大的室内卧佛涅槃像而得名，素称“塞上名刹，佛国胜境”。寺内安放有国内最大的室内卧佛，也就是佛祖释迦牟尼的涅槃像。寺内有世所罕见的明代手书金经，数以千计的馆藏精品文物。

山丹大佛寺：始建于北魏（公元425年）。内设释迦牟尼讲经说法泥塑坐像一尊，高35米，被海内外佛教界高层人士誉为“天下第一佛”。据考证，为世界室内坐佛之最。

武威白塔寺：全国重点文物保护单位，是元代忽必烈时期（1260—1295年）西藏宗教领袖萨迦班智达（萨班）与蒙元代表、西路军统帅阔端举行“凉州会谈”的地方，这一历史性的会谈决定了西藏正式成为中国元朝中央政府直接管辖下的一个行政区域，标志着西藏从此纳入了中国版图。

碌曲县郎木寺：素有东方“小瑞士”和香巴拉“小江南”美誉，是安多地区闻名遐迩的大寺院之一。郎木寺镇在2005年中央电视台推出的最具人气和影响力的“中国魅力名镇”评选活动中脱颖而出，走进了前20名。其他著名佛教寺院还有：永昌圣容寺、武威海藏寺、敦煌雷音寺、张掖木塔寺、天水南郭寺、卓尼禅定寺等。

八、美食与风物特产

（一）瓜果

甘肃盛产各种瓜果，如临泽红枣、平凉金果、敦煌李广杏、定西马铃薯、秦安苹果、天梯山人参果、兰州白兰瓜、黄河蜜、礼县苹果、静宁苹果等。

（二）美食

甘肃省南北跨度很大，省内的主要餐饮特色是以兰州为代表的回族风味。牛肉拉面，是兰州最具特色的大众化经济小吃，在兰州街头的任何一家牛肉面馆，都可吃到地道的清汤牛肉面，被当地人誉为兰州的麦当劳。兰州牛肉面创始于光绪年间，系回族老人马保子首创。牛肉面以肉烂汤鲜、面质精细而蜚声中外。兰州牛肉面有一清（汤清）、二白（萝卜白）、三红（辣子油红）、四绿（香菜绿）、五黄（面条黄亮）五大特点。面条根据粗细可分为大宽、宽、细、二细、毛细、韭叶子等种类。

面条用手工现场拉成，一碗面不到2分钟即可做好，再浇上调好的牛肉面汤、白萝卜片，调上红红的辣椒油、碧绿的蒜苗、香菜，食之令人叫绝。它与羊肉泡馍、静宁烧鸡、酿皮子、臊子面、浆水面、陇西腊肉、手抓羊肉、靖远羊羔肉、藏包被誉为甘肃十大特色美食。

（三）风物特产

1. 剪纸

剪纸在甘肃极为流行，庆阳是剪纸艺术最先兴起地区之一。庆阳剪纸源于百姓对生活情趣的讲究，是劳动妇女生产生活习俗和文化传承的结晶。一幅传统的陇东民俗剪纸，凝聚着中华民族几千年历史文化传统的结晶。

2. 洮砚

洮砚亦称为“洮河石砚”或“洮河绿石”，是中国四大名砚之一。因砚材产自洮河，故名“洮河石砚”，简称“洮砚”。用洮河之石制作的洮砚，发墨快、研墨细、不伤笔毫。

3. 其他

除此之外，酒泉夜光杯、庆阳香包、兰州刻葫芦与卵石雕、保安腰刀，既是实用器也是艺术品。临夏砖雕、天水雕漆也精美绝伦。

九、民俗风情

（一）地方民俗

甘肃，历史悠久，民俗活动和名胜古迹不胜枚举，相传三皇之首的伏羲氏便诞生在这里。远自上古，黄河两岸的农业文明已经萌芽。璀璨的古代文化与现代风采展现在唐诗、宋词、元曲之中；展现在古老的洞窟内、绚烂的壁画上；展现在“花儿”的歌声里、香浪节的笑语中；展现在无边无际的雪山草原深处……行走在甘肃大地上，到处都有民俗风情、动人传说和名胜古迹。省会兰州，其最具地方和民族特色的有苦水高高跷、太平鼓、兰州鼓子、羊皮筏子、黄河大水车制作技艺等。

（二）少数民族民俗

甘肃3个特有少数民族中，东乡和保安族的服饰特点、饮食习俗、礼俗与回族基本相似。信仰伊斯兰教。裕固族是回鹘人的后裔，新中国成立前流行信仰“点格尔汗”（意即“天可汗”）的原始崇拜，部分信仰藏传佛教，凡遇疾病及婚丧大事，皆要请喇嘛念经。

房屋建筑装饰。室内家具、杯、盘、壶、罐、刀具等生活日用器皿和服饰上的图案花纹大都以各种草木花卉和山水等自然景物为主，朴拙典雅，美观大方。

主要从事畜牧业，兼营农业；裕固族崇尚骑马和射箭。

饮食。食用肉类须经过阿訇宰杀，在舀水、舀饭时，不许使用反手。奶和茶在裕固族人民日常生活中占有十分重要的位置，民间有一日三茶一饭或两茶一饭的习惯。

习俗。在保安族中，对屠宰后的牛羊和家禽不能称“死了”；有不得骑越镰刀、斧子、绳索等生产工具的禁忌；宰牛、羊、鸡等动物时，说“宰”，忌说“杀”；未婚女子有戴头面的习俗，流行一种“帐房戴头婚”的婚俗；禁食骡、驼、马、驴、狗、鱼、鸡、大雁等尖嘴、圆蹄动物；对穆斯林的墓只能说“麦咱”，忌说“坟”；穿红衣、骑红马者不得进入帐房；客人用餐时，忌来回走动；到别人家做客，忌带牧鞭、枪支、弹药、 生肉进屋；有人去世，只能说“无常”“口唤”等，忌说“死”等。

第三节　青海省基本概况

一、行政区划与人口

（一）行政区划

青海省，简称“青”。省会是西宁市。

全省共辖西宁市和海东市2个地级市，海北藏族自治州、海南藏族自治州、海西蒙古族藏族自治州、黄南藏族自治州、果洛藏族自治州、玉树藏族自治州6个自治州。6个市辖区， 3个县级市， 27个县、 7个自治县。

（二）人口

截止2017年末，全省常住人口598.38万人。

二、地理条件与气候特征

（一）地理条件

1. 地理位置

青海省位于我国西部，雄踞世界屋脊青藏高原的东北部，全省均属于青藏高原范围内。因境内有国内最大的内陆咸水湖——青海湖而得名。青海是长江、黄河、澜沧江的发源地，故被称为“江河源头”，又称“三江源”，素有“中华水塔”之美誉。全省东西长1 240.6千米，南北宽844.5千米，总面积72.23万平方千米。列全国各省、市、自治区的第四位。青海北部和东部同甘肃省相接，西北部与新疆维吾尔自治区相邻，南部和西南部与西藏自治区毗连，东南部与四川省接壤。

2. 地貌

青海山脉纵横，峰峦重叠，湖泊众多，峡谷、盆地遍布。祁连山、巴颜喀拉山、阿尼玛卿山、唐古拉山等山脉横亘境内。青海湖是我国最大的内陆咸水湖，柴达木盆地以“聚宝盆”著称于世。全省地貌复杂多样，五分之四以上的地区为高原，东部多山，海拔较低，西部为高原和盆地，境内的山脉，有东西向、南北向两组，构成了青海的地貌骨架。青海是农业区和牧区的分水岭，兼具了青藏高原、内陆干旱盆地和黄土高原的三种地形地貌。

3. 地势

青海全省地势总体呈西高东低，南北高中部低的态势，西部海拔高峻，向东倾斜，呈梯形下降，东部地区为青藏高原向黄土高原过渡地带，地形复杂，地貌多样。各大山脉构成全省地貌的基本骨架。全省平均海拔3 000米以上。河湟谷地海拔较低，多在2 000米左右。最高点位于昆仑山的布喀达板峰为海拔6 851米，最低点位于海东市民和县马场垣乡境内青海省最东端与甘肃交界处，海拔1 644米。

4. 水系

全省年降水量总的分布趋势是由东南向西北逐渐减少，境内绝大部分地区年降水量在400毫米以下，祁连山区在410～520毫米之间，东南部的久治、班玛一带超过600毫米，其中久治为降水量最大的地区，年平均降水量达到745毫米；冷湖为降水最少的地区。

（二）气候特征

青海汇聚了大陆季风性气候、内陆干旱气候和青藏高原气候的三种气候形态。气候特征是日照时间长、辐射强；冬季漫长、夏季凉爽；气温日较差大，年较差小；降水量少，地域差异大，东部雨水较多，西部干燥多风，缺氧、寒冷。

年平均气温受地形的影响，其总的分布形式是北高南低。青海省境内各地区年平均气温在-5.1～9.0℃之间，1月（最冷月）平均气温-17.4～-4.7℃，其中祁连托勒为最冷的地区；7月（最热月）平均气温在5.8～20.2℃之间，民和为最热的地区。年平均气温在0℃以下的祁连山区、青南高原面积占全省面积的2/3以上，较暖的东部湟水、黄河谷地年平均气温在6～9℃。降水量15～750毫米，绝大部分地区年降水量在400毫米以下。

三、交通与自然资源

（一）交通

公路是青海主要的交通运输方式。公路以西宁、格尔木为枢纽。开设海东西、西宁、民和乐、乐都南、大通西、门源6个车站，形成了以青海海东市为中心的省内客运路线。铁路有兰青、青藏铁路干线等。主要干线路有青藏、青新、青川等公路。2006年7月1日，青藏铁路实现全县通车试运营，从西宁到拉萨全长1 956千米。这条铁路是世界上海拔最高、线路最长的高原铁路，现已全县通车。民航机场有5个，西宁曹家堡机场是青海省唯一的二级机场，也是青藏高原上重要的空中交通枢纽。其中西宁至北京、乌鲁木齐、兰州、广州、西安、成都、上海、拉萨等地的航班已经开通。

（二）自然资源

1. 土地资源

青海土地类型多样，垂直分异明显，大致以日月山、青南高原北部边缘为界，以西为牧区，以东为农耕区，自西而东，冰川、戈壁、沙漠、草地、水域、林地、耕地梯形分布，东部农业区形成川、浅、脑立体阶地，地块分散，难以连片开发集约利用。东部耕地占全省总耕地面积的90.8%，宜耕后备资源主要分布在柴达木盆地、海南台地、环青海湖地区及东部地区。

2. 草原资源

全省草地面积4 193.33万公顷，其中可利用面积3 866.67万公顷，分为9个草地类，7个草地亚类，28个草地组，173个草地型。在各类草原中，高寒草甸为2 366.16万公顷，占全省草地面积的64.92%，是青海天然草地的主体。

3. 农业资源

全省耕地面积58.57万公顷，主要农产品品种有小麦、青稞、玉米、油菜、蚕豆、豌豆、马铃薯、胡麻等。主要水果品种有红元帅苹果、红星苹果、红富士苹果、贵德长把梨、软儿梨、杏、桃、李子、樱桃、沙果、核桃、花檎、草莓、西瓜、葡萄等。

4. 畜牧业资源

青海牧区广阔，主要牲畜品种有八眉猪、海东鸡、牦牛、黄牛、羊、肉驴、马、骆驼、大通马、河曲马、柴达木马、玉树马、毛驴、白唇鹿、马鹿等。

5. 生物资源

全省有陆栖脊椎动物类约1 100种，有经济价值动物250种，鸟类别294种、兽类103种，分别占全国的1/4和1/3。其中列为国家重点保护的一、二类动物有69种。其中珍稀动物有白唇鹿、麝、雪豹、黑颈鹤、野骆驼、野牦牛、藏羚羊、盘羊、藏雪鸡等。

有高等被子植物近1.2万种，蕨类植物800余种，著名中药材50多种，主要有冬虫夏草、大黄、贝母、枸杞、甘草、雪莲、党参、黄芪、羌活、莨菪。

6. 盐湖资源

盐湖主要集中于柴达木盆地中南部的大柴旦、格尔木地区及东部乌兰县境内和西部冷湖地区。察尔汗盐湖是全国最大钾镁盐矿床。盆地盐矿以液体矿为主，液固并存。2010年，在青海冻土带又发现了“可燃冰”资源，使中国成为世界上第三个在陆地上发现“可燃冰”的国家。地处柴达木盆地的茫崖石棉矿，是目前国内最大的石棉矿床。海北祁连县所产的石棉具有特殊的“湿纺”性能，可同加拿大魁北克石棉相媲美。

7. 矿产资源

青海自然资源十分丰富，是一个矿产资源大省，发现的矿产地超过1 500处，共有矿种125种，已探明储量的有88种，在已探明的矿产保有储量中，有56种居全国前十位，11种位居全国首位。其中有潜在价值的62种矿产保有储量潜在价值约17.3万亿元，占全国矿产保有储量潜在价值的19.2%。

四、旅游资源

青海自然风光雄奇壮美，具有青藏高原特色。距今六七千年前，古代先民们就繁衍生息在这片土地上。斗转星移，沧桑变换。以古墓群、古寺庙、古岩画、古城堡为特征的名胜古迹众多。汉、藏、回、蒙古、土、哈萨克、撒拉等民族都有着悠久的历史和优秀的文化传统，保持着独特的、丰富多彩的民族风情和习俗。

青海旅游资源丰富，类型繁多。有可可西里、长城2项世界遗产；青海湖、塔尔寺、互助土族故土园3家国家5A级旅游景区；花儿（甘肃、青海、宁夏、新疆四省区联合申报）、格萨尔（西藏、内蒙古、四川、青海、甘肃、云南、新疆七省区联合申报）、热贡艺术3项人类非物质文化遗产代表名录；有尖扎坎布拉国家地质公园、互助嘉定国家地质公园、久治年保玉则国家地质公园、昆仑山国家地质公园、贵德国家地质公园、玛沁阿尼玛卿山国家地质公园、青海湖国家地质公园7处国家地质公园。青海省三江源国家级自然保护区是我国面积最大的湿地类型国家级自然保护区。

青海湖是中国最大的内陆咸水湖，面积4573平方千米，湖面高出海平面3260米，是泰山顶峰的2倍。湖水最深处为32米。湖中有鸟岛、海心山、海西山、三槐石和沙岛，可供游客游览。鸟岛在青海湖的西部，面积约1平方千米每年春季有约10万只从中国南方和东南亚以及印度半岛飞来的十多种候鸟在这里繁衍生息，甚为壮观，其集群繁殖密度之大，为亚洲罕见。

塔尔寺位于距省会西宁西南27千米的湟中县鲁沙尔镇，是藏传佛教格鲁派六大寺院之一，黄教创始人宗喀巴的诞生地。建于明朝嘉靖三十九年，已有400多年历史。香火鼎盛，影响深远。全寺建筑格局与众不同，由许多独立的佛塔、殿宇、经堂、僧舍组成，是藏汉结合式建筑群，占地40多公顷。大金瓦殿、小金瓦殿和大经堂金碧辉煌，光彩夺目，尤为著名。酥油花、堆绣、壁画誉为塔尔寺的艺术“三绝”。

都兰县境内有巴隆国际狩猎场，这里山峦起伏，草木茂盛，是野生动物理想的栖息场所。凡青海当地的野生动物，这里几乎都有。猎场面积4400公顷。青海众多的旅游资源吸引着许多游客慕名前来。

五、历史沿革

青海在最早时期为氐、羌族的群地。临羌县于公元前121年在西宁以西设置，并置护羌校尉。西海郡于西汉末设置。公元4年，设西海郡。鲜卑族397年建立南凉国。后吐谷浑控制青海。西海、河源等郡于隋朝设置。唐宋为吐蕃地。元代东北部为贵德州，属甘肃行中书省，余属吐蕃、朵甘思等宣慰使司。明设西宁卫。清时东北部设西宁府，属甘肃省，北部为青海蒙古额鲁。两汉时期民族间的交往与联系趋于频繁，大批内地汉人通过从军、屯垦、任官、移民等形式进入或长住于青海地区，民族间交错杂居的局面逐步形成。民国时期青海的教育、文化、卫生事业有缓慢的发展，近代教育制度逐步确立。1928年设青海省，以其境内有青海湖而得名。1950年1月1日青海省人民政府正式成立，省政府驻西宁市。

六、文化艺术

（一）历史文化

青海历史悠久，文化底蕴深厚。青海的山脉水系延伸辐射中华大地，作为世界非物质文化遗产的昆仑山在中华民族的文化史上具有“万山之祖”的地位。古时人们也将其称之为“中华龙脉之祖”。《格萨尔》史诗入选联合国教科文组织非物质文化遗产名录。昆仑神话作为世界非物质文化遗产，是构成华夏文明和中华文化的重要源头之一，也是中国神话的重要组成部分。青海由于其特殊的地理位置，是唐蕃古道、丝绸之路南线的必经之地。

（二）文学艺术

早在远古时代，青海就有人类活动，最早生息在这块土地的是中国西部古老民族之一氐、羌族群。众多的古文化遗存表明，青海的开发至少已有6000年的历史。如今的青海又是一个多民族融合的汇聚地，民族风格别具特色。

民间文学：祁家延西、格萨尔、拉仁布与吉门索、阿尼玛卿雪山传说、骆驼泉传说。

传统音乐：老爷山花儿会、藏族拉伊、丹麻土族花儿会、七里寺花儿会、瞿昙寺花儿会、青海汉族民间小调、塔尔寺花架音乐、撒拉族民歌、蒙古族民歌、藏族民歌（藏族酒曲）。

传统戏剧：青海马背藏戏、黄南藏戏、河湟皮影戏。

传统舞蹈：土族於菟、锅庄舞（玉树卓舞）、弦子舞（玉树依舞）、土族安昭、锅哇（玉树武士舞）等。

传统技艺：银铜器制作及鎏金技艺、湟中县的加牙藏族织毯技艺、同仁刻板印刷技艺和藏族碉楼营造技艺。

民间美术：热贡艺术、土族盘绣、塔尔寺酥油花、灯彩（湟源排灯）。

民俗：土族纳顿节、热贡六月会、土族婚礼、撒拉族婚礼、那达慕、藏族服饰。

曲艺：西宁贤孝。

传统医药：藏医药浴疗法、藏药阿如拉炮制技艺、七十味珍珠丸赛太炮制技艺等41项列入国家级非物质文化遗产名录。

热贡艺术：热贡艺术、《格萨尔》史诗已经入选《联合国教科文组织非物质文化遗产名录》项目。热贡艺术发祥于黄南藏族自治州同仁县境内的隆务河流域，因同仁地区在藏语中称为“热贡”而得名，是藏传佛教艺术的重要组成形式，包括唐卡、泥塑、堆绣、雕刻等藏艺形式，以色彩艳丽、线条精致而蜚声海内外。当地年都乎、吾屯、郭玛日等传统村落，家家有画师，户户画唐卡，是安多藏区文化艺术中心。

格萨尔文化：《格萨尔》史诗是世界上唯一一部至今还在不断创造的“活着的史诗”，格萨尔文化的独特性、多样性、活态性特征在国内外享有极高的声誉。青海果洛藏族自治州是格萨尔文化的主要发祥地，被誉为“中国格萨尔文化之乡”，是格萨尔文化资源最富集、表现形式最有特色、文化特征保持最完整、说唱传承人最多、影响力最广泛的地区之一。

七、民族与宗教

（一）民族

青海是个多民族聚居的省份，现有55个民族。2015年末，少数民族人口280.74万人，占全省人口的47.71%。少数民族人口比例仅低于西藏和新疆，高于广西、内蒙古、宁夏。青海的世居少数民族主要有藏族、回族、土族、撒拉族和蒙古族，其中土族和撒拉族为青海所独有。5个世居少数民族聚居区实行区域自治，先后成立了6个自治州、7个自治县，其中有5个藏族自治州分别是果洛、海南、海北、黄南；1个蒙古族藏族自治州为海西；2个回族自治县为化隆、门源；2个回族土族自治县为民和、大通；1个土族自治县为互助；1个撒拉族自治县为循化。

（二）宗教

青海是一个多宗教的省份。主要宗教有藏传佛教、伊斯兰教、基督教、天主教。藏传佛教和伊斯兰教影响最广，遍及全省各个地区；天主教和基督教主要在城镇和铁路沿线。汉传佛教和道教在一些农业区有一定的影响。藏族、回族、蒙古族、土族和撒拉族等几个世居少数民族，普遍信仰宗教。

据2004年全省宗教活动场所年检统计，全省共有宗教活动场所2 100多座（所）。全省共有宗教教职人员29 000多人，占信教群众的1.33%。全省有信教群众200多万人，占全省总人口的41.65%。全省现有省级宗教爱国团体5个：青海省佛教协会、青海省伊斯兰教协会、青海省基督教“三自”爱国运动委员会、青海省基督教协会（简称省基督教“两会”）、青海省道教协会；州、市级宗教爱国团体13个；县级宗教爱国团体25个；省级宗教院校2所：青海省藏语佛学院、青海省伊斯兰教经学院。

青海著名寺庙有湟中塔尔寺、瞿昙寺、赛宗寺、文成公主庙、西宁东关清真大寺等。其中塔尔寺又名塔儿寺，藏语称为“衮本贤巴林”，意思是“十万狮子吼佛像的弥勒寺”。塔尔寺是中国西北地区藏传佛教的活动中心，在中国及东南亚享有盛名，历代中央政府都十分推崇塔尔寺的宗教地位。另外寺内还珍藏了许多佛教典籍和历史、文学、哲学、医药、立法等方面的学术专著。每年举行的佛事活动“四大法会”，更是热闹非凡。

八、美食与风物特产

（一）美食

1. 日常饮食

青海各地一般一日三餐。主食普遍以面食为主，有糌、粑、面粉等。菜肴口味稍重，多吃辣味。绿色食品在青海很流行。青海菜品具有一种粗狂之美，主料以牛羊肉为主。

青海物产资源丰富，主要以当地的物产为副食，有肉、奶类、蔬菜、瓜果等。

2. 名吃

青海地区的名吃有青稞饼、手抓羊肉、酸奶、尕面片、酿皮、夹沙牛肉、湟鱼、甜醅、焜锅馍馍、油锅盔、藏族酥酪糕（醍）、可鲁克湖中华绒螯蟹、梗皮、羊肠面、地皮菜、德令哈糌粑、杂碎汤等。

3. 风味特产

风味特产指某地特有的或特别著名的产品，有较强的地域特性，也称为“土特产”。青海的特产种类丰富，其中比较有代表性的有雪莲茶、沙漠人参、昆仑玉（和田玉、青海料）、安冲藏刀、土族盘绣、鹿角菜、冬虫夏草、雪莲、西宁大黄、牦牛肉干、湟源陈醋、青稞酒、牦牛骨髓、门源青稞、柴达木枸杞、民和羊肉、大通鸡腿葱、果洛蕨麻、互助葱花土鸡、乐都大樱桃、吴兰茶卡羊、海晏羔羊肉、湟中燕麦、乐都藏香猪、民和旱砂西瓜、刚察黄蘑菇等。

九、民俗风情

（一）民俗

1. 服饰

土族的服饰最具有民族特色，主要分为四类服饰，分别是青壮年男子服饰、姑娘服饰、妇女服饰、老年男子服饰。青壮年男子一般戴红缨帽和“鹰嘴啄食”毡帽。红缨帽，系一种织锦镶边的圆筒形毡帽，为土族语“加拉·莫立嘎”的意译。妇女一般穿绣花小领斜襟长衫。两袖由红、黄、橙、蓝、白、绿、黑七色彩布圈做成，鲜艳夺目，美观大方。俗称七彩袖，土族语称作秀苏，意为“花袖衫”。为土族妇女服饰的象征。

未婚姑娘习以两鬓梳小辫，中间梳一条辫，三条辫子合辫在背后，用绯红头绳扎紧，系一海螺圆片。少女额前戴的额带叫“箍儿”，白布绣花做成，宽二寸，长及两耳，上沿连几束彩线短穗和几个小铃铛。有的姑娘头戴一条绣花头巾。其裤腿套一尺长的红色“帖弯”，在膝下方用白色布条将“帖弯”与裤腿相连。发式、“帖弯”颜色和额带的不同，常是区别已婚或未婚妇女的标志。

2. 土乡纳顿会

农历七月十二日至九月十五日，在民和县最南部的三川地区举办，“纳顿”土语为玩的意思。节日期间，数十里的川道沉浸在欢乐之中，到外彩旗飘动，鼓乐喧天。人们穿上最好的服装从下川到上川，追随着纳顿，笑逐颜开，扶老携幼，探亲访友，畅谈丰收的喜悦和对来年美好生活的祝愿。

3. 那达慕大会

“那达慕”大会是蒙古族历史悠久的传统节日，在蒙古族人民的生活中占有重要的地位。每年7~8月牲畜肥壮的季节会举行“那达慕”大会，它代表着人们为了庆祝丰收而举行的一项大会。“那达慕”，蒙语的意思是娱乐或游戏。

4. 习俗及禁忌

青海的民族风情主要体现在少数民族方面，例如土族。土族人民特别注重礼节，人们相逢时互相问好致安。春节、端午节、中秋节，亲友之间相互拿上自己做的食品拜节。家里打庄廓、盖房子、安大门、生孩子出满月、姑娘出嫁、娶媳妇都要邀请亲友来贺喜。土族人民热情好客，说是“客来了，即福来了”，对长辈及贵客尤为尊敬。在节日里或贵客来时，在大门口先敬客人三杯酒，叫作“进门三杯酒”，然后请客人进门引至正房炕上按年龄或辈分大小就座，主人要敬客人三杯酒。叫“吉祥如意三杯酒”，不能喝酒的客人，用无名指蘸酒对空弹三下也可。此时主妇恭恭敬敬地把做好的饭菜用木盘端上来，劝客人享用。在客人出门时，要敬三杯酒，叫“上马三杯酒”。

土族的主要禁忌。土族忌讳过中秋节，中秋之夜人们要朝月亮撒一把草灰。但是现在的土族人也随着大众过起了中秋节，土族地区的月饼是土族群众自家蒸出来的，又大又圆，花样繁多，月饼上的花纹五颜六色，别具一格；土族忌讳吃驴、骡、马、狗肉；忌讳到牲畜圈里大小便；同时忌讳数主人家的牛羊，认为这会影响畜群的发展；上炕就座时忌讳坐到主人家的枕头、被子上；土族还有忌门的习惯，如生孩子、安新门或家中有重病人时，要在大门旁边贴一方红纸，或在大门旁煨一堆火，外人不得进入庭院；年轻妇女的卧室不得随意进入，不能同未婚姑娘开玩笑；佛堂、大殿内忌吸烟、吐痰、乱翻乱摸和大声喧哗；忌从僧侣的跪垫和其他物品上跨过；忌对酥油灯打喷嚏和咳嗽；佛堂里转经轮时，必须从左向右，不可逆转；寺院附近禁止打猎和随地大小便；土族家庭对生儿育女非常重视。除此之外，撒拉族信仰伊斯兰教，服饰、礼俗与回族相似。

（二）传统庙会

传统庙会亦称“庙市”。一般在节日或规定的时间举行，地点一般设在寺庙内或其附近，故称“庙会”。青海省传统的庙会有西宁庙会、塔尔寺庙会、青海庙会、龙王庙会等。

（三）酒席宴请

青海属于高寒气候，冬季漫长，因此喝酒是驱寒和打发寒冷的方法。酒桌上，按主次长幼排好位置，上座一定是有威望、年长者的地方。座中饮酒者先敬年辈长者、贵宾、远方来客等。一般敬四杯，取“四红四喜”“四季发财”之意，祝寿的酒敬八杯，取“八福八寿”之意。过年聚会要喝“年酒”，数量不限，只要是吉祥的话，喝到16杯也不奇怪。敬酒时双手举起放有酒杯的酒台子到客人面前，忌用单手敬酒。

第四节 宁夏回族自治区基本概况

一、行政区划与人口

（一）行政区划

宁夏回族自治区，简称“宁”，首府是银川市。

宁夏是中国五大少数民族自治区之一。辖5个地级市，9个市辖区、2个县级市、11个县（合计22个县级行政单位）。其中5个地级市包括银川市、石嘴山市、吴忠市、固原市、中卫市。

（二）人口

截至2017年末，人口681.79万人，其中回族人口占36%，是全国最大的回族聚居区。

二、地理条件与气候特征

（一）地理条件

1. 地理位置

宁夏面积约6.6万平方千米。地处中国的西北部，黄河中上游，与内蒙古、陕西、甘肃相邻。

2. 地势地貌

宁夏回族自治区地势南高北低，呈梯状下降。平均海拔为1 000～2 000米，在地形上分为三大板块：一是北部引黄灌区，地势平坦，土壤肥沃；二是中部干旱带，干旱少雨，风大沙多，土地贫瘠，生存条件较差；三是南部山区，丘陵沟壑林立，部分地域阴湿高寒，是国家级贫困地区之一。

3. 水系

宁夏的水资源是中国最少的。其中由于自然因素，大气降水、地表水和地下水都十分稀少。宁夏水资源的突出特点是时间上变化大、空间上分布不均匀。

宁夏水资源有黄河干流过境流量325亿立方米，可供宁夏利用40亿立方米。水能理论蕴量195.5万千瓦。水利资源，绝大部分在北部引黄灌区，水能也绝大多数蕴藏于黄河干流。而中部干旱高原丘陵区最为缺水，地表水量小并且水质含盐量高，多属苦水或因地下水埋藏较深，灌溉利用价值较低。南部半干旱半湿润山区，河系较为发育。主要河流有：清水河、苦水河、葫芦河、泾河、祖厉河等。

河流湿地、湖泊湿地和人工湿地是宁夏回族自治区的3大湿地。其中河流湿地和湖泊湿地包括7种类型，主要分布在引黄灌区与南部山区各河流及湖泊之中，并有少量沼泽分布。人工湿地包括库塘、渠沟、水稻田、鱼池，具有数量众多、类型多样、集中连片等特点。

（二）气候特征

1. 特点

宁夏回族自治区是温带大陆性半干旱气候，其特点是四季分明，昼夜温差比较大。冬天寒冷且时间长，夏天炎热且时间短，春天暖和且过得快，秋天凉爽且来得早，少雨干旱，蒸发强烈。南部地区寒冷、北部地区暖和，南部地区潮湿、北部地区干燥。

2. 气温

年平均气温5～10℃，1月平均气温-10～-7℃，7月平均气温在17～24℃，是一年当中最热的月份。昼夜温差大，全年的日照时数达3 000小时，是中国日照和太阳辐射最充足的地区之一。

3. 降水

每年的降水量在200～400毫米，集中在6～9月之间。

三、交通与自然资源

（一）交通

宁夏素有“远介朔陲，交通横阻”之说。那时只能靠畜力和黄河水运。如今，包兰铁路通车，宁夏已成为华北与西北之间的交通枢纽。航空运输方面，现有银川河东国际机场和两个支线机场，即中卫香山机场、固原六盘山机场。初步形成了以银川河东机场为枢纽，连接全国大中城市的航空网络。此外，还开辟了通往北京、西安等城市的航空线，形成了以银川为中心，包兰铁路为骨干，公路四通八达的交通运输网。

（二）自然资源

1. 矿产资源

矿产资源丰富是宁夏回族自治区的特点，主要有煤和非金属沉积矿。石膏、石油、天然气、煤是优势矿产。宁夏的煤炭矿产具有以下特点：分布广泛、品种齐全、煤质好、埋藏较浅。目前已探明煤炭储量为469亿吨，位居全国煤炭储量排行榜第六位，其中宁东煤田探明储量393亿吨，被列为国家14个大型煤炭基地之一。已探明的矿产资源种类有50多种，人均资源占有量居全国第五位。

2. 能源资源

宁夏境内能源资源丰富，品质优良，可利用的有石油、天然气、煤层气、水能、风能、光能等。能源方面，年可利用黄河水40亿立方米，占分配总量的7%。现有大中型火电厂20座，人均发电量居全国第一位。

3. 植物资源

宁夏植被面积403.67万公顷，自然植被306.47万公顷，占75.9%；栽培植被97.2万公顷，占24.1%。自然植被包括森林、灌丛、草甸、草原、荒漠、沼泽等基本类型。草原植被包括草甸草原、干草原、荒漠草原，其面积243.75公顷。荒漠草原和干草原共23.32万公顷，占草原面积的97.8%。

4. 动物资源

野生动物达428种，有哺乳类、两栖类、爬行类、鸟类、鱼类等经济动物。

5. 农业资源

宁夏现有耕地约106.67多万公顷，人均约0.2公顷，居全国第二位；引黄灌溉52.7万公顷，是12个商品粮生产基地之一。草场占有面积广，是全国十大牧区之一。

四、旅游资源

宁夏的旅游资源十分丰富，“两山一河”——贺兰山、六盘山、黄河，“两沙一陵”——沙湖、沙坡头、西夏王陵，“两堡一城”——将台堡、镇北堡、古长城，“两文一景”——西夏文化、伊斯兰文化、塞上江南景观，都体现了浓厚的文化底蕴。

宁夏现有历史名城1座：银川；国家级风景名胜区2处：西夏王陵风景名胜区、须弥山石窟风景名胜区，国家地质公园2处：六盘山国家森林公园、宁夏西吉火石寨国家地质公园；5A级景区4处：沙坡头、沙湖、水洞沟遗址、镇北堡西部影城。宁夏的旅游品牌，口号是"塞上江南·神奇宁夏"。

沙坡头位于宁夏回族自治区中卫市，1984年建立，面积1.3万余公顷，主要保护对象为腾格里沙漠景观、自然沙尘植被及其野生动物。地处腾格里沙漠东南缘，是草原与荒漠、亚洲中部与华北黄土高原植物区系交汇地带，植物有422种，野生动物有150余种，充分展示出一个以亚洲中部北温带向荒漠过渡的生物世界。该保护区是中国第一个具有沙漠生态特点，并取得良好治沙成果的自然保护区，是干旱沙漠生物资源"储存库"，具有重要的科学研究价值。神奇景观现象：一面是大漠、一面绿洲、中间黄河穿过；主要游玩项目：滑沙、黄河蹦极、沙漠冲浪、黄河冲浪、步行沙坡头、骑骆驼、骑马、射击、羊皮筏子、领略沙漠行旅的味道等。

水洞沟古人类文化遗址，位于宁夏灵武市临河镇水洞沟村，距银川市19千米，占地7.8平方千米。民国十二年（1923年），由法国古生物学家德日进、桑志华在这里发现，通过发掘，出土了大量石器和动物化石。水洞沟因此而成为中国最早发掘旧石器时代的古人类文化遗址，被誉为"中国史前考古的发祥地""中西方文化交流的历史见证"，被国家列为"最具中华文明意义的百项考古发现"之一。

金沙岛沙中有绿、绿中有水、湖中有岛、岛中有湖、水相通、路相连、树成林、鸟成群的自然生态景区，中卫市金沙岛位于中国第四大沙漠——腾格里沙漠东南缘，种植约13.3公顷薰衣草和各种花卉，薰衣草与湖水、沙漠相映是集沙漠、湿地、湖泊、长城等景观于一体，是融入边塞文化、大漠文化、军屯文化的旅游度假景区。

沙湖是国家首批5A级景区，中国35个王牌景点之一，中国十大魅力休闲旅游湖泊之一。沙湖旅游区在距银川市西北56千米平罗县境内的西大滩。1990年开发建设，每年接待游客都在60万人次左右，已成为祖国西北地区颇负盛名的旅游热点，因其独特优美的自然景观而被选为全国35个王牌景点之一。

镇北堡西部影视城几乎称得上是中国影视旅游版图上响当当的第一站：从20世纪70年代末的《牧马人》，到让张艺谋走红的《红高粱》；从20世纪80年代轰动一时的《黄河谣》，到被誉为中国第一部经典武侠片的《双旗镇刀客》以及徐克的《新龙门客栈》，还有就是堪称周星驰经典的《大话西游》系列，几十部影视剧都是从这里诞生的。透过不同导演的不同镜头语言，镇北堡也在人们的视觉与想象中逐渐丰富起来。

贺兰山岩画属全国重点文物保护单位，国家4A级旅游景区、全国研学旅游示范基地（2016年国家首批20家之一），是中国游牧民族的艺术画廊 。贺兰山在古代是匈奴、鲜卑、突厥、回鹘、吐蕃、党项等北方少数民族驻牧游猎、生息繁衍的地方。他们把生产生活的场景，凿刻在贺兰山的岩石上，来表现对美好生活的向往与追求，再现了他们当时的审美观、社会习俗和生活情趣。在南北长200多千米的贺兰山腹地，就有20多处遗存岩画，其中最具有代表性的是贺兰口岩画。

五、历史沿革

宁夏是中华民族远古文明发祥地之一。境内灵武市“水洞沟遗址”表明，早在3万年前的旧石器时代，就有人类在此生息繁衍。公元前3世纪，秦始皇统一六国后，在此设北地郡，派兵屯垦，兴修水利，开创了引黄灌溉的历史。1038年，党项族首领李元昊以宁夏为中心，建立大夏国，故元代以后史称西夏，定都兴庆府（今银川市），形成了和宋、辽、金政权三足鼎立189年的局面。1227年，元灭西夏后，设宁夏路，始有宁夏之名。明朝设宁夏卫，清代设宁夏府。1929年成立宁夏省。新中国成立后，1954年宁夏省撤销并入甘肃。1958年10月25日成立宁夏回族自治区。

六、文化艺术

（一）多元文化

宁夏的文化受传统的农耕文化和游牧文化的共同影响，呈现的文化形式丰富多样，贺兰山岩画反映出原始氏族部落对自然、图腾、祖先的崇拜。

（二）特色文化资源

1. 贺兰山岩画

贺兰山岩画风景名胜区，地理位置在银川市区56千米，是贺兰山岩画的荟萃之地。岩画记录了远古人类在三千年前至一万年前放牧、狩猎、祭祀、争战、娱舞、交媾等生活场景，以及羊、牛、马、驼、虎、豹等多种动物图案和抽象符号。由此揭示了原始氏族部落自然、生殖、图腾、祖先崇拜的文化内涵。贺兰山岩画是研究中国人类文化史、宗教史、原始艺术史的文化宝库。它以其表现形式多样、分布区域集中、文化内涵深厚、距离中心城市近而名冠世界岩画之首，吸引了大批中外游客。

2. 西夏王陵

西夏陵属于西夏王朝的皇家陵园，总共有9座帝陵，255座陪葬墓。陵园规模宏大，是中国现存规模最大、地面遗址保存最完整的帝王陵园之一。游客在景区内可参观西夏陵园遗址、西夏陪葬墓遗址、西夏碑林等景点。对于了解和感受神秘的西夏文化有着重要的作用。

3. 镇北堡温泉小镇

镇北堡温泉小镇位于银川市西夏区镇北堡镇，距离银川市城区30千米。地处贺兰山下，北依沙湖、南临西夏王陵，东临西部影视城，西接贺兰山岩画、贺兰山国家森林公园，是宁夏最具文化气息和优美风景的核心区域，是贺兰山东麓葡萄酒产业带的中心。

除此之外，宁夏回族自治区还有中卫高庙、禅佛寺石窟、朝那城、扫帚岭石窟等特色文化资源。

（三）民间曲艺

回族音乐属东亚乐系，有“漫”“对”“合”“联”的演唱形式。回族音乐的部分曲目属波斯阿拉伯乐系，分为民间音乐和宗教音乐两类。民歌是其民间音乐的主要部分。按其体裁分类为：山歌（花儿）、小调、劳动号子、宴席曲、叙事歌、儿歌等。花儿是回族人民在劳动生活中自由抒发内心思想感情的一种抒情小曲，也是非常受喜爱的最有代表性的民间歌曲。宁夏具有鲜明的民族特色和地域特色的是回族音乐、舞蹈和武术。

1. 音乐

宗教音乐有招祷音调、咏经音调、礼拜音调和赞、主音调四类，约有数十种之多。一般音域较窄，具有吟诵性质。音调含较明显的阿拉伯色彩，歌词常用波斯、阿拉伯语汇。既有伊斯兰教音乐的特点，又有回族自己的特点。主要表现为在礼拜和各种宗教活动中咏诵的《古兰经》和赞主词。民间音乐歌曲分为花儿和宴席曲两大类。花儿是回族最具代表性的民间歌曲，也是回、汉、撒拉、东乡、保安、土等民族群众中广为流传的山歌。与之相反，宴席曲因多在婚礼和喜庆节日摆宴席请客时演唱而得名。依据内容和形式的不同，它可分为叙事曲、散曲、酒曲和说唱曲四类。演唱形式有独唱、合唱、对唱、伴唱、问答等。除说唱曲只唱歌外，其余三类宴席曲演唱时都有简单舞蹈动作相配合。因宴席曲可登大雅之堂，故又称“雅曲”或“家曲”。

2. 舞蹈

在宁夏回族舞蹈中，主要有三种民间舞蹈，分别是踏脚、汤瓶舞和宴席曲。踏脚主要流行于宁夏泾源县境内的园子林，其形式很像一种展现男子阳刚之气的竞技性体育活动，可以看作武、舞交融的结晶。汤瓶舞由回族生活习俗演变而来。回族有爱清洁的传统，日常生活中的洗浴或者“礼拜”前的洗浴，均离不开汤瓶这一特有的洗浴工具。

3. 武术

回族具有强健、勇武、好锻炼、不畏强暴的民族性格。崇尚武勇是回族历史文化的一个显著特点，中国回族穆斯林把练习武术尊为“逊尔”，意思是高尚的“圣行”。主要的武术形式有：心意六合拳、穆斯林八卦太极拳、黑虎查拳、伊斯兰汤瓶功、黄鹰架拳、回回十八肘等。

七、民族与宗教

宁夏是我国目前最大的回族聚居区，回族群众信仰伊斯兰教，有开斋节、古尔邦节、圣纪节等宗教性节日。一些居住县区形成了特色鲜明的清真寺、道堂为主的文化景观。清真寺，又称礼拜寺。阿拉伯语的意思是“麦斯吉德”，意思是说叩头的地方。其中著名的清真寺有银川南关清真大寺和同心清真大寺。银川南关清真大寺是一座具有波斯风格和民族特色的建筑，是银川市回族群众进行宗教活动的中心场所。同心清真大寺以汉族式建筑为主体，又兼纳了中亚阿拉伯风格的装饰，是宁夏现存历史最久、规模最大的一座伊斯兰教建筑，不仅是穆斯林宗教活动场所，还是一座具有光荣革命历史的文物建筑。1936年，中国工农红军西征时，曾经发动当地群众在此召开各界代表大会，并成立了中国历史上第一个县级回族自治政权——陕甘宁省豫海回族自治政府。

八、美食与风物特产

（一）美食

宁夏清真风味小吃在餐饮界独具特色。如黄渠桥爆炒羊羔肉、辣爆羊羔肉、外焦里嫩的油香、手抓羊肉、蒜汁羊蹄、烩羊杂、抄糊饽、回族的盖碗茶、烩小吃、馓子等。黄渠桥爆炒羊羔肉的特点是肉味鲜美，不腻不膻，色香俱全。做法是：选择10千克左右重的羊羔，主要是在“爆”的基础上，兼用“焖”和“烩”的手法，使菜肴鲜嫩可口，香味四溢，具有地方特色和民族风味。手抓羊肉：相传有近千年的历史，原以手抓食用而得名。吃法有三种，即煎吃（用平底锅煎热，边煎边吃）、冷吃（切片后直接蘸精盐）、热吃（切片后上笼蒸热蘸三合油）。此外，宁夏的地方特色美食还有中卫素菜豆腐、糖醋黄河鲤鱼、平罗老豆腐、小揪面、涮羊肉、凉拌沙葱、素杂烩等。

（二）风物特产

宁夏土特产种类较多，其中被称为“五宝”的有：枸杞（红）、甘草（黄）、太西煤（黑）、滩羊皮（白）、贺兰石（蓝）。此外，宁夏的砖雕、水产品、宁夏毯、晒砂瓜、大米、瓜果和枸杞衍生物等也十分著名。

1. 贺兰石砚台

贺兰石是水成岩，其结构细密均匀，质地细腻，历来受到文人墨客的喜爱，清末已有“一端二歙三贺兰”的说法。贺兰石砚台具有发墨、存墨、护毫、数日墨不干等奇效。是砚中的精品。雕刻艺人因石头制宜，精雕细琢的刀法，贺兰石从而变成了一方传世名砚。贺兰石产之海拔2 600米左右的贺兰山悬崖上，石料结构均匀，呈天然深紫和豆绿两色。

2. 枸杞

宁夏是枸杞的原产地，也是世界上种植时间最长、品质最好的地方，其中又以中宁所产为最优。中宁枸杞本名宁安枸杞，位居宁夏五宝之首，以原产地在中宁县城宁安堡而得名。中宁枸杞是家种名优农产品，是继承我国长期利用野生枸杞的传统经验，在宁安堡一带特殊环境下发展起来的贵重中药材。

九、民俗风情

（一）居住

宁夏地区居住大部分采用中国传统的殿宇式四合院为主的建筑式样，但在装修和布局上仍具有独特的民族风格。

（二）服饰

宁夏回族居民的服饰大体与汉族相近，普遍戴白色或者黑色无檐小帽，即礼拜帽。该地区男子外穿西式大长衣；妇女穿中长大衣，戴披肩“盖头”，遮住两耳、脖子和头发。盖头颜色根据年龄而定，年轻姑娘用绿色，已婚中年妇女用青色，老年人用白色。

（三）饮食

回族居民只吃牛、羊、驼等反刍类偶蹄食草动物的肉和食谷物的禽肉及带鳞的鱼类。不吃马、驴、骡、狗肉，不吃动物的血和自死的动物。

其酒桌文化有两大特点，“用坨”和“划拳”。“用坨”的意思就是撒谎，其原意大概是源于杆秤，“用坨”由两人参与，每个人持一碗扣一碟，碗中各有骰子三个。“划拳”讲究拳风，并且在当地有很多流传的顺口溜。“用坨”和“划拳”不仅丰富了宁夏的酒桌文化，也拉进了朋友间的友谊。

（四）婚俗

婚礼多在“主麻”日进行，由阿訇证婚。

（五）丧葬

按照伊斯兰教教规，实行速葬、薄葬、土葬。

（六）特色节日

宁夏回族自治区是少数民族聚居的地方，其地方特色文化多种多样。除去中国传统的春节、元宵节、中秋节之外，当地人主要的节日有开斋节、圣纪节、宰牲节、古尔邦节等民族节日。

1. 开斋节

每年的九月为伊斯兰教历的斋月。斋月期间，穆斯林在日出之前都要吃好斋饭。封斋的要求是日出之后，白天一天不吃不喝。1个月的斋戒时间，在伊斯兰教历九月的最后一天，寻看新月，庆祝1个月斋戒期的结束，所以叫作开斋节。

2. 圣纪节

圣纪节于每年的6月8日进行，相传这一天为穆罕默德的逝世日，所以也称为“圣忌”。大家为了缅怀穆罕默德的功德，举行纪念活动。活动内容主要包括诵经、赞圣和讲述其生平的事迹。主要节日形式有在清真寺听教长、阿訇讲经，之后游玩一天，并且还宰杀牛羊，设宴聚餐。

3. 宰牲节

宰牲节的时间为伊斯兰教历的十二月十日，宰牲节期间，回民都个个头戴小白帽，并且衣冠整齐，拥进清真寺进行会礼叩拜。等到会礼结束后，在条件比较优越的地方，每个人要宰一只羊，七个人合宰一头牛或者一峰骆驼。宰过的肉要分成三份，一份送给亲友邻居和招待到来的客人食用，一份济贫施舍，最后一份留给自己食。等到典礼完成之后，大家开始访亲问友，互相馈赠油香，还有花稞稞等互相庆祝。

（七）传统庙会

1. 北塔庙会

北塔的庙会历史悠久，据说从元朝起就开始盛行，距今已有800多年的历史。在银川方圆百里之内大有名气，每年的农历七月十五，无论是城里还是乡下的人，纷纷从四面八方赶到北塔烧香拜佛，寄托对逝去亲人的哀思，烧纸、念经、超度亡灵，并祈祷保佑家人身体安康、万事如意。现在北塔庙会于每年的年初举行，庙会上会设置猜灯谜等丰富多彩的文化活动。

2. 牛头山庙会

牛头山庙会集中在农历的三月十一日至十五日。庙会期间平日里安静的大山香烟缭绕，人潮拥挤。附近的居民都会赶过来凑热闹，祈福哀思。

第五节　新疆维吾尔自治区基本概况

一、行政区划与人口

（一）行政区划

新疆维吾尔自治区，简称“新”，首府乌鲁木齐。

新疆现有14个地、州、市，其中包括5个自治州、4个地级市、5个地区；105个县级行政单位，包括13个市辖区、24个县级市、62个县、6个自治县。

（二）人口

截至2015年末，新疆常住总人口2 360万人。

二、地理条件与气候特征

（一）地理条件

1. 地理位置

新疆维吾尔自治区位于亚欧大陆中部，地处中国西北边陲，昆仑山以北。总面积166万平方千米，占全国陆地总面积的1/6。国内与西藏、青海、甘肃等省区相邻，周边依次与蒙古、俄罗斯、哈萨克斯坦、吉尔吉斯斯坦、塔吉克斯坦、阿富汗、巴基斯坦、印度等8个国家接壤；陆地边境线长达5 600多千米，占全国陆地边境线的四分之一，是中国面积最大、交界邻国最多、陆地边境线最长的省区。

2. 地势地貌

新疆的地貌可以概括为“三山夹两盆”：北面是阿尔泰山，南面是昆仑山，天山横贯中部，把新疆分为南北两部分，习惯上称天山以南为南疆，天山以北为北疆。

南疆的塔里木盆地是中国最大的内陆盆地。位于塔里木盆地中部的塔克拉玛干沙漠是中国最大、世界第二大流动沙漠。贯穿塔里木盆地的塔里木河全长2 486千米，是中国最长的内陆河。北疆的准噶尔盆地面积约38万平方千米，是中国第二大盆地。准噶尔盆地中部的古尔班通古特沙漠面积约4.8万平方千米，是中国第二大沙漠。在天山东部和西部，还有被称为“火洲”的吐鲁番盆地和被誉为“塞外江南”的伊犁谷地。位于吐鲁番盆地的艾丁湖，低于海平面154.31米，是中国陆地最低点。新疆水域面积5 500平方千米，其中博斯腾湖水域面积992平方千米，是中国最大的内陆淡水湖。

3. 水系

新疆三大山脉的积雪、冰川孕育汇集为500多条河流，分别位于天山南北的盆地，包括塔里木河、伊犁河、额尔齐斯河、开都河等20多条。新疆境内山脉融雪形成大小河流570多条。冰川储量2.13万亿立方米，占全国的50%，有“固体水库”之称。水资源总量832.7亿立方米，居全国前列，但单位面积产水量仅为全国平均的六分之一。水资源时空分布极不均衡，资源性和工程性缺水并存。

新疆有许多自然景观优美的湖泊，总面积达9 700平方千米，占全区总面积的0.6%以上，其中著名的十大湖泊是博斯腾湖、艾比湖、布伦托海、阿雅格库里湖、赛里木湖、阿其格库勒湖、鲸鱼湖、吉力湖、阿克萨依湖、艾西曼湖。

（二）气候特征

1. 特点

新疆属于典型的温带大陆性干旱气候。全年日照平均时长达到2 600~3 400小时，位居全国第二位，充足的日照条件为新疆农作物及其他地方独有农产品的生长提供了良好的条件。

2. 气温

新疆南部地区年平均气温是7 ~ 14℃，新疆北部地区年平均气温是-4 ~ 9℃，1月平均气温为-20 ~ -5℃，7月平均气温22 ~ 26℃。

3. 降水

降水稀少、蒸发强烈。年均降水量仅有154.4毫米。

三、交通与自然资源

（一）交通

新疆交通运输已实现四位一体的立体化布局，即公路、铁路、航空、管道，现代综合交通体系逐步完善。公路运输方面，公路建设基本形成了以乌鲁木齐为中心，以干线公路为骨架．环绕两大盆地、沟通天山南北、辐射主要地州、东连内地、西出中亚、通达全疆公路主骨架。铁路运输方面，形成“四纵四横”的铁路网络格局，营运里程数达到4914千米。航空运输方面，目前建有的机场有乌鲁木齐地窝堡机场、喀什机场、吐鲁番交河机场等19个民用机场，居全国第一位。管道运输方面，中哈原油管道作为中国第一条跨国原油管道，其正式投入使用，标志着由哈萨克斯坦西部到新疆管道运输全面连通。另外，我国仅有的两个公路、铁路和管道运输合一的口岸分别是霍尔果斯口岸、阿拉山口岸。

（二）自然资源

1. 矿产资源

新疆矿产资源种类多，蕴藏量大。全国已发现的162个矿种中，新疆有142种。有99种已探明了储量，其中燃料矿产4种，金属矿产27种，非金属矿产35种。国家矿产储量表中居首位的有铍、白云母、钠硝厂、陶瓷土、长石、蛭石6种；居第二位的有铝、自然硫、冶金用际石英、毒知石、化肥用蛇纹石、膨润土、水泥用大理石；居第三位的有镍、铸石用辉缘；居第四位的有煤、石油、菱镁矿、钾盐、石棉、水泥用页岩、水泥用泥岩；居第五位的有天然气、铯、玻璃用脉石英；居第六位的有铋、钽、砖瓦用黏土；居第十位的有铌、硒、玻璃用砂。此外，盐、钒、钦、铜、铁、金等都有较高的储量。

新疆石油、天然气资源总量高达300亿～500亿吨，占全国预测总量的四分之一以上，还有阿勒泰地区的宝石、黄金、白云母、阿尔金山的石棉，昆仑山的和田玉，还有以铜为代表的有色金属矿矿质优秀，开发前景广阔，是中国石油储量最多的省区。

2. 草地资源

新疆是全国五大牧区之一，在“三山”和“两盆”周围有大量的优良牧场，牧草地总面积0.5亿公顷，仅次于内蒙古、西藏，居全国第三。

天然草地资源是新疆发展畜牧业最基本和最主要的生产资料。天然草地年总产可食鲜草5 479.36万吨，是1985年人工草地年鲜草产量的31.2倍，是农副产品饲草资源的7倍。天然草地担负着全疆70%的牲畜饲养量和畜产品产量。

3. 生物资源

生物资源包括植物资源和动物资源。其中，植物资源又可分为野生植物和栽培植物；动物资源可分为饲养动物和野生动物。新疆植物资源丰富，素有“瓜果之乡”的美称，主要有苹果、葡萄、杏、梨、樱桃、海棠果、巴旦杏、西瓜、甜瓜 、草莓等；动物种类繁多，可以分为高山动物、森林动物、草原动物、绿洲动物、水域动物，主要有蒙古野马和马可波罗盘羊、马鹿、狼、黄鹂、杜鹃、水獭等，其中国家重点保护动物116种，约占全国的1/3。

四、旅游资源

新疆地域辽阔，自然景观神奇独特，著名的景区有高山湖泊——天山天池、人间仙境——喀纳斯、绿色长廊——吐鲁番葡萄沟、空中草原——那拉提、地质奇观——可可托海以及喀什泽普金胡杨景区、乌鲁木齐天山大峡谷等。在5 000多千米古“丝绸之路”的南、北、中三条干线上，分布着数以百计的古文化遗址、古墓群、千佛洞等人文景观，其中交河故城、楼兰遗址、克孜尔千佛洞等蜚声中外。截止2013年末，共有国家A级旅游景区223个，其中5A级景区7个，4A级景区50个，3A级景区82个。

乌鲁木齐天山天池风景名胜区位于天山山脉腹地，是新疆标志性的景点。吐鲁番葡萄沟风景区是火焰山下面的一处峡谷，是火焰山区域中阴凉湿润的清净绿洲。葡萄沟里种植的密集的葡萄，使景区成为全新疆最著名的景点之一。阿勒泰地区喀纳斯景区有清澈宁静的高山湖水，密布的原始森林，银装素裹的冰峰雪岭。住在景区内图瓦人的小木屋内，可以体验自然原始的生活状态。每到秋季，这里处处是金黄色的白桦树林。伊犁地区那拉提旅游风景区丘陵状的草原上有雪山、森林、野花，景色多样绝美，被《中国国家地理》评为全国最美的六大草原之一。

五、历史沿革

公元前138年，汉武帝派张骞出使西域，西汉政权与西域各城邦建立了联系。公元前60年，西汉政权在乌垒（今轮台县境内）设立西域都护府，自此西域正式列入汉朝版图。清乾隆后期改称西域为新疆（意为故土新归），1884年正式建立新疆省，省会迪化（今乌鲁木齐市）。1949年9月25日，新疆和平解放，中国人民解放军进驻新疆，开创了新疆历史发展的新纪元。1955年10月1日，新疆维吾尔自治区成立，首府设乌鲁木齐市（蒙古语意为优美的牧场），从此掀开了各民族共同团结奋斗、共同繁荣发展的历史新篇章。

六、文化艺术

（一）语言文字

维吾尔语是维吾尔族的语言，简称维语，属阿尔泰语系—突厥语族—葛逻禄语支。

中国境内的维吾尔语分中心、和田、罗布3个方言。标准语以中心方言为基础，是典型的黏着语种，以伊犁、吐鲁番—乌鲁木齐语音为标准音。

（二）民间歌舞曲艺

1. 新疆舞

新疆舞的原创民族是维吾尔族，舞蹈活泼优美，步伐轻快灵动，身体各部分运用的灵活巧妙，尤其是手腕和舞姿的变化极为丰富多彩。新疆由于地域的原因，其舞蹈风格有着浓郁的西域风格。在新疆舞蹈中可以经常见到扬眉动目、晃头移颈、拍掌弹指的动作。

2. 十二木卡姆

十二木卡姆属于维吾尔族古典音乐，十二木卡姆运用音乐、文学、戏剧等各种语言和艺术形式表现了维吾尔族人民绚丽的生活和高尚的情操，集传统音乐、演奏音乐、文学艺术、戏剧、舞蹈于一身，其特点为抒情且叙事性强。这种音乐形式在世界各民族的艺术史上独树一帜，反映了维吾尔族人的理想追求以及喜怒哀乐。

3. 新疆二胡

新疆二胡是新疆二胡音乐的一种重要标志，受地理位置、语言特点以及风土人情的影响，形成了自己独有的特点。比较流行的二胡曲有《葡萄熟了》《阳光照耀塔什库尔干》等。

（三）文学作品

1. 神话传说

史诗《玛纳斯》，玛纳斯是柯尔克孜族传说中的著名英雄和首领，是力量、勇敢和智慧的化身。《玛纳斯》这部史诗叙述了他一家八代，领导柯尔克孜族人民反抗异族统治者的掠夺和奴役，为争取自由和幸福而进行斗争的故事。史诗共分八部，以玛纳斯的名字为全诗的总名称，其余各部又都以该部主人公的名字命名，如《玛纳斯》《赛麦台依》《赛依台克》《凯乃木》《赛依特》《阿色勒巴恰与别克巴恰》《索木碧莱克》《奇格台依》。每一部都独立成章，叙述一代英雄的故事，各部又相互衔接，使全诗构成了一个完整的有机体。这部史诗长达21万多，共2000万字。它与蒙古族的《江格尔》、藏族的《格萨尔》一起，被誉为我国民族文学领域的“三大史诗”。另外其他民族的神话传说有维吾尔族的《库玛尔斯》、塔吉克族的《安拉创造人类》、哈萨克族的《赛里木湖的传说》等。

2. 历史文学

新疆民族民间口头文学中的重要部分是故事、诗歌。历史文学方面，文学典著《福乐智慧》原名《库达德库·比力格》，直译为《给予幸福的知识》。并与《突厥语词典》并称为维吾尔族古典文学作品的典范，其中《突厥语词典》是一部极有价值的百科全书，主要内容是研究维吾尔等突厥语系各民族的历史、语言、文化等方面的内容。虽然《福乐智慧》是一部以诗歌形式再现的文学作品，但它却涉及整个社会的政治、经济、军事、文化、哲学、宗教、人伦方面，成为研究古代维吾尔族文学、语言、政治、经济、法制、礼仪、哲学、宗教、人道等问题不可缺少的资料。

（四）体育活动

1. 维吾尔族体育运动

高空走绳，维吾尔语称之为“达瓦孜”，它是维吾尔族民间传统体育活动之一。“达瓦孜”起源于神话传说：古时空中出现了一种飞怪，呼风唤雨，残害黎民。现在的高空走绳，表演起来惊心动魄，已兼有体育和杂技的双重特点。表演者手持长杆，不系保险带，在唢呐、羯鼓声中表演走绳；做侧身走绳、蒙眼走绳、倒立走绳、踩碟走绳、飞身跳绳等惊险动作。当他走到绳索最高处，突然，他身子一歪，从高空倒栽，不禁使人“啊哟”一声，大惊失色，吓得赶紧闭上双眼。待等再睁眼看时，表演者却含笑继续在绳上表演。原来是他施展绝招，故意制造一场虚惊！

2. 姑娘追

“姑娘追”，哈萨克语称“克孜库瓦尔”，它是哈萨克青年们最喜爱的一种马上体育游戏，同时也是男女青年相互表白爱情的一种特别方式，常在喜庆时举行。举行时间和地点一般在夏秋季节繁花争艳的草原上，远近牧民都骑马前来参观。关于“姑娘追”，有许多美丽的传说，其中有这样一个故事：从前有一只白天鹅化为女子，和一位猎人结为夫妻，成为哈萨克人的始祖。他俩结婚那天，骑着两匹白色的骏马，像白天鹅一样，飞来飞去，互相追逐。

3. 射箭

射箭是锡伯族传统的体育项目之一，古代的锡伯人曾是“打牲部落”，以“渔猎为主”。锡伯人从小就练用绳吊膀子。膀子吊好后，就练射箭。同时配合训练的方法还有举重、托砖、吊沙袋、抬石滚等、以增加臂力。在训练中先练近射，后远射，先射固定目标，后射活动目标，先步射，后骑射。现在，每当农历正月十五时还要举行射箭比赛，为优胜者颁发弓箭、袍和靴等奖品。现在每逢中秋节、春节、“四一八”节时，都要举行射箭表演和比赛。锡伯族人喜爱骑马射箭，因而，锡伯族享有“射箭民族”的美誉。

此外，哈萨克、蒙古、柯尔克孜、塔吉克和维吾尔等民族，都喜爱赛马，尤其是世代生长的天山、阿尔泰山草原上的哈萨克牧民，更是酷爱赛马运动，其竞赛技艺之高超，令人叹为观止。近年来，赛马又增添了许多新疆项目：障碍赛马、越野赛马、马球、马上射击、劈刺、盛装舞步赛，以及马车驾驭赛等，十分惊险精彩。叼羊也是新疆各兄弟民族群众普遍喜爱的传统体育活动。新疆各少数民族体育活动丰富多彩，同时也是人类民族文化的共同财富。

七、民族与宗教

新疆是一个多民族聚居的地区，共有55个民族成分，其中世居民族有维吾尔、汉、哈萨克、回、柯尔克孜、蒙古、塔吉克、锡伯、满、乌孜别克、俄罗斯、塔塔尔等13个。

历史上的新疆一直就是多种宗教并存的地区。至20世纪中期，新疆共有6种宗教，即伊斯兰教、佛教、道教、天主教、基督教（新教）、东正教。维吾尔、哈萨克、回、柯尔克孜、乌孜别克、塔吉克、塔塔尔7个民族普遍信仰伊斯兰教，汉、蒙古、锡伯、达斡尔等民族中的一些人信仰佛教（包括藏传佛教）。信仰东正教的主要是俄罗斯族。另外，还有一些民族如满族、锡伯族中的一些人信仰萨满教。在宗教建筑当中，新疆最大的礼拜寺是喀什的艾提尕尔清真寺。

八、美食与风物特产

（一）美食

1. 日常饮食

新疆人日食一日三餐。主食一般以馕、手抓饭、面等为主。

新疆地区物产丰富。副食主要以当地物产为主，牛肉、羊肉、瓜果、蔬菜等。

2. 名吃

新疆的名吃有大盘鸡、拌面、手抓饼、烤全羊、馕、烤包子、九碗三行、凉皮子、油塔子、风干马肉等等。

3. 风味特产

新疆的特产种类丰富多样，有哈密瓜、吐鲁番葡萄干、库车小白杏、和田大枣、乌鲁木齐油撒子、伽师瓜等。

（二）风物特产

1. 新疆地毯

新疆地毯不仅在国内出名，在国际上也享有赞美，新疆地毯的主要特点是毯面光泽平滑，毯板挺实柔和，色调鲜丽，有鲜明的民族特点和浓厚的地方色彩的地毯图案。

2. 艾德莱丝绸

艾德莱丝绸是维吾尔族人生产，主要产于和田市、喀什市、莎车县等地。这种丝绸采用我国古老的扎经染色工艺，按照图案的要求，在经纱上扎结，进行分层。

3. 和田玉

和田玉分“狭义”和“广义”两种定义。“狭义”（传统概念）范畴特指新疆和田地区出产的玉石，以和田“子料”为代表闻名于世。“广义”范畴并非特指新疆和田地区出产的玉，“和田玉”逐渐成为一类产品的名称。

九、民俗风情

（一）居住

维吾尔民居形式为“阿以旺”，一般为土木结构的平顶方形平房，房顶开天窗，屋顶平坦，可以晾瓜果和粮食。屋外有带护栏的走廊。屋内设壁炉，用于做饭取暖，砌实心土炕，供起居坐卧。

（二）服饰

花帽、袷袢和连衣裙是维吾尔族人民的典型服装。男子喜欢穿的长袍称为“袷袢”，女子喜欢穿色彩鲜艳的宽袖连衣裙，带外罩黑色对襟背心或西服上装，喜欢戴项链、耳环等饰品。

（三）习俗禁忌

服饰习俗：少数民族的服饰色泽艳丽，五彩缤纷，华丽堂皇，种类繁多。维吾尔族、哈萨克族等少数民族妇女爱着彩色连衣裙，戴鲜艳或洁白的头巾，喜爱耳环、耳坠、项链、手镯、戒指等装饰物，显得雍容华贵、仪态万方。男性爱穿西服、绣花衬衫或袷袢等。维吾尔族男子还多喜欢在腰间系一条腰带。戴绣花帽几乎是大多数少数民族的共同爱好，但又随民族与地区不同而互有差异。

饮食习俗：饮食习惯西域香味浓烈，各种食品色香味俱佳。烤羊肉串已风靡全国，烤全羊是新疆一大名馔。吃法别致的抓饭、手抓羊肉是少数民族最喜欢的食品，也是逢年过节、婚丧嫁娶的必备食品。脆香而薄的烤馕、烤包子、拉面、油馓子、油塔子、薄皮包子、奶茶，则是少数民族的传统食品。

民俗禁忌：主要禁忌有凝视禁忌；在饮食上，新疆穆斯林禁食猪、狗、驴、骡肉和猛兽猛禽的肉，忌食未经杀而自死的动物的肉，也禁食所有动物的血；崇拜禁忌，忌践踏粮食、忌踩或跨“亚拉克”（倒泔水的地方），认为这种地方有饭粒、馕渣和盐水，而这些都是“圣物”，否则会带来厄运，遭到各种磨难；

礼仪禁忌，新疆人待客和做客有许多讲究，忌踩餐布或从餐布跨过，客人不可随便拨弄盘中的食物，不能嗅食物，不能随便到锅灶前去，不能随便揭看锅盆等炊具，尽可能不剩食物于碗中，不能将饭粒落地，万一掉到地上，要起来放在餐布上，要把碗中的饭吃干净。

（四）传统节日

新疆是一个多民族聚居的地区，其传统节日丰富多样，比较有代表性的有古尔邦节、肉孜节、巴罗提节、撒班节等等。

1. 古尔邦节

古尔邦节是我国穆斯林的盛大节日。“古尔邦”在阿拉伯语中称作尔德·古尔邦，或称为尔德·阿祖哈。“尔德”是节日的意思。

2. 肉孜节

开斋节，也被称为“肉孜节”或“小节”。与“宰牲节”同为伊斯兰教两大节日。时间在伊斯兰教历十月一日。穆斯林在莱麦丹（九月）全月斋戒，斋月最后一日寻看新月，见月次日开斋，即为开斋节，如果没有见到新月，就继续封斋，节期顺延，一般不超过3天。

3. 撒班节

撒班节是塔塔尔族的独有的民间节日，也被称为“犁头节”，每年春耕农忙结束后举行。届时，选择风景优美的地方，聚会、祝贺，人们在此期间开展歌舞、摔跤、拔河、赛马等集体活动。最受欢迎的是“赛跳跑”，每个参加者需要将一个鸡蛋放在匙中含于口内，鸡蛋不能落地，最先跑到者胜。

附　录

学习目标： 1. 了解全国31个省市自治区的中国历史文化名城名镇。

2. 了解全国31个省市自治区的国家地质公园。
3. 了解全国31个省市自治区的国家级风景名胜区。
4. 了解全国31个省市自治区的国家级旅游度假区。
5. 了解全国31个省市自治区的世界遗产名录。
6. 了解全国31个省市自治区的人类非物质文化遗产代表作名录。

（所有名单均按笔画多少排列次序）

一、中国国家地质公园

（截至2014年1月公布的第七批名录，共240个）

第一批（2001年4月公布，11家）

1. 云南石林国家地质公园
2. 云南澄江国家地质公园
3. 四川龙门山国家地质公园
4. 四川自贡恐龙国家地质公园
5. 江西龙虎山国家地质公园
6. 江西庐山国家地质公园
7. 河南嵩山国家地质公园
8. 陕西翠华山国家地质公园
9. 湖南张家界国家地质公园
10. 黑龙江五大连池国家地质公园
11. 福建漳州国家地质公园

第二批（2002年3月公布，33家）

1. 广东丹霞山国家地质公园
2. 广东湛江湖光岩国家地质公园
3. 广西资源国家地质公园
4. 山东山旺国家地质公园
5. 山东枣庄熊耳山国家地质公园
6. 天津蓟县国家地质公园
7. 云南腾冲国家地质公园
8. 内蒙古克什克腾国家地质公园
9. 甘肃刘家峡恐龙国家地质公园
10. 甘肃敦煌雅丹国家地质公园
11. 四川大渡河峡谷国家地质公园
12. 四川安县国家地质公园
13. 四川海螺沟国家地质公园
14. 北京石花洞国家地质公园
15. 北京延庆硅化木国家地质公园
16. 安徽齐云山国家地质公园
17. 安徽浮山国家地质公园
18. 安徽黄山国家地质公园
19. 安徽淮南八公山国家地质公园
20. 西藏易贡国家地质公园

21. 河北阜平天生桥国家地质公园
22. 河北秦皇岛柳江国家地质公园
23. 河北涞源白石山国家地质公园
24. 河南内乡宝天曼国家地质公园
25. 河南焦作云台山国家地质公园
26. 陕西洛川黄土国家地质公园
27. 浙江临海国家地质公园
28. 浙江常山国家地质公园
29. 湖南崀山国家地质公园
30. 湖南郴州飞天山国家地质公园
31. 黑龙江嘉荫恐龙国家地质公园
32. 黄河壶口瀑布国家地质公园
33. 福建大金湖国家地质公园

第三批（2004年2月公布，41家）

1. 广东阳春凌霄岩国家地质公园
2. 广东佛山西樵山国家地质公园
3. 广西北海涠洲岛火山国家地质公园
4. 广西百色乐业大石围天坑群国家地质公园
5. 山东东营黄河三角洲国家地质公园
6. 云南玉龙黎明—老君山国家地质公园
7. 云南禄丰恐龙国家地质公园
8. 内蒙古阿尔山国家地质公园
9. 长江三峡（湖北、重庆）国家地质公园
10. 宁夏西吉火石寨国家地质公园
11. 甘肃平凉崆峒山国家地质公园
12. 甘肃景泰黄河石林国家地质公园
13. 四川九寨沟国家地质公园
14. 四川兴文石海国家地质公园
15. 四川黄龙国家地质公园
16. 北京十渡国家地质公园
17. 辽宁朝阳古生物化石国家地质公园
18. 江苏苏州太湖西山国家地质公园
19. 安徽祁门牯牛降国家地质公园
20. 吉林靖宇火山矿泉群国家地质公园
21. 河北涞水野三坡国家地质公园
22. 河北赞皇嶂石岩国家地质公园
23. 河南西峡伏牛山国家地质公园
24. 河南王屋山国家地质公园
25. 河南嵖岈山国家地质公园
26. 青海尖扎坎布拉国家地质公园
27. 贵州兴义国家地质公园
28. 贵州关岭化石群国家地质公园
29. 贵州织金洞国家地质公园
30. 贵州绥阳双河洞国家地质公园
31. 重庆武隆岩溶国家地质公园
32. 重庆黔江小南海国家地质公园
33. 浙江雁荡山国家地质公园
34. 浙江新昌硅化木国家地质公园
35. 海南海口石山火山群国家地质公园
36. 新疆布尔津喀纳斯湖国家地质公园
37. 新疆奇台硅化木—恐龙国家地质公园
38. 黑龙江伊春花岗岩石林国家地质公园
39. 福建宁化天鹅洞群国家地质公园
40. 福建晋江深沪湾国家地质公园
41. 福建福鼎太姥山国家地质公园

第四批（2005年8月公布，53家）

1. 广东封开国家地质公园
2. 广东恩平地热国家地质公园
3. 广西凤山国家地质公园
4. 广西鹿寨香桥喀斯特国家地质公园

5. 大连冰峪国家地质公园
6. 大理苍山国家地质公园
7. 上海崇明长江三角洲国家地质公园
8. 山东长山列岛国家地质公园
9. 山东沂蒙山国家地质公园
10. 山东泰山国家地质公园
11. 山西宁武万年冰洞国家地质公园
12. 山西壶关太行山大峡谷国家地质公园
13. 五台山国家地质公园
14. 中国大连国家地质公园
15. 内蒙古阿拉善沙漠国家地质公园
16. 四川四姑娘山国家地质公园
17. 四川江油国家地质公园
18. 四川华蓥山国家地质公园
19. 四川射洪硅化木国家地质公园
20. 辽宁本溪国家地质公园
21. 江西三清山国家地质公园
22. 江西武功山国家地质公园
23. 江苏省南京市六合国家地质公园
24. 安徽大别山（六安）国家地质公园
25. 安徽天柱山国家地质公园
26. 西藏札达土林国家地质公园
27. 河北临城国家地质公园
28. 河北武安国家地质公园
29. 河南关山国家地质公园
30. 河南黄河国家地质公园
31. 河南洛宁神灵寨国家地质公园
32. 河南洛阳黛眉山国家地质公园
33. 河南信阳金刚台国家地质公园
34. 青海互助嘉定国家地质公园
35. 青海久治年保玉则国家地质公园
36. 青海昆仑山国家地质公园
37. 陕西延川黄河蛇曲国家地质公园
38. 贵州六盘水乌蒙山国家地质公园
39. 贵州平塘国家地质公园
40. 重庆云阳龙缸国家地质公园
41. 深圳大鹏半岛国家地质公园
42. 湖南古丈红石林国家地质公园
43. 湖北木兰山国家地质公园
44. 湖南凤凰国家地质公园
45. 湖北神农架国家地质公园
46. 湖北郧县恐龙蛋化石群国家地质公园
47. 湖南酒埠江国家地质公园
48. 黑龙江镜泊湖国家地质公园
49. 黑龙江兴凯湖国家地质公园
50. 新疆富蕴可可托海国家地质公园
51. 福建德化石牛山国家地质公园
52. 福建屏南白水洋国家地质公园
53. 福建永安桃源洞国家地质公园

第五批（2009年8月公布，44家）

1. 广东阳山国家地质公园
2. 广西桂平国家地质公园
3. 广西大化七百弄国家地质公园
4. 山西大同火山群国家地质公园
5. 山东青州国家地质公园
6. 山东诸城恐龙国家地质公园
7. 山西陵川王莽岭国家地质公园
8. 云南九乡峡谷洞穴国家地质公园
9. 云南丽江玉龙雪山国家地质公园
10. 内蒙古二连浩特国家地质公园
11. 内蒙古宁城国家地质公园
12. 宁夏灵武国家地质公园
13. 甘肃天水麦积山国家地质公园
14. 甘肃和政古生物化石国家地质公园

15. 四川大巴山国家地质公园
16. 四川光雾山诺水河国家地质公园
17. 北京平谷黄松峪国家地质公园
18. 北京密云云蒙山国家地质公园
19. 江苏江宁城国家地质公园
20. 安徽凤阳韭山国家地质公园
21. 安徽池州九华山国家地质公园
22. 吉林长白山火山国家地质公园
23. 吉林乾安泥林国家地质公园
34. 西藏羊八井国家地质公园
25. 河北兴隆国家地质公园
26. 河北迁安—迁西国家地质公园
27. 河南小秦岭国家地质公园
28. 河南红旗渠·林虑山国家地质公园
29. 青海贵德国家地质公园
30. 陕西岚皋南宫山国家地质公园
31. 陕西商南金丝峡国家地质公园
32. 贵州思南乌江喀斯特国家地质公园
33. 贵州黔东南苗岭国家地质公园
34. 重庆万盛国家地质公园
35. 重庆綦江木化石—恐龙国家地质公园
36. 湖北大别山（黄冈）国家地质公园
37. 湖北武当山国家地质公园
38. 湖南乌龙山国家地质公园
39. 湖南湄江国家地质公园
40. 黑龙江伊春小兴安岭国家地质公园
41. 新疆天山天池国家地质公园
42. 新疆库车大峡谷国家地质公园
43. 福建白云山国家地质公园
44. 福建连城冠豸山国家地质公园

第六批（2011年11月公布，36家）

1. 广西宜州水上石林国家地质公园
2. 广西浦北五皇山国家地质公园
3. 山东沂源鲁山国家地质公园
4. 山东莱阳白垩纪国家地质公园
5. 山西永和黄河蛇曲国家地质公园
6. 山西平顺天脊山国家地质公园
7. 云南罗平生物群国家地质公园
8. 云南泸西阿庐国家地质公园
9. 内蒙古巴彦淖尔国家地质公园
10. 内蒙古鄂尔多斯国家地质公园
11. 甘肃张掖丹霞国家地质公园
12. 甘肃炳灵丹霞地貌国家地质公园
13. 四川青川地震遗迹国家地质公园
14. 四川绵竹清平—汉旺国家地质公园
15. 安徽丫山国家地质公园
16. 安徽广德太极洞国家地质公园
17. 吉林抚松国家地质公园
18. 河北邢台峡谷群国家地质公园
19. 河北承德丹霞地貌国家地质公园
20. 河南尧山国家地质公园
21. 河南汝阳恐龙国家地质公园
22. 青海玛沁阿尼玛卿山国家地质公园
23. 青海青海湖国家地质公园
24. 陕西柞水溶洞国家地质公园
25. 陕西耀州照金丹霞国家地质公园
26. 贵州赤水丹霞国家地质公园
27. 重庆酉阳国家地质公园
28. 湖北五峰国家地质公园
29. 湖北咸宁九宫山—温泉国家地质公园
30. 湖南平江石牛寨国家地质公园
31. 湖南浏阳大围山国家地质公园
32. 黑龙江凤凰山国家地质公园
33. 新疆吐鲁番火焰山国家地质公园
34. 新疆温宿盐丘国家地质公园

35. 福建平和灵通山国家地质公园

36. 福建政和佛子山国家地质公园

第七批（2014年公布，22家）

1. 广西罗城国家地质公园
2. 广西都安地下河国家地质公园
3. 山东昌乐火山国家地质公园
4. 山西榆社古生物化石国家地质公园
5. 内蒙古四子王国家地质公园
6. 内蒙古清水河老牛湾国家地质公园
7. 甘肃宕昌官鹅沟国家地质公园
8. 甘肃临潭冶力关国家地质公园
9. 辽宁锦州古生物化石和花岗岩国家地质公园
10. 辽宁葫芦岛龙潭大峡谷国家地质公园
11. 安徽灵璧磬云山国家地质公园
12. 安徽繁昌马仁山国家地质公园
13. 江西石城国家地质公园
14. 江苏连云港花果山国家地质公园
15. 吉林四平国家地质公园
16. 湖北恩施腾龙洞大峡谷国家地质公园
17. 湖北长阳清江国家地质公园
18. 湖南通道万佛山国家地质公园
19. 湖南安化雪峰湖国家地质公园
20. 黑龙江山口国家地质公园
21. 福建清流温泉国家地质公园
22. 福建三明郊野国家地质公园

二、国家级风景名胜区

我国自1982年起，截止到2017年3月，国务院前后共发布了9批、244处国家级风景名胜区。其中，第1～6批原称国家重点风景名胜区，自2007年起统一改称为中国国家级风景名胜区。

第一批：1982年11月08日发布，共44处；
第二批：1988年08月01日发布，共40处；
第三批：1994年01月10日发布，共35处；
第四批：2002年05月17日发布，共32处；
第五批：2004年01月13日发布，共26处；
第六批：2005年12月31日发布，共10处；
第七批：2009年12月28日发布，共21处；
第八批：2012年10月31日发布，共17处；
第九批：2017年03月21日发布，共19处。

（注：下述后括号内的数字标注为第*批次）

广东（8处）

1. 丹霞山风景名胜区（2）
2. 白云山风景名胜区（4）
3. 西樵山风景名胜区（2）
4. 罗浮山风景名胜区（5）

5. 梧桐山风景名胜区（7）
6. 湖光岩风景名胜区（5）
7. 惠州西湖风景名胜区（4）
8. 肇庆星湖风景名胜区（1）

山东（6处）

1. 千佛山风景名胜区（9）
2. 青州风景名胜区（4）
3. 青岛崂山风景名胜区（1）
4. 泰山风景名胜区（1）
5. 胶东半岛风景名胜区（2）
6. 博山风景名胜区（2）

山西（6处）

1. 五台山风景名胜区（1）
2. 五老峰风景名胜区（3）
3. 北武当山风景名胜区（3）
4. 恒山风景名胜区（1）
5. 黄河壶口瀑布风景名胜区（2）
6. 碛口风景名胜区（8）

广西（3处）

1. 花山风景名胜区（2）
2. 桂平西山风景名胜区（2）
3. 桂林漓江风景名胜区（1）

天津（1处）

盘山风景名胜区（3）

云南（12处）

1. 九乡风景名胜区（3）
2. 三江并流风景名胜区（2）
3. 大理风景名胜区（1）
4. 玉龙雪山风景名胜区（2）
5. 西双版纳风景名胜区（1）
6. 阿庐风景名胜区（5）
7. 昆明滇池风景名胜区（2）
8. 建水风景名胜区（3）
9. 普者黑风景名胜区（5）
10. 瑞丽江—大盈江风景名胜区（3）
11. 路南石林风景名胜区（1）
12. 腾冲地热火山风景名胜区（3）

内蒙古（2处）

1. 扎兰屯风景名胜区（4）
2. 额尔古纳风景名胜区（9）

宁夏（2处）

1. 西夏王陵风景名胜区（2）
2. 须弥山石窟风景名胜区（8）

甘肃（4处）

1. 关山莲花台风景名胜区（9）
2. 麦积山风景名胜区（1）
3. 鸣沙山—月牙泉风景名胜区（3）
4. 崆峒山风景名胜区（3）

四川（15处）

1. 九寨沟—黄龙寺风景名胜区（1）
2. 天台山风景名胜区（5）
3. 白龙湖风景名胜区（5）
4. 龙门山风景名胜区（5）
5. 西岭雪山风景名胜区（3）
6. 石海洞乡风景名胜区（4）
7. 邛海—螺髻山风景名胜区（4）
8. 四姑娘山风景名胜区（3）
9. 光雾山—诺水河风景名胜区（5）
10. 米仓山大峡谷风景名胜区（9）
11. 贡嘎山风景名胜区（2）
12. 青城山—都江堰风景名胜区（1）
13. 剑门蜀道风景名胜区（1）
14. 蜀南竹海风景名胜区（2）
15. 峨眉山风景名胜区（1）

北京（2处）

1. 八达岭—十三陵风景名胜区（1）
2. 石花洞风景名胜区（4）

辽宁（9处）

1. 大连海滨—旅顺口风景名胜区（2）
2. 千山风景名胜区（1）
3. 凤凰山风景名胜区（3）
4. 本溪水洞风景名胜区（3）
5. 兴城海滨风景名胜区（2）
6. 医巫闾山风景名胜区（4）
7. 青山沟风景名胜区（4）
8. 金石滩风景名胜区（2）
9. 鸭绿江风景名胜区（2）

江西（18处）

1. 三百山风景名胜区（4）
2. 三清山风景名胜区（2）
3. 大茅山风景名胜区（8）
4. 小武当风景名胜区（9）
5. 井冈山风景名胜区（1）
6. 云居山风景名胜区（6）
7. 龙虎山风景名胜区（2）
8. 仙女湖风景名胜区（4）
9. 汉仙岩风景名胜区（9）
10. 庐山风景名胜区（1）
11. 龟峰风景名胜区（5）
12. 灵山风景名胜区（7）
13. 杨岐山风景名胜区（9）
14. 武功山风景名胜区（6）
15. 神农源风景名胜区（8）
16. 高岭—瑶里风景名胜区（6）
17. 梅岭—滕王阁风景名胜区（5）
18. 瑞金风景名胜区（9）

江苏（5处）

1. 云台山风景名胜区（2）
2. 太湖风景名胜区（1）
3. 南京钟山风景名胜区（1）
4. 蜀岗瘦西湖风景名胜区（2）
5. 镇江三山风景名胜区（5）

安徽（12处）

1. 九华山风景名胜区（1）
2. 太极洞风景名胜区（5）
3. 天柱山风景名胜区（1）
4. 龙川风景名胜区（9）
5. 齐云山风景名胜区（3）
6. 齐山—平天湖风景名胜区（9）
7. 花山谜窟—渐江风景名胜区（4）
8. 花亭湖风景名胜区（6）
9. 采石风景名胜区（4）
10. 黄山风景名胜区（1）
11. 巢湖风景名胜区（4）
12. 琅琊山风景名胜区（2）

吉林（4处）

1. 八大部—净月潭风景名胜区（2）
2. 仙景台风景名胜区（4）
3. 防川风景名胜区（4）
4. 松花湖风景名胜区（2）

西藏（4处）

1. 土林—古格风景名胜区（8）
2. 纳木错—念青唐古拉山风景名胜区（7）
3. 唐古拉山—怒江源风景名胜区（7）
4. 雅砻河风景名胜区（2）

青海（1处）

青海湖风景名胜区（3）

陕西（5处）

1. 华山风景名胜区（1）
2. 合阳洽川风景名胜区（5）
3. 宝鸡天台山风景名胜区（3）
4. 临潼骊山—秦兵马俑风景名胜区（1）
5. 黄帝陵风景名胜区（4）

河北（10处）

1. 太行大峡谷风景名胜区（8）
2. 西柏坡—天桂山风景名胜区（4）
3. 苍岩山风景名胜区（2）
4. 承德避暑山庄外八庙风景名胜区（1）
5. 响堂山风景名胜区（8）
6. 秦皇岛北戴河风景名胜区（1）
7. 娲皇宫风景名胜区（8）
8. 野三坡风景名胜区（2）
9. 崆山白云洞风景名胜区（4）
10. 嶂石岩风景名胜区（3）

河南（9处，含扩展景区1处）

1. 云台山风景名胜区（2）
2. 尧山（石人山）风景名胜区（4）
   扩展为：王屋山—云台山风景名胜区（3）
3. 鸡公山风景名胜区（1）
4. 郑州黄河风景名胜区（7）
5. 青天河风景名胜区（6）
6. 林虑山风景名胜区（5）
7. 洛阳龙门风景名胜区（1）
8. 桐柏山—淮源风景名胜区（7）
9. 嵩山风景名胜区（1）

贵州（18处）

1. 九龙洞风景名胜区（5）
2. 九洞天风景名胜区（5）
3. 马岭河风景名胜区（3）
4. 石阡温泉群风景名胜区（7）
5. 龙宫风景名胜区（2）
6. 平塘风景名胜区（7）
7. 红枫湖风景名胜区（2）
8. 赤水风景名胜区（3）
9. 沿河乌江山峡风景名胜区（7）
10. 瓮安县江界河风景名胜区（7）
11. 织金洞风景名胜区（2）
12. 荔波漳江风景名胜区（3）
13. 都匀斗篷山—建江风景名胜区（5）
14. 黄果树风景名胜区（1）
15. 紫云格凸河穿洞风景名胜区（6）
16. 榕江苗山侗水风景名胜区（7）
17. 黎平侗乡风景名胜区（5）
18. 㵲阳河风景名胜区（2）

重庆（7处）

1. 天坑地缝风景名胜区（5）
2. 长江三峡风景名胜区（1）
3. 四面山风景名胜区（3）
4. 芙蓉江风景名胜区（4）
5. 金佛山风景名胜区（2）
6. 缙云山风景名胜区（1）
7. 潭獐峡风景名胜区（8）

浙江（22处）

1. 大红岩风景名胜区（8）
2. 大盘山风景名胜区（9）
3. 方山—长屿硐天风景名胜区（6）
4. 方岩风景名胜区（5）
5. 天台山风景名胜区（2）
6. 天姥山风景名胜区（7）
7. 双龙风景名胜区（3）
8. 仙华山风景名胜区（9）
9. 仙居风景名胜区（4）
10. 仙都风景名胜区（3）
11. 百丈漈—飞云湖风景名胜区（5）
12. 江郎山风景名胜区（4）
13. 杭州西湖风景名胜区（1）
14. 浣江—五泄风景名胜区（4）
15. 莫干山风景名胜区（3）
16. 桃渚风景名胜区（9）

17. 雪窦山风景名胜区（3）
18. 富春江—新安江风景名胜区（1）
19. 普陀山风景名胜区（1）
20. 雁荡山风景名胜区（1）
21. 楠溪江风景名胜区（2）
22. 乘泗列岛风景名胜区（2）

海南（1处）

三亚热带海滨风景名胜区（3）

湖北（8处）

1. 九宫山风景名胜区（3）
2. 大洪山风景名胜区（2）
3. 丹江口水库风景名胜区（9）
4. 陆水风景名胜区（4）
5. 武汉东湖风景名胜区（1）
6. 武当山风景名胜区（1）
7. 神农架风景名胜区（6）
8. 隆中风景名胜区（3）

湖南（21处）

1. 九嶷山—舜帝陵风景名胜区（9）
2. 万佛山—侗寨风景名胜区（7）
3. 凤凰风景名胜区（8）
4. 白水洞风景名胜区（8）
5. 东江湖风景名胜区（7）
6. 沩山风景名胜区（8）
7. 苏仙岭—万华岩风景名胜区（7）
8. 里耶—乌龙山风景名胜区（9）
9. 炎帝陵风景名胜区（8）
10. 衡山风景名胜区（1）
11. 武陵源（张家界）风景名胜区（2）
12. 虎形山—花瑶风景名胜区（7）
13. 岳阳楼—洞庭湖风景名胜区（2）
14. 岳麓风景名胜区（4）
15. 南山风景名胜区（7）
16. 桃花源风景名胜区（5）
17. 崀山风景名胜区（4）
18. 猛洞河风景名胜区（5）
19. 紫鹊界梯田—梅山龙宫风景名胜区（6）
20. 韶山风景名胜区（3）
21. 德夯风景名胜区（6）

黑龙江（4处）

1. 大沾河风景名胜区（9）
2. 太阳岛风景名胜区（7）
3. 五大连池风景名胜区（1）
4. 镜泊湖风景名胜区（1）

新疆（6处）

1. 天山天池风景名胜区（1）
2. 托木尔大峡谷风景名胜区（9）
3. 库木塔格沙漠风景名胜区（4）
4. 罗布人村寨风景名胜区（8）
5. 博斯腾湖风景名胜区（4）
6. 赛里木湖风景名胜区（5）

福建（19处）

1. 十八重溪风景名胜区（5）
2. 九龙漈风景名胜区（9）
3. 太姥山风景名胜区（2）
4. 玉华洞风景名胜区（4）
5. 灵通山风景名胜区（8）
6. 佛子山风景名胜区（7）
7. 宝山风景名胜区（7）
8. 青云山风景名胜区（5）
9. 武夷山风景名胜区（1）
10. 金湖风景名胜区（3）
11. 冠豸山风景名胜区（3）
12. 海坛风景名胜区（3）
13. 桃源洞—鳞隐石林风景名胜区（3）
14. 鸳鸯溪风景名胜区（3）
15. 清源山风景名胜区（2）
16. 湄洲岛风景名胜区（8）
17. 鼓山风景名胜区（4）
18. 鼓浪屿—万石山风景名胜区（2）
19. 福安白云山风景名胜区（7）

三、国家级旅游度假区

（截至2018年1月，我国共有国家级旅游度假区26家）

1. 山东省凤凰岛旅游度假区
2. 山东省海阳旅游度假区
3. 山东省烟台市蓬莱旅游度假区
4.广东省东部华侨城旅游度假区
5.云南省西双版纳旅游度假区
6.云南省阳宗海旅游度假区
7. 贵州省遵义市赤水河谷旅游度假区
8.四川省邛海旅游度假区
9. 西藏自治区林芝市鲁朗小镇旅游度假区
10.江苏省天目湖旅游度假区
11.江苏省阳澄湖半岛旅游度假区
12.江苏省汤山温泉旅游度假区
13. 江苏省无锡市宜兴阳羡生态旅游度假区
14. 江西省宜春市明月山温汤旅游度假区
15.吉林省长白山旅游度假区
16. 安徽省合肥市巢湖半汤温泉养生度假区
17.河南省尧山温泉旅游度假区
18.重庆市仙女山旅游度假区
19.浙江省太湖旅游度假区
20.浙江省东钱湖旅游度假区
21.浙江省湘湖旅游度假区
22. 浙江省湖州市安吉灵峰旅游度假区
23.湖南省灰汤温泉旅游度假区
24.湖北省武当太极湖旅游度假区
25. 福建省福州市鼓岭旅游度假区
26. 海南省三亚市龙湾旅游度假区

四、中国世界遗产项目

（截至2018年7月，共53个）

1. 广西左江花岩画
2. 大同云冈石窟
3. 山东曲阜的孔庙、孔府及孔林
4. 山东泰山：泰山（山东泰安市）、岱庙（山东泰安市）、灵岩寺（山东济南市）
5. 山西五台山
6. 山西平遥古城

7. 元上都遗址
8. 开平碉楼与古村落
9. 云南“三江并流”自然景观
10. 云南丽江古城
11. 中国大运河：隋唐大运河、京杭大运河和浙东运河
12. 中国安阳殷墟
13. 中国南方喀斯特
14. 长城
15. 甘肃敦煌莫高窟
16. 四川九寨沟国家级名胜区
17. 四川大熊猫栖息地
18. 四川青城山和都江堰
19. 四川峨眉山—乐山风景名胜区
20. 四川黄龙国家级名胜区
21. 北京天坛
22. 北京颐和园
23. 丝绸之路：长安—天山廊道路网
24. 江西三清山
25. 江西庐山风景名胜区
26. 安徽古村落：西递、宏村
27. 安徽黄山
28. 吉林高句丽王城、王陵及贵族墓葬
29. 红河哈尼梯田文化景观
30. 苏州古典园林
31. 河北承德避暑山庄及周围寺庙
32. 河南洛阳龙门石窟
33. 河南登封“天地之中”古建筑群（少林寺、东汉三阙）
34. 杭州西湖文化景观
35. 拉萨布达拉宫历史建筑群（大昭寺、罗布林卡）
36. 明清皇宫：北京故宫、沈阳故宫（辽宁）
37. 明清皇家陵寝：明显陵（湖北钟祥市）、清东陵（河北遵化市）、清西陵（河北易县）、明孝陵（江苏南京市）、明十三陵（北京昌平区）、盛京三陵（辽宁沈阳市）
38. 周口店北京人遗址
39. 陕西秦始皇陵及兵马俑
40. 重庆大足石刻
41. 湖北武当山古建筑群
42. 湖北神农架
43. 湖南武陵源国家级名胜区
44. 湖南、贵州、湖北土司遗址
45. 湖南崀山、广东丹霞山、福建泰宁、贵州赤水、江西龙虎山、浙江江郎山丹霞地貌
46. 新疆天山
47. 福建土楼
48. 福建省武夷山
49. 澳门历史城区
50. 澄江化石地
51. 鼓浪屿：历史国际社区
52. 青海可可西里
53. 贵州梵净山

五、中国历史文化名城

（截至2016年12月16日，总计131座）

1. 广东（8个）：广州、潮州、肇庆、佛山、梅州、雷州、中山、惠州
2. 广西（3个）：桂林、柳州、北海
3. 山东（10个）：济南、曲阜、青岛、

聊城、邹城、临淄、泰安、蓬莱、烟台、青州

4. 山西（6个）：平遥、大同、新绛、代县、祁县、太原
5. 上海（1个）：上海
6. 甘肃（4个）：张掖、敦煌、武威、天水
7. 云南（6个）：昆明、大理、丽江、建水、巍山、会泽
8. 天津（1个）：天津
9. 内蒙古（1个）：呼和浩特
10. 宁夏（1个）：银川
11. 四川（8个）：成都、自贡、宜宾、阆中、乐山、都江堰、泸州、会理
12. 北京（1个）：北京
13. 辽宁（1个）：沈阳
14. 江西（4个）：南昌、赣州、景德镇、瑞金
15. 江苏（13个）：南京、苏州、扬州、徐州、镇江、常熟、淮安、无锡、南通、宜兴、泰州、常州、高邮
16. 安徽（5个）：亳州、歙县、寿县、安庆、绩溪
17. 吉林（2个）：吉林、集安
18. 西藏（3个）：拉萨、日喀则、江孜
19. 河北（5个）：承德、保定、正定、邯郸、山海关
20. 河南（8个）：洛阳、开封、商丘、安阳、南阳、郑州、濮阳、浚县
21. 青海（1个）：同仁
22. 陕西（6个）：西安、咸阳、延安、韩城、榆林、汉中
23. 重庆（1个）：重庆
24. 贵州（2个）：遵义、镇远
25. 浙江（9个）：杭州、绍兴、宁波、衢州、临海、金华、嘉兴、湖州、温州
26. 海南（1个）：海口（含琼山）
27. 湖北（5个）：荆州、武汉、襄阳、随州、钟祥
28. 湖南（4个）：长沙、岳阳、凤凰、永州
29. 黑龙江（2个）：哈尔滨、齐齐哈尔
30. 福建（4个）：福州、泉州、漳州、长汀
31. 新疆（5个）：喀什、吐鲁番、特克斯、库车、伊宁

六、中国历史文化名镇

（截至2014年，共252个）

第一批（2003年，10个）

1. 山西省灵石县静升镇
2. 江苏省苏州市吴中区角直镇
3. 江苏省吴江市同里镇
4. 江苏省昆山市周庄镇
5. 重庆市石柱县西沱镇
6. 重庆市合川区涞滩镇
7. 重庆市潼南县双江镇
8. 浙江省桐乡市乌镇
9. 浙江省嘉善县西塘镇
10. 福建省上杭县古田镇

第二批（2005年，34个）

1. 广东省广州市番禺区沙湾镇
2. 广东省吴川市吴阳镇
3. 广西灵川县大圩镇
4. 山西省临县碛口镇
5. 上海市金山区枫泾镇
6. 甘肃省宕昌县哈达铺镇
7. 云南省禄丰县黑井镇
8. 四川省大邑县安仁镇
9. 四川省邛崃市平乐镇
10. 四川省宜宾市翠屏区李庄镇
11. 四川省阆中市老观镇
12. 辽宁省新宾满族自治县永陵镇
13. 江西省浮梁县瑶里镇
14. 江苏省太仓市沙溪镇
15. 江苏省苏州市吴中区木渎镇
16. 江苏省姜堰市溱潼镇
17. 江苏省泰兴市黄桥镇
18. 河北省蔚县暖泉镇
19. 河南省禹州市神垕镇
20. 河南省淅州县荆紫关镇
21. 重庆市江津市中山镇
22. 重庆市酉阳土家族苗族自治县
23. 重庆市渝北区龙兴镇
24. 贵州省习水县土城镇
25. 贵州省贵阳市花溪区青岩镇
26. 浙江省宁波市江北区慈城镇
27. 浙江省绍兴县安昌镇
28. 浙江省象山县石浦镇
29. 浙江省湖州市南浔区南浔镇
30. 湖北省红安县七里坪镇
31. 湖北省监利县周老嘴镇
32. 湖南省龙山县里耶镇
33. 福建省邵武市和平镇
34. 新疆鄯善县鲁克沁镇

第三批（2007年，41个）

1. 广东省开平市赤坎镇
2. 广东省陆丰市碣石镇
3. 广东省珠海市唐家湾镇
4. 广西壮族自治区阳朔县兴坪镇
5. 广西壮族自治区昭平县黄姚镇
6. 山西省平定县娘子关镇
7. 山西省襄汾县汾城镇
8. 上海市青浦区朱家角镇
9. 甘肃省永登县连城镇
10. 甘肃省古浪县大靖镇
11. 甘肃省榆中县青城镇
12. 云南省剑川县沙溪镇
13. 云南省腾冲县和顺镇
14. 四川省双流县黄龙溪镇
15. 四川省古蔺县太平镇
16. 四川省合江县尧坝镇
17. 四川省自贡市沿滩区仙市镇
18. 江西省鹰潭市龙虎山风景区上清镇
19. 江苏省东台市安丰镇
20. 江苏省昆山市千灯镇
21. 江苏省高淳县淳溪镇
22. 安徽省六安市金安区毛坦厂镇
23. 安徽省肥西县三河镇
24. 西藏自治区乃东县昌珠镇
25. 河北省永年县广府镇
26. 河南省社旗县赊店镇
27. 重庆市北碚区金刀峡镇
28. 重庆市江津市塘河镇

29. 重庆市綦江县东溪镇
30. 贵州省黄平县旧州镇
31. 贵州省雷山县西江镇
32. 浙江省义乌市佛堂镇
33. 浙江省宁海县前童镇
34. 浙江省江山市廿八都镇
35. 浙江省绍兴市越城区东浦镇
36. 海南省三亚市崖城镇
37. 湖北省洪湖市瞿家湾镇
38. 湖北省郧西县上津镇
39. 湖北省监利县程集镇
40. 黑龙江省海林市横道河子镇
41. 新疆维吾尔自治区霍城县惠远镇

第四批（2008年，58个）

1. 广东省东莞市石龙镇
2. 广东省普宁市洪阳镇
3. 广东省惠州市惠阳区秋长镇
4. 山东省桓台县新城镇
5. 山西省泽州县大阳镇
6. 上海市南汇区新场镇
7. 上海市嘉定区嘉定镇
8. 甘肃省秦安县陇城镇
9. 甘肃省临潭县新城镇
10. 天津市西青区杨柳青镇
11. 云南省孟连县娜允镇
12. 内蒙古自治区多伦县多伦淖尔镇
13. 内蒙古自治区喀喇沁旗王爷府镇
14. 四川省巴中市巴州区恩阳镇
15. 四川省合江县福宝镇
16. 四川省广元市元坝区昭化镇
17. 四川省大邑县新场镇
18. 四川省成都市龙泉驿区洛带镇
19. 四川省资中市罗泉镇
20. 北京市密云县古北口镇
21. 辽宁省海城市牛庄镇
22. 江西省横峰县葛源镇
23. 江苏省常熟市沙家浜镇
24. 江苏省江都市邵伯镇
25. 江苏省昆山市锦溪镇
26. 江苏省海门市余东镇
27. 安徽省休宁县万安镇
28. 安徽省宣城市宣州区水东镇
29. 安徽省歙县许村镇
30. 吉林省四平市铁东区叶赫镇
31. 吉林省吉林市龙潭区乌拉街镇
32. 西藏自治区日喀则市萨迦镇
33. 河北省井陉县天长镇
34. 河北省邯郸市峰峰矿区大社镇
35. 河南省开封县朱仙镇
36. 河南省郑州市惠济区古荥镇
37. 河南省确山县竹沟镇
38. 陕西省铜川市印台区陈炉镇
39. 重庆市九龙坡区走马镇
40. 重庆市巴南区丰盛镇
41. 重庆市永川区松溉镇
42. 重庆市铜梁县安居镇
43. 贵州省平坝县天龙镇
44. 贵州省安顺市西秀区旧州镇
45. 浙江省仙居县皤滩镇
46. 浙江省永嘉县岩头镇
47. 浙江省富阳市龙门镇
48. 浙江省德清县新市镇
49. 海南省文昌市铺前镇
50. 海南省定安县定城镇

51. 海南省澹州市中和镇
52. 湖北省阳新县龙港镇
53. 湖北省宜都市枝城镇
54. 湖北省咸宁市汀泗桥镇
55. 湖南省永顺县芙蓉镇
56. 湖南省望城县靖港镇
57. 黑龙江省黑河市爱辉镇
58. 福建省永泰县嵩口镇

第五批（2010年，38个）

1. 广东省大埔县百侯镇
2. 广东省中山市黄圃镇
3. 山西省天镇县新平堡镇
4. 山西省阳城县润城镇
5. 上海市金山区张堰镇
6. 上海市青浦区练塘镇
7. 上海市浦东新区高桥镇
8. 上海市嘉定区南翔镇
9. 甘肃省榆中县金崖镇
10. 云南省洱源县凤羽镇
11. 云南省宾川县州城镇
12. 云南省蒙自县新安所镇
13. 四川省屏山县龙华镇
14. 四川省犍为县清溪镇
15. 四川省富顺县赵化镇
16. 江西省吉安市青原区富田镇
17. 江苏省无锡市锡山区荡口镇
18. 江苏省兴化市沙沟镇
19. 江苏省江阴市长泾镇
20. 江苏省苏州市吴中区东山镇
21. 江苏省张家港市凤凰镇
22. 河北省武安市冶陶镇
23. 河北省涉县固新镇
24. 河南省郏县冢头镇
25. 陕西省宁强县青木川镇
26. 陕西省柞水县凤凰镇
27. 重庆市江津区白沙镇
28. 重庆市巫溪县宁厂镇
29. 重庆市荣昌县路孔镇
30. 浙江省海宁市盐官镇
31. 浙江省景宁畲族自治县鹤溪镇
32. 湖北省潜江市熊口镇
33. 湖南省泸溪县浦市镇
34. 湖南省绥宁县寨市镇
35. 福建省平和县九峰镇
36. 福建省宁德市蕉城区霍童镇
37. 福建省武夷山市五夫镇
38. 福建省顺昌市元坑镇

第六批（2014年，71个）

1. 广东省大埔县三河镇
2. 广东省大埔县茶阳镇
3. 广东省佛山市南海区西樵镇
4. 广东省珠海市斗门区斗门镇
5. 广东省梅县松口镇
6. 广西壮族自治区恭城瑶族自治县恭城镇
7. 广西壮族自治区兴安县界首镇
8. 广西壮族自治区贺州市八步区贺街镇
9. 广西壮族自治区鹿寨县中渡镇
10. 山东省微山县南阳镇
11. 山西省泽州县周村镇
12. 上海市青浦区金泽镇
13. 上海市浦东新区川沙新镇
14. 内蒙古自治区丰镇市隆盛庄镇

15. 内蒙古自治区库伦旗库伦镇
16. 四川省平昌县白衣镇
17. 四川省古蔺县二郎镇
18. 四川省自贡市大安区牛佛镇
19. 四川省自贡市贡井区艾叶镇
20. 四川省金堂县五凤镇
21. 四川省宜宾县横江镇
22. 四川省隆昌县云顶镇
23. 辽宁省东港市孤山镇
24. 辽宁省绥中县前所镇
25. 江西省广昌县驿前镇
26. 江西省吉安县永和镇
27. 江西省金溪县浒湾镇
28. 江西省铅山县石塘镇
29. 江西省铅山县河口镇
30. 江西省萍乡市安源区安源镇
31. 江苏省东台市富安镇
32. 江苏省如东县栟茶镇
33. 江苏省宜兴市周铁镇
34. 江苏省常州市新北区孟河镇
35. 江苏省扬州市江都区大桥镇
36. 江苏省苏州市吴江区震泽镇
37. 江苏省苏州市吴江市黎里镇
38. 江苏省常熟市古里镇
39. 安徽省泾县桃花潭镇
40. 安徽省黄山市徽州区西溪南镇
41. 安徽省铜陵市郊区大通镇
42. 河北省武安市伯延镇
43. 河北省蔚县代王城镇
44. 河南省光山县白雀园镇
45. 河南省滑县道口镇
46. 河南省遂平县嵖岈山镇
47. 陕西省石泉县熨斗镇
48. 陕西省旬阳县蜀河镇
49. 陕西省神木县高家堡镇
50. 陕西省澄城县尧头镇
51. 青海省循化撒拉族自治县街子镇
52. 重庆市开县温泉镇
53. 重庆市黔江区濯水镇
54. 贵州省赤水市大同镇
55. 贵州省松桃苗族自治县赛英镇
56. 浙江省永康市芝英镇
57. 浙江省岱山县东沙镇
58. 浙江省松阳县西屏镇
59. 浙江省嵊州市崇仁镇
60. 湖北省钟祥市石牌镇
61. 湖北省随县安居镇
62. 湖北省麻城市歧亭镇
63. 湖南省花垣县边城镇
64. 湖南省洞口县高沙镇
65. 福建省宁化县石壁镇
66. 福建省古田县杉洋镇
67. 福建省永定区湖坑镇
68. 福建省安溪县湖头镇
69. 福建省武平县中山镇
70. 福建省屏南县双溪镇
71. 新疆维吾尔自治区富蕴县可可托海镇

七、人类非物质文化遗产代表作名录

中国已有31项遗产被列入《人类非物质文化遗产代表作名录》，此外还有7项遗产被列入《急需保护的非物质文化遗产名录》，是目前拥有人类非物质文化遗产代表作数量最多的国家。

列入《人类非物质文化遗产代表作名录》的中国项目

1. 昆曲（2001年 5月）
2. 古琴艺术（2003年11月）
3. 新疆维吾尔木卡姆艺术（2005年11月）
4. 蒙古族长调民歌（2005年11月）（该项目与蒙古国共同申报）
5. 中国传统桑蚕织技艺（2009年10月）
6. 南音（2009年10月）
7. 南京云锦织造技艺（2009年10月）
8. 宣纸传统制作技艺（2009年10月）
9. 侗族大歌（2009年10月）
10. 粤剧（2009年10月）
11. 格萨（斯）尔（2009年10月）
12. 龙泉青瓷传统炼制技艺（2009年10月）
13. 热贡艺术（2009年10月）
14. 藏戏（2009年10月）
15. 玛纳斯（2009年10月）
16. 花儿（2009年10月）
17. 西安鼓乐（2009年10月）
18. 中国朝鲜族农乐舞（2009年10月）
19. 中国书法（2009年10月）
20. 中国篆刻（2009年10月）
21. 中国剪纸（2009年10月）
22. 中国传统木结构营造技艺（2009年10月）
23. 端午节（2009年10月）
24. 妈祖信俗（2009年10月）
25. 中国雕版印刷技艺（2009年10月）
26. 呼麦（2009年10月）
27. 中医针灸（2010年11月）
28. 京剧（2010年11月）
29. 中国皮影（2011年11月）
30. 中国珠算（2013年12月）
31. 二十四节气（2016年11月）

列入《急需保护的非物质文化遗产名录》的中国项目

1. 羌年庆祝习俗（2009年 10月）
2. 黎族传统纺染织绣技艺（2009年10月）
3. 中国木拱桥传统营造技艺（2009年10月）
4. 麦西来甫（2010年11月）
5. 帆船水密舱壁制作（2010年11月）
6. 木版活字印刷术（2010年11月）
7. 赫哲族伊玛堪说唱（2011年11月）